基礎からの ジャンプアップノート

古文単語

暗記ドリル

東進ハイスクール 講師
三羽邦美 著

旺文社

はじめに

「ことば」というものは、不思議なものです。
なぜ、あの高くそびえているものを「やま」と言い、「山」と書いたり、「やま」と書いたりするのでしょうか。
もちろん、「山」と書くようになったのは中国から漢字が伝わってきたからで、「やま」という平仮名や、「ヤマ」というカタカナは、その漢字をもとに工夫して作った産物なのですが、文字に書き表す前から「山」はあったわけで、それがなぜ「やま」と呼ばれるようになったのかは、永遠の謎です。

君たちが古文の時間に勉強する「古語」は、主に平安時代や鎌倉時代の「書きことば」で、どのことばにもそれぞれの素性《すじょう》や来歴があります。

たとえば、同じように「趣《おもむき》がある」と訳す、別格の二大重要古語の「あはれ」と「をかし」も、「あはれ」は、「あ、はれ」という二つの感動詞がもとで、しみじみと心が動かされて、「ああ…」と胸がジワーンとなる感じを言います。一方、「をかし」は、「ばかげている」意味の「をこ」がもとなので、「趣がある」はずなのに、和歌には使われません。ちょっと面白くありませんか？

大学受験のための古文単語は、少なく見積もれば二〇〇、できれば四〇〇語くらい覚えたいのですが、今日《こんにち》まで、品詞グループ別、出題の頻度順、ゴロ合わせ、萌《も》え系などなど、たくさんの参考書が出ています。それぞれに工夫があるものの、一長一短があり、なかなか決定版と呼べるものができません。それはまあこの本も同じなのですが、一つの試みとして、「身分が高く尊い語」「趣のある語」「かわいい語」「不快な語」などのように、意味によるグループ分けをして、同じイメージの語をまとめて覚えるという方法を考えました。

敬遠されがちな「敬語」を最初に並べたのは、あらゆる例文に敬語がからんでくるからです。読みの問題によく出る、服装や建物や調度などの「古典常識」は、図も入れて、少し楽しく勉強してもらえるように工夫しました。訳し方を書き込みながら、例文の感覚で覚えるというシンプルな形式をとったのは、こうした正攻法のやり方が、最もわかりやすい、ベターな方法だという信念からです。

この試みが、君たちの古文の受験勉強に役立って、合格への力になれることを願っています。

二〇一二年　三月

三羽　邦美

もくじ

編集 吉岡宏・大霜真理子・渡部しのぶ・望月敬子
編集協力 (有)アリエッタ 塚田竹利
装丁 (株)ライトパブリシティ 高屋博一・大野瑞生・古屋安紀子
本文デザイン (有)アルデザイン 佐藤誠 イラスト 作間達也

この本の特長と使い方

本冊の構成と内容

章立て

本書では古文単語を「趣のある語」「かわいい語」「不快な語」のように、意味によるグループ分けをして＜同じイメージの語＞をまとめています。＜同じイメージの語＞がまとめてあるので古文単語を覚えやすい章立てとなっています。

古文単語の解説

見開きの上段では、古文単語の「語義」と「用法」を解説しています。古文単語を、ただ暗記するだけではなく、古文を現代語訳する際に重要な項目をまとめています。また「同義語」「類義語」「対義語」など関連する古文単語にも触れています。

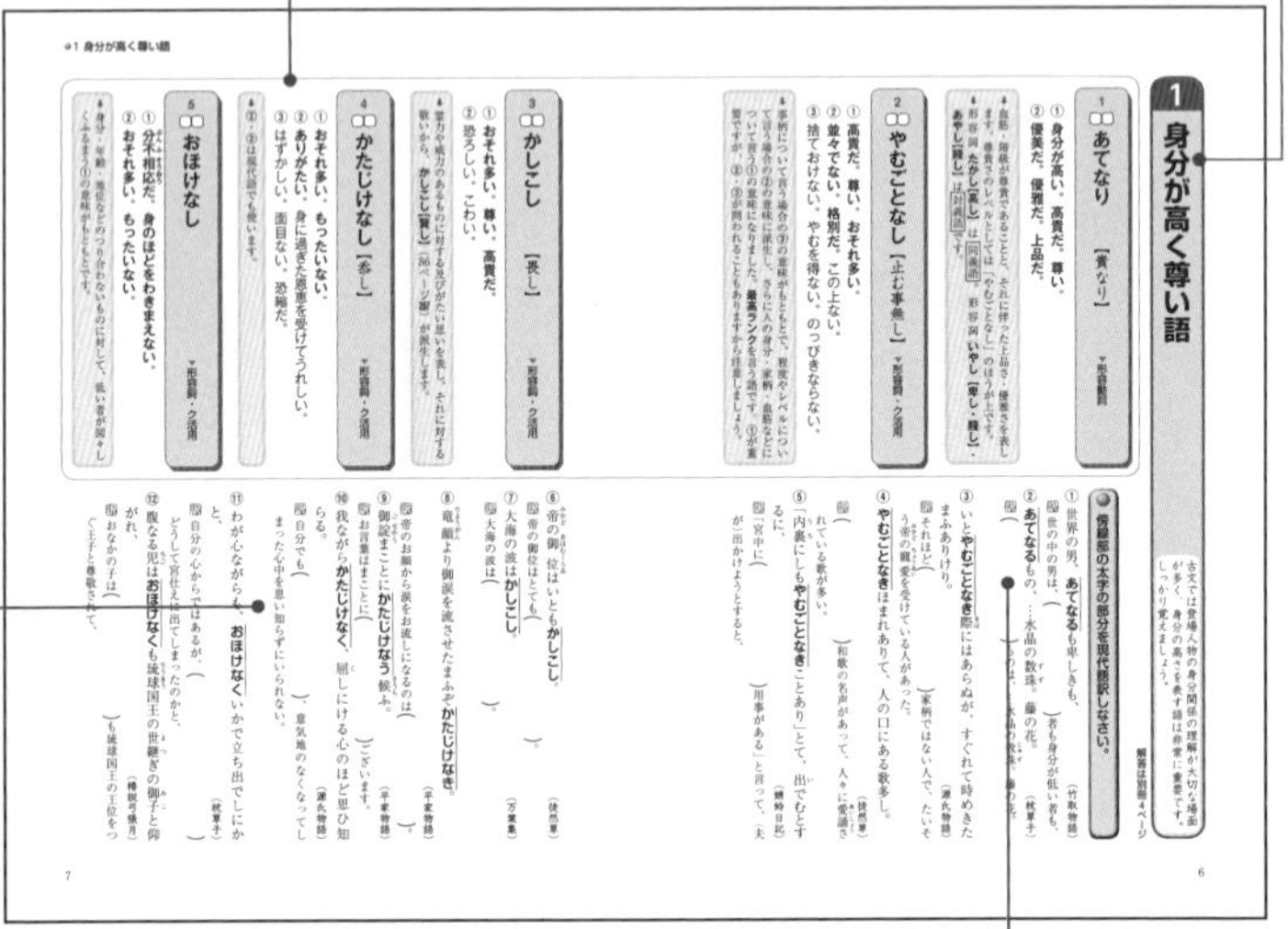

現代語訳の穴埋め問題

見開きの下段では、上段で解説している古文単語を身につけるために「古文の現代語訳」をおこないます。例文には、その章で覚えるべき古文単語が含まれています。上段の「語義」「解説」を見ながら、現代語訳の解答欄に「古文単語の意味」を書き込みます。

解答欄

"書き込む作業をすること"で古文単語の「語義」と「用法」を頭に定着させます。解答欄には、古文の例文にあった現代語訳になるように考えながら、古文単語の意味を実際に自分の手で"書き込む"ことが大切です。

解答欄と解説

古典常識の読み方を解答欄に"書き込んで"覚えます。難しい読み方が多いので実際に書いて覚えることで古典常識の読み方を身に付けます。読み方とともに、解説によって古典常識の意味を学習します。

古典常識の読み方

古文単語を覚えただけでは「古文を読解」することは難しいです。「古典常識」を学ぶと、古文の世界に親しむことができます。なによりも「直衣」や「袿」などの＜読み方＞がわからなければ意味を知ることもできません。イラストと一緒に「古典常識」を学習します。

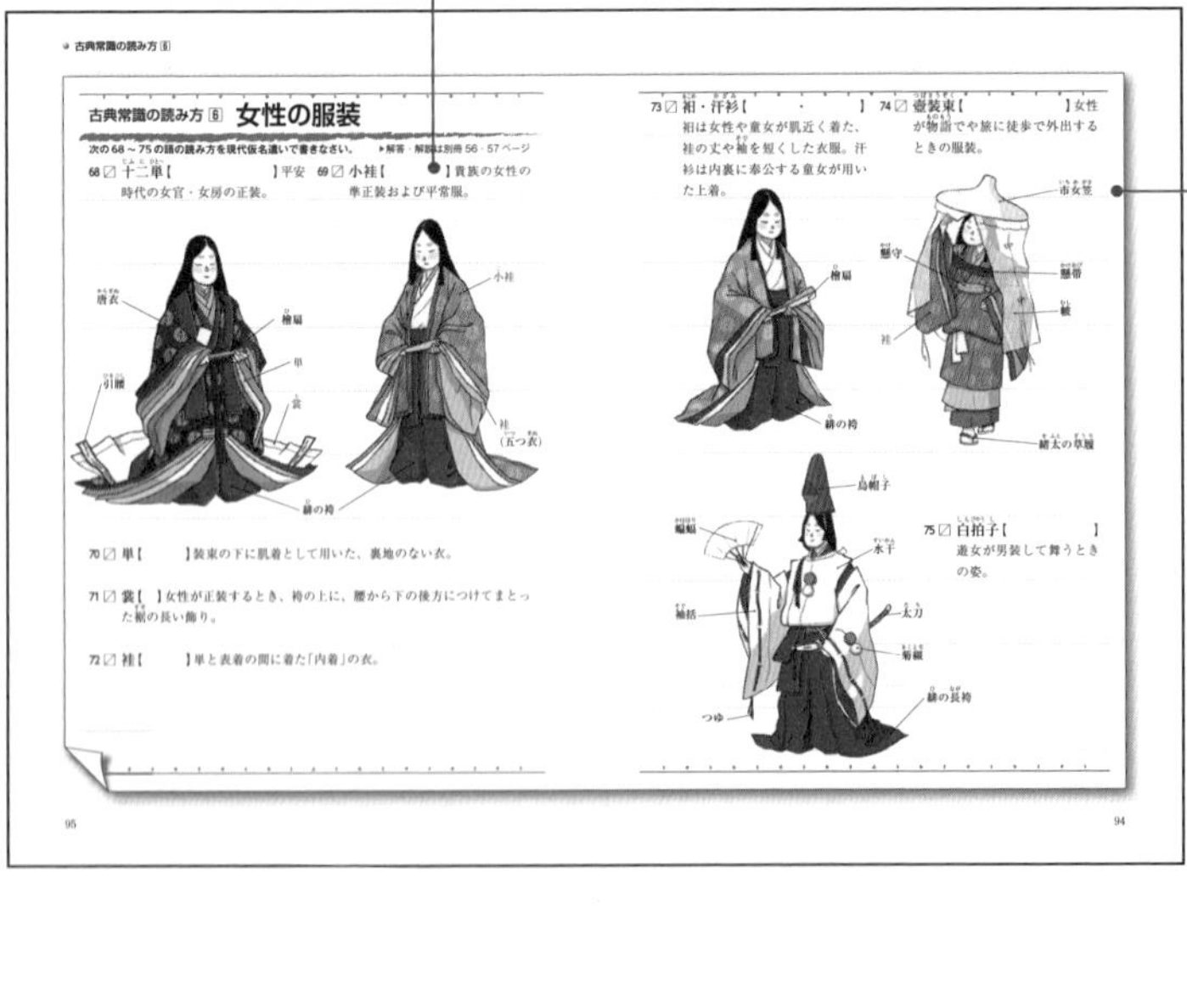

別冊の構成と内容

◆◆ 現代語訳の解答 ◆◆

本冊の「現代語訳の穴埋め問題」の解答を赤字で記入しています。出題された古文の例文と現代語訳がそのまま掲載されているので、答え合わせをする際に自分で“書き込んだ”解答が即座にチェックできます。

◆◆ 別解 ◆◆

赤字で記入された解答の他に<別解>が記されています。古文を現代語訳する際には、必ず一つの語義が対応するとは限りません。また現代語に訳すときの表現も様々です。<別解>を参照して「古文単語」の意味の取り方を学習します。

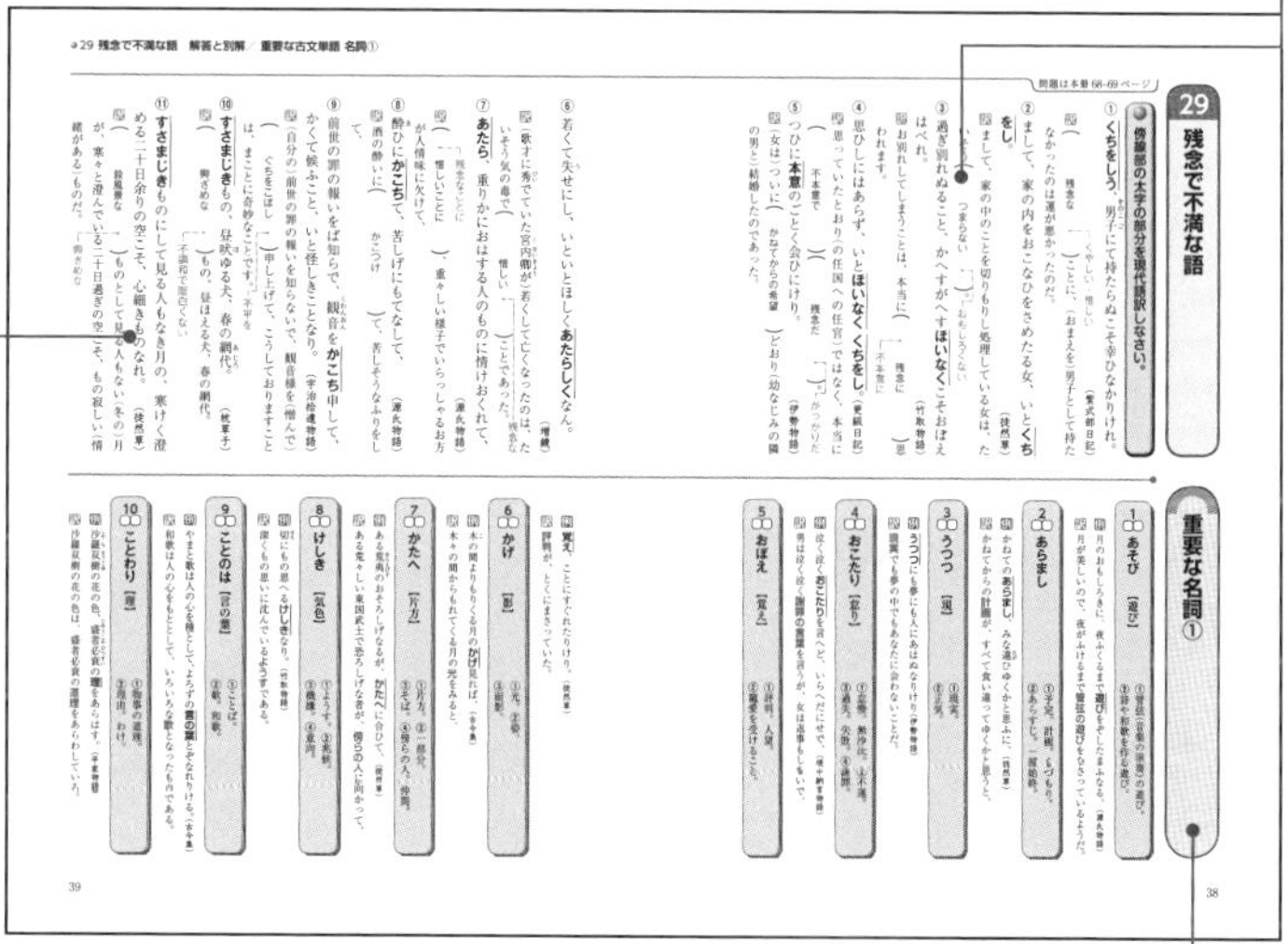

◆◆ 重要な古文単語 ◆◆

本冊での「意味によるグループ分け」に入れることのできなかった<重要な古文単語>を学習します。本書で暗記すべき目標となる古文単語は、本冊の270語と別冊の60語を合わせた330語です。

◆◆ 古典常識の読み方・解答と解説 ◆◆

本冊の「古典常識の読み方」の解答を赤字で記しています。自分で“書き込んだ”解答が即座にチェックできます。また、本冊に補足した「古典常識」についての解説を記しています。より深く古典常識を学習するために必読です。

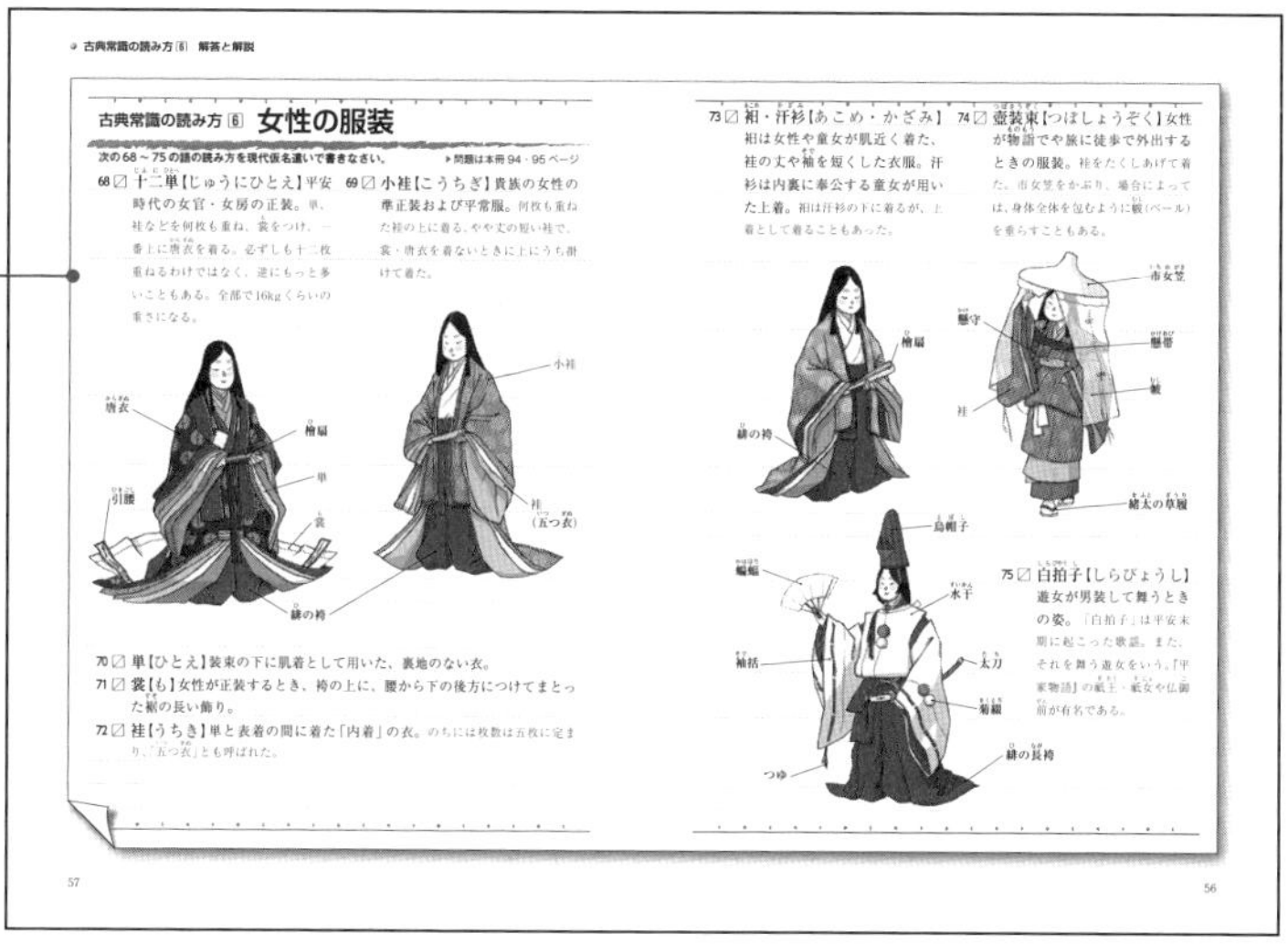

1 身分が高く尊い語

古文では登場人物の身分関係の理解が大切な場面が多く、身分の高さを表す語は非常に重要です。しっかり覚えましょう。

1 あてなり【貴なり】 ▼形容動詞

① **身分が高い。高貴だ。尊い。**
② **優美だ。優雅だ。上品だ。**

➡血筋・階級が尊貴であることと、それに伴った上品さ・優雅さを表します。尊貴さのレベルとしては「やむごとなし」のほうが上です。
➡形容詞 **たかし【高し】** は 同義語。形容詞 **いやし【卑し・賤し】**・**あやし【賤し】** は 対義語 です。

2 やむごとなし【止む事無し】 ▼形容詞・ク活用

① **高貴だ。尊い。おそれ多い。**
② **並々でない。格別だ。**この上ない。
③ 捨ておけない。やむを得ない。のっぴきならない。

➡事柄について言う場合の③の意味がもともとで、程度やレベルについて言う場合の②の意味に派生し、さらに人の身分・家柄・血筋などについて言う①の意味になりました。**最高ランク**を言う語です。①が重要ですが、②・③が問われることもありますから注意しましょう。

傍線部の太字の部分を現代語訳しなさい。

解答は別冊4ページ

① 世界の男、**あてなる**も卑しきも、（竹取物語）
訳 世の中の男は、（　　　）者も身分が低い者も、

② **あてなる**もの、…水晶の数珠《ずず》。藤の花。（枕草子）
訳（　　　）ものは、…水晶の数珠《じゅず》。藤の花。

③ いと**やむごとなき**際《きは》にはあらぬが、すぐれて時めきたまふありけり。（源氏物語）
訳 それほど（　　　）家柄ではない人で、たいそう帝《みかど》の寵愛《ちょうあい》を受けている人があった。

④ **やむごとなき**ほまれありて、人の口にある歌多し。（徒然草）
訳（　　　）和歌の名声があって、人々に愛誦《あいしょう》されている歌が多い。

⑤「内裏《うち》にしも**やむごとなき**ことあり」とて、出《い》でむとするに、（蜻蛉日記）
訳「宮中に（　　　）用事がある」と言って、（夫が）出かけようとすると、

3 かしこし【畏し】

▼形容詞・ク活用

① **おそれ多い。尊い。高貴だ。**
② 恐ろしい。こわい。

⬇霊力や威力のあるものに対する及びがたい思いを表し、それに対する敬いから、**かしこし【賢し】**（86ページ**207**）が派生します。

4 かたじけなし【忝し】

▼形容詞・ク活用

① **おそれ多い。もったいない。**
② **ありがたい。**身に過ぎた恩恵を受けてうれしい。
③ はずかしい。面目ない。恐縮だ。

⬇②・③は現代語でも使います。

5 おほけなし

▼形容詞・ク活用

① **分不相応《ぶんふそうおう》だ。身のほどをわきまえない。**
② **おそれ多い。もったいない。**

⬇身分・年齢・地位などのつり合わないものに対して、低い者が図々しくふるまう①の意味がもともとです。

⑥ 帝《みかど》の御位《おほむくらゐ》はいとも**かしこし**。（徒然草）
訳 帝の御位はとても（　　　　）。

⑦ 大海の波は**かしこし**。（万葉集）
訳 大海の波は（　　　　）。

⑧ 竜顔《りようがん》より御涙を流させたまふぞ**かたじけなき**。（平家物語）
訳 帝のお顔から涙をお流しになるのは（　　　　）。

⑨ 御諚《ごぢやう》まことに**かたじけなう**候《さうら》ふ。（平家物語）
訳 お言葉はまことに（　　　　）ございます。

⑩ 我ながら**かたじけなく**、屈《く》しにける心のほど思ひ知らる。（源氏物語）
訳 自分でも（　　　　）、意気地のなくなってしまった心中を思い知らずにいられない。

⑪ わが心ながらも、**おほけなく**いかで立ち出でしにかと、（枕草子）
訳 自分の心からではあるが、（　　　　）どうして宮仕えに出てしまったのかと、

⑫ 腹なる児《ちご》は**おほけなく**も琉球《りうきう》国王の世継《よつ》ぎの御子《みこ》と仰がれ、（椿説弓張月）
訳 おなかの子は（　　　　）も琉球国王の王位をつぐ王子と尊敬されて、

2 両刀使いをする敬語①

敬語の中でも特に重要なのは、尊敬と謙譲、謙譲と丁寧のように、二つの種類にまたがって用いる六語です。まずは最重要の「たまふ」から!

解答は別冊4ページ

6 たまふ 【給ふ・賜ふ】 ▼動詞・四段活用

① 〈尊敬の本動詞〉 **お与えになる。くださる。**

② 〈尊敬の補助動詞〉 **お…になる。…(て)いらっしゃる。…なさる。** …(て)くださる。

未然	連用	終止	連体	已然	命令
たまは	たまひ	たまふ	たまふ	たまへ	たまへ

➡ ①は、「与ふ・授《さづ》く」の**尊敬語**です。

➡ ②の補助動詞として用いられるケースが多く、主に動詞の連用形に接続します。

➡ 動詞**たぶ**(四段)・**たうぶ**(四段)は同義語ですが、「たまふ」よりも少しくだけた語です。

➡ 動詞**たまはす**(下二段)もやはり同義語ですが、こちらは、「たまふ」よりも、より敬意の高い語です。

7 たまふ 【給ふ・賜ふ】 ▼動詞・下二段活用

① 〈謙譲の補助動詞〉 **…(させて)いただく。**…致す。**…(て)おります。**

1 傍線部の太字の部分を現代語訳しなさい。

① 大御酒《おほみき》**たまひ**、禄《ろく》**たまは**むとて、つかはさざりけり。(伊勢物語)

訳 (親王《みこ》は、男に)お酒を(　　)、ほうびの品を(　　)うとして、帰して下さらなかった。

② いとかしこく**愛《め》でたまう**て、かづけ物**たまふ**。(大和物語)

訳 (帝は歌を)ほんとうにとても(　　)て、ほうびの品を(　　)。

③ 八月十五日ばかりの月に出《い》でゐて、かぐや姫、いといたく**泣きたまふ**。(竹取物語)

訳 八月十五日ごろの月の出ている時に(縁側に)出て座って、かぐや姫は、たいそうひどく(　　)。

④ いとよう**似たまへり**。(源氏物語)

訳 とてもよく(　　)。

⑤ 「娘を我に**たべ**」と伏し拝み、(竹取物語)

訳 「娘を私に(　　)」と伏し拝んで、

⑥ **たまはせ**たる物、おのおの分けつつ取る。(竹取物語)

訳 (　　)た物を、めいめい分け合って取る。

未然	連用	終止	連体	已然	命令
たまへ	たまへ	○	たまふる	たまふれ	○

↓謙譲の「たまふ」には、終止形・命令形の用例がありません。

↓謙譲の「たまふ」は、「思ふ・見る・聞く・知る・覚ゆ」の連用形にしかつきません。

↓尊敬か謙譲かの判断は、見かけ上、次のことが言えます。

「**たまは・たまひ**」は ——→ 尊敬

「**たまふる・たまふれ**」は ——→ 謙譲

上が「思ひ・見・聞き・知り・覚え」以外は ——→ 尊敬

↓上が「思ひ・見・聞き・知り・覚え」で、「たまへ」の場合、

「**たまへ**」が未然形・連用形なら ——→ 謙譲

「**たまへ**」が已然形・命令形なら ——→ 尊敬

↓謙譲の「たまふ」は、複合動詞につくときは、二語の間に入ります。

〔例〕思ひたまへ知る ——→ 謙譲

思ひ知りたまふ ——→ 尊敬

↓謙譲の「たまふ」は、いかにも謙譲らしく訳しにくい例が多く、その場合は、丁寧語のような訳し方でよいことがあります。

敬語の種類と敬意の対象

尊敬語 「先生が**おっしゃる**」のように、「言う」という**動作の主体（その動作をする人物）を直接高める**表現です。

謙譲語 「あとで職員室に**うかがい**ます」のように、「行く」という動作の主体を低めることによって、「うかがわれる」側の、**動作の受け手（相手・対象）を間接的に高める**表現です。

丁寧語 「行き**ます**」のように、「行く」側や「来られる」側の動作を高める低めるではなく、**言い方を丁寧にする**だけの表現です。

⑦ 年ごろいぶかしく**思ひたまへ**しことを、（無名抄）

訳 長年の間疑問に（　　）たことを、

⑧ 六十にあまる年、めづらかなる物を**見たまへ**つる。（源氏物語）

訳 六十もすぎて、珍しい物を（　　）た。

2 訳を参考にして、【　】の中に、「たまふ」を適当な形に活用させて入れなさい。

① 唐土《もろこし》にある火鼠《ひねずみ》の皮衣《かはごろも》を【　】といふ。（竹取物語）

訳 中国にある火鼠の皮衣を**ください**と言う。

② え起きあがり【　】で、舟底《ふなぞこ》に伏し【　】り。（竹取物語）

訳 （大納言は）起きあがり**なさる**ことができずに、舟底に横たわって**いらっしゃっ**た。

③ 昨日の夕暮れまではべりしは、いとかしこしとなむ思ひ【　】。（枕草子）

訳 （雪が）昨日の夕暮れまで（残って）ありましたのは、とても大したものだと存じ**ます**。

④ 盗人《ぬすびと》つかまつりけるをも知り【　】ず、（今昔物語集）

訳 盗人をいたしていたことも存じ**ませ**んで、

3 両刀使いをする敬語②

「まゐる」「たてまつる」には謙譲と尊敬の用法があります。「はべり・さぶらふ・さうらふ」は三つしかない丁寧語ですが、もともとは謙譲語です。

解答は別冊6ページ

8 まゐる 【参る】 ▼動詞・四段活用

① 〈謙譲の本動詞〉 **参上《さんじょう》する。うかがう。**
参内《さんだい》する。入内《じゅだい》する。出仕《しゅっし》する。
参詣《さんけい》する。参拝《さんぱい》する。

② 〈謙譲の本動詞〉 **(何かを)してさしあげる。**
さしあげる。

③ 〈尊敬の本動詞〉 **めしあがる。**(何かを)なさる。

➡①は**自動詞**で、「**行く**」の**謙譲語**です。宮中へ行くのは「参内」、后《きさき》として入るのは「入内」、女房として宮仕えに出るのは「出仕」、神社や寺へ行くのは「参詣・参拝」です。
➡②は**他動詞**で、「**す**」「**与ふ**」の**謙譲語**です。何をしてさしあげるかによって、状況に応じた訳し方が必要です。
➡③は、「**食ふ・飲む**」「**す**」の**尊敬語**です。「まゐる」には、補助動詞の用法がありません。

9 たてまつる 【奉る】 ▼動詞・四段活用

① 〈謙譲の本動詞〉 **さしあげる。献上する。**
うかがわせる。

傍線部の太字の部分を現代語訳しなさい。

① 月日経《へ》て、若宮**まゐり**たまひぬ。 (源氏物語)
訳 月日がたって、若宮は(宮中に)(　　)なさった。

② 人より先に**まゐり**たまひて、やむごとなき御思ひなべてならず、 (源氏物語)
訳 (弘徽殿女御《こきでんのにょうご》は)他のお后方《きさき》より先に(　　)なさって、帝の格別な御愛情は一通りでなく、

③ 掃部司《かもんづかさ》**まゐり**て、御格子《みかうし》**まゐる**。 (枕草子)
訳 (朝方)掃部司(=清掃などの雑役をする人)が(中宮の御殿に)(　　)て、格子部《こうしじとみ》を(　　)。

④ 親王《みこ》にむまの頭《かみ》、大御酒《おほみき》**まゐる**。 (伊勢物語)
訳 親王《みこ》に右馬《うま》の頭が、お酒を(　　)。

⑤ 御心地《ここち》もまことに苦しければ、物もつゆばかり**まゐら**ず。 (源氏物語)
訳 ご気分も本当につらいので、食事もほんの少しばかりも(　　)ない。

⑥ 御文《ふみ》**たてまつり**たまふ。 (竹取物語)
訳 (かぐや姫は帝に)お手紙を(　　)なさる。

② 〈謙譲の補助動詞〉 **お…申し上げる。お…する。**
…(て)さしあげる。

③ 〈尊敬の本動詞〉 **(着物を)おめしになる。めしあがる。**
(車に)お乗りになる。


↓①は、「与ふ・贈る」「遣《や》る」の**謙譲語**です。

↓③は、「着る」「食ふ・飲む」「乗る」の**尊敬語**です。

10 ▢▢ **はべり** 【侍り】 ▼動詞・ラ行変格活用

11 ▢▢ **さぶらふ** 【候ふ】 ▼動詞・四段活用

12 ▢▢ **さうらふ** 【候ふ】 ▼動詞・四段活用

① 〈謙譲の本動詞〉 **お仕え申し上げる。お側《そば》に控《ひか》える。**

② 〈丁寧の本動詞〉 **あります。おります。**ございます。

③ 〈丁寧の補助動詞〉 …**です。**…**ます。**…**でございます。**
…(て)おります。…(て)います。


↓①は、「**あり・をり**」の**謙譲語**です。

↓②は、「**あり・をり**」の**丁寧語**です。

↓**丁寧の敬語**は、「**はべり・さぶらふ・さうらふ**」**の三語のみ**です。

↓「さぶらふ」と「さうらふ」は同じ語ですが、もとは「さぶらふ」で、中世以降は「さうらふ」が多くなります。

↓「**さぶらふ**」には、「**行く**」**の謙譲語**として、「参上する。うかがう」と訳す用例もあります。

⑦ 天《あま》の羽衣**うち着せたてまつり**つ。 (竹取物語)
訳 (かぐや姫に)天の羽衣を(　　)た。

⑧ 白き御衣《おんぞ》どもに、紅《くれなゐ》の唐綾《からあや》をぞ上《うへ》に**たてまつり**たる。 (枕草子)
訳 (中宮様は)白いお召し物の上に、紅色の唐綾の上着を(　　)ている。

⑨ 「壺《つぼ》なる御薬《みくすり》**たてまつれ**」。 (竹取物語)
訳 「壺に入っているお薬を(　　)」。

⑩ 宿直人《とのゐびと》にて**はべら**む。 (源氏物語)
訳 (今夜は私が)宿直係として(　　)よう。

⑪ いづれの御時《おほんとき》にか、女御《にようご》・更衣《かうい》あまた**さぶらひたま**ひける中に、 (源氏物語)
訳 どの帝の御代《みよ》であったか、女御や更衣(といったお后)が大勢(　　)た中に、

⑫ 武蔵《むさし》と上野《かうづけ》の境に、利根川《とねがは》と申し**さうらふ**大河**さうらふ**。 (平家物語)
訳 武蔵の国と上野の国との間に、利根川と申し(　　)大河が(　　)。

⑬ かの白く咲けるをなむ夕顔と申し**はべる**。 (源氏物語)
訳 あの白く咲いている花を夕顔と申し(　　)。

⑭ 物語の多く**さぶらふ**なる、ある限り見せたまへ。 (更級日記)
訳 物語がたくさん(　　)とかいうのを、あるだけ全部見せて下さい。

4 そもそもの最高敬語

天皇や中宮にのみ用いたりなど、非常に高い敬意をはらう語があります。これらは、二重尊敬に匹敵する「最高敬語」レベルの敬語と言えます。

解答は別冊6ページ

13 ごらんず【御覧ず】

▼動詞・サ行変格活用

① 〔尊敬の本動詞〕 **ご覧になる。** ご覧あそばす。

➡「**見る**」の**尊敬語**ですが、尊敬の補助動詞「たまふ」をつけた「見たまふ」よりも、敬意の高い語です。

➡連語**ごらんぜさす**は、「**ごらんず**」**に使役の助動詞**「**さす**」がついた形で、「ご覧に入れる。お目にかける」のように、最高の敬意をはらう**謙譲語**の訳し方をします。

➡連語**ごらんぜらる**は、「**ごらんず**」**に受身の助動詞**「**らる**」がついた形で、「目をとめていただく。ご覧いただく。お目にかける」のように、やはり**謙譲語**の訳し方をします。中世以降は「らる」が尊敬で、「ごらんず」の敬意を強めるだけの**尊敬語**の用例もあります。

14 おほとのごもる【大殿籠る】

▼動詞・四段活用

① 〔尊敬の本動詞〕 **お休みになる。** お休みあそばす。

➡「**寝**《ぬ》**・寝**《い》**ぬ**」の**尊敬語**ですが、「寝たまふ」よりも敬意の高い語です。

➡動詞**おんとのごもる【御殿籠る】**(四段)も同義語です。

● 傍線部の太字の部分を現代語訳しなさい。

① 上《うへ》おはしますに、**御覧じ**て、いみじうおどろかせたまふ。(枕草子)

訳 帝がおられて、(　　　)て、たいそう驚きなさる。

② 少し涼しき水の流れも**御覧ぜさせ**む。(源氏物語)

訳 少し涼しい泉水の流れでも(　　　)よう。

③ はづかしく心づきなきことは、いかでか**御覧ぜられ**じ。(枕草子)

訳 きまりがわるく気にくわないことは、なんとかして(中宮様には)(　　　)ないようにしよう。

④ 親王《みこ》、**大殿籠ら**で明かしたまうてけり。(伊勢物語)

訳 親王は、(　　　)ないで、夜をお明かしになってしまった。

⑤ 夜々はひと所に**御殿籠り**、(源氏物語)

訳 夜々は同じ部屋で(　　　)、

⑥ あはれなりつること、しのびやかに**奏す**。(源氏物語)

訳 (亡き桐壺《きりつぼ》の更衣《かうい》の里から帰った、使者の命婦《みやうぶ》は)しみじみとしていたことを、ひそやかに(　　　)。

15 □□ **そうす** 【奏す】 ▼**動詞・サ行変格活用**

① **〈謙譲の本動詞〉（帝《みかど》に）申し上げる。奏上《そうじょう》する。**

② （楽器を）かなでる。演奏する。

➡**天皇や上皇に「言う」場合にのみ用いる謙譲語**です。対象が限定されているので「**絶対敬語**」と呼ぶことがあります。

16 □□ **けいす** 【啓す】 ▼**動詞・サ行変格活用**

① **〈謙譲の本動詞〉（中宮に）申し上げる。**

➡**中宮・皇后・皇太后・太皇太后・皇太子に対して「言う」場合にのみ用いる謙譲語**です。これも「**絶対敬語**」と呼ぶことがあります。

17 □□ **あそばす** 【遊ばす】 ▼**動詞・四段活用**

① **〈尊敬の本動詞〉**（音楽・詩歌《しいか》などを）なさる。

② **〈尊敬の本動詞〉（何かを）なさる。**

➡①は「**遊ぶ**」の**尊敬語**、②は「**す**」の**尊敬語**です。何をするかによって訳し方を考える必要があることもあります。

⑦ うちうちに思ひたまふるさまを**奏し**たまへ。（源氏物語）

訳 内々《ないない》に（私が）思っております様子を（　　）てください。

⑧ よきに**奏したまへ**、**啓したまへ**。（枕草子）

訳 （私の昇進について、どうか）よろしく（　　）、（　　）。

⑨ 和歌などこそ、いとをかしく**あそばし**しか。（大鏡）

訳 和歌などを、たいそう趣深く（　　）た。

⑩ 御書《ふみ》を**あそばい**て、給《た》うだりけり。（平家物語）

訳 （帝は）御書状を（　　）て、下さった。

最高敬語

基本的には、**尊敬語が、尊敬の助動詞「す・さす・しむ」や「る・らる」と重なって「尊敬＋尊敬」になる形**を最高敬語と言います。地の文では、皇族のような特別な身分の人にしか用いませんが、会話文中では比較的ゆるやかに用います。

A **…せ** / **…させ** / **…しめ** ＋ **たまふ** / **おはします** など

B **思《おぼ》す** / **仰す** など ＋ **る** / **らる**

5 主な尊敬語《そんけいご》①

尊敬語は、その動詞で表される動作の主体に対する敬意を表します。同じ意味で、敬意の度合いに違いがある大事な尊敬語がいくつかあります。

解答は別冊8ページ

18 おはす【御座す】 ▼動詞・サ行変格活用

19 おはします【御座します】 ▼動詞・四段活用

① 〈**尊敬の本動詞**〉 **いらっしゃる。**おありになる。**おいでになる。**お出かけになる。

② 〈**尊敬の補助動詞**〉 **…(て)いらっしゃる。**

⬇①は、「**あり・をり**」「**行く・来**」の**尊敬語**です。

⬇②の補助動詞は、動詞（型活用語）、形容詞・形容動詞（型活用語）、接続助詞「て」などいろいろなものにつきます。「おはしまし着く」のように、動詞の上につくこともあります。

⬇「**おはします**」は、「**おはす**」より敬意が高く、**最高敬語**です。

⬇動詞**ます**（四段）・**まします**（四段）は、ほぼ同義語です。

⬇動詞**います**（四段・サ変）・**いますがり**（ラ変）も同義語です。

20 おぼす【思す】 ▼動詞・四段活用

21 おぼしめす【思し召す】 ▼動詞・四段活用

① 〈**尊敬の本動詞**〉 **お思いになる。**お考えになる。

傍線部の太字の部分を現代語訳しなさい。

① 我朝ごと夕ごとに見る竹の中に**おはする**にて知りぬ。（竹取物語）

訳 私が毎朝毎晩見る竹の中に（　　　）のでわかった。

② 昔、惟喬親王《これたかのみこ》と申す親王**おはしまし**けり。（伊勢物語）

訳 昔、惟喬の親王と申し上げる親王が（　　　）た。

③ 右中将《うちゆうじやう》**おはし**て、物語したまふ。（枕草子）

訳 右中将が（　　　）て、お話をなさる。

④ 丈六《ぢやうろく》の仏《ほとけ》九体、いと尊くて並び**おはします**。（徒然草）

訳 （高さが）一丈六尺の仏様が九体、たいそう尊いお姿で並ん（　　　）。

⑤ 聞きしにもすぎて、尊くこそ**おはし**けれ。（徒然草）

訳 （石清水八幡宮《いわしみずはちまんぐう》は）聞いていた以上に、尊く（　　　）たなあ。

⑥ かぐや姫、少しあはれと**おぼし**けり。（竹取物語）

訳 かぐや姫は、（求婚していた石上《いそのかみ》中納言の死を聞いて）少し気の毒だと（　　　）た。

↓①は、「**思ふ**」の**尊敬語**です。
↓「**おぼす**」「**おぼしめす**」ともに、「＋**動詞**」で「思ふ＋動詞」が作るさまざまな**複合動詞の尊敬語**になります。（思ひ出《い》づ→思し出づ）
↓「**おぼしめす**」は、「**おぼす**」より敬意が高く、**最高敬語**です。
↓動詞**おもほす**（四段）・**おもほしめす**（四段）は同義語です。

22 のたまふ 【宣ふ】

▼動詞・四段活用

23 のたまはす 【宣はす】

▼動詞・下二段活用

① 〈**尊敬の本動詞**〉 **おっしゃる。**

↓①は、「**言ふ**」の**尊敬語**です。

↓「**のたまはす**」は、「**のたまふ**」より敬意が高く、**最高敬語**です。

24 おほす 【仰す】

▼動詞・下二段活用

① 〈**尊敬の本動詞**〉 **おっしゃる。**
② **命じる。言いつける。**

↓①は、「**言ふ**」の**尊敬語**ですが、単独で「おっしゃる」と用いるのは中世以降で、「**仰せたまふ**」で「おっしゃる」となるのがふつうです。逆に、「仰せたまふ」でも、②の意味プラス尊敬の「たまふ」で「命じなさる」になることもあるので、文脈をよく見る必要があります。

⑦ 何によってか一両の御着《き》背《せ》長《なが》を重うは**おぼしめし**候ふべき。（平家物語）
訳 なぜ一着の御大鎧《おおよろい》を重く（　　　）のでしょうか。

⑧ いよいよあかずあはれなるものに**おもほし**て、（源氏物語）
訳 （帝は病気がちな桐壺《きりつぼ》の更衣《こうい》を）ますます名残り惜しくいとしいものと（　　　）て、

⑨ もの知らぬこと、な**のたまひ**そ。（竹取物語）
訳 ものわかりの悪いことを、（　　　）な。

⑩ 「燕《つばくらめ》の持《も》たる子安貝《こやすがひ》を取らむ料《れう》なり」と**のたまふ**。（竹取物語）
訳 「つばめが持っている（と言われる）子安貝を取るためだ」と（　　　）。

⑪ よろづのことを、泣く泣く契《ちぎ》り**のたまはすれ**ど、（源氏物語）
訳 （帝は病床の桐壺の更衣に）さまざまなことを、泣く泣く約束して（　　　）けれど、

⑫ 法皇、「あれはいかに」と**仰せ**ければ、（平家物語）
訳 法皇が、（袖が触れて倒れた瓶子《へいじ》を見て）「あれはどうしたのか」と（　　　）たところ、

⑬ 大井の土民に**仰せ**て、水車を造らせられけり。（徒然草）
訳 大井の土地の者たちに（　　　）て、水車を造らせなさった。

6 主な尊敬語②

尊敬語は、「思ふ・言ふ・聞く・知る・見る・食ふ」など、基本的動作を表すものがほとんどです。もとの動詞の感覚で覚えましょう！

解答は別冊8ページ

25 □□ **きこす** 【聞こす】 ▼動詞・四段活用

26 □□ **きこしめす** 【聞こし召す】 ▼動詞・四段活用

① 〔尊敬の本動詞〕 **お聞きになる。**

② 〔尊敬の本動詞〕 **お聞き入れになる。** お許しになる。

③ 〔尊敬の本動詞〕 **めしあがる。** お飲みになる。

⬇「**きこす**」は主に上代に用いられた語で、①の用法のみです。

⬇「**きこしめす**」は、敬意の高い語で、**最高敬語**です。①～③以外にも、上代では「お治めになる」意でも用いられました。

⬇①は、「**聞く**」の**尊敬語**です。

⬇②は、「**聞き入る**」の**尊敬語**です。

⬇③は、「**食ふ・飲む**」の**尊敬語**です。

27 □□ **めす** 【召す】 ▼動詞・四段活用

① 〔尊敬の本動詞〕 **お呼びになる。お呼び寄せになる。**

② 〔尊敬の本動詞〕 **お取り寄せになる。**

③ 〔尊敬の本動詞〕 **めしあがる。おめしになる。**

傍線部の太字の部分を現代語訳しなさい。

① 遠々《とほとほ》し高志《こし》の国に…麗《くは》し女《め》をありと**聞こし**て、（古事記）

訳 遠い遠い越の国に…美しい女がいると（　　　）て、

② 上《うへ》も**聞こしめし**て、興《きよう》ぜさせおはしましつ。（枕草子）

訳 帝も（　　　）て、面白がっていらっしゃった。

③ ここにせちに申さむことは、**聞こしめさ**ぬやうあらざらまし。（源氏物語）

訳 私が（あなたの入内《じゅだい》を）いちずにお願い申し上げたら、そのことは（帝も）（　　　）ないことはないだろう。

④ 汚き所のもの**聞こしめし**たれば、御心地《ここち》悪《あ》しからむものぞ。（竹取物語）

訳 汚い人間の世界のものを（　　　）たので、ご気分も悪いでしょう。

⑤ 例の人々多く**召し**て、文《ふみ》など作らせたまふ。（源氏物語）

訳 いつもの人々を大勢（　　　）て、漢詩などを作らせなさる。

⑥ 紙燭《しそく》**召し**て、御返り見たまへば、（源氏物語）

④〈**尊敬の本動詞**〉任命なさる。

↓①は、「**呼ぶ**」「**呼び寄す**」の**尊敬語**です。
↓②は、「**取り寄す**」の**尊敬語**です。
↓③は、「**食ふ・飲む**」「**着る**」の**尊敬語**です。
↓中世以降は、車や輿《こし》に「**乗る**」意味の**尊敬語**の例もあります。
↓④は、一般に「召さる」のように受身の助動詞とともに用いられます。

28 つかはす 【遣はす】 ▼動詞・四段活用

①〈**尊敬の本動詞**〉**おやりになる。**行くように命じる。
②〈**尊敬の本動詞**〉**お与えになる。**おやりになる。

↓①は、「**遣《や》る**」の**尊敬語**、②は「**与ふ**」の**尊敬語**ですが、どちらも、敬語というほどではなく、「行かせる」「与える」程度の意味で用いられることもあります。

29 しろしめす 【知ろし召す・領ろし召す】 ▼動詞・四段活用

①〈**尊敬の本動詞**〉**お知りになる。ご存じである。**
②〈**尊敬の本動詞**〉**お治めになる。**

↓①は「**知る**」の**尊敬語**、②は「**治む・領《し》る**」の**尊敬語**です。
↓上代では「**しらしめす**」の形で、主に②の意味で用いられています。

訳 紙燭を（　　）て、（女三の宮からの）お返事の手紙をご覧になると、

⑦ 杯《さかづき》取りたまひて、あまたたび**召し**、（大鏡）
訳 杯をお取りになって、何杯も（　　）、

⑧ 帝ばかりは御衣《ぎよい》を**召す**。（沙石集）
訳 帝だけはお召しものを（　　）。

⑨ 御輿《みこし》に**召し**て、福原へ入らせおはします。（平家物語）
訳 （上皇は）お車に（　　）て、福原へお入りになる。

⑩ 靫負《ゆげひ》の命婦《みやうぶ》といふを**つかはす**。（源氏物語）
訳 （帝は桐壺《きりつぼ》の更衣《かうい》の実家への使者として）靫負の命婦という女官を（　　）。

⑪ この翁丸《おきなまろ》打ち調《てう》じて、犬島へ**つかはせ**。（枕草子）
訳 この翁丸（＝犬の名）を打ちこらしめて、犬島（＝犬を島流しにする所）へ（　　）。

⑫ ありつる御随身《みずいじん》して、**つかはす**。（源氏物語）
訳 先ほどの御随身に命じて、（歌を）（　　）。

⑬ 人のそしりも**しろしめされず**、（源氏物語）
訳 人の非難も（　　）、

⑭ 今皇《いますべらぎ》の天《あめ》の下**しろしめす**こと、四《よ》つの時九返《ここのかへ》りになむなりぬる。（古今集仮名序）
訳 今上天皇（＝醍醐《だいご》天皇）が天下を（　　）ことは、四季がめぐること九回になった。

7 主な謙譲語《けんじょうご》①

謙譲語は、その動詞で表される動作の主体ではなく、その動作の受け手、動作の及ぶ相手への敬意を表す、間接的な敬語です。

解答は別冊10ページ

30 きこゆ【聞こゆ】 ▼動詞・下二段活用
31 きこえさす【聞こえさす】 ▼動詞・下二段活用

①〈謙譲の本動詞〉**申し上げる。**
②〈謙譲の本動詞〉(手紙などを)さしあげる。
③〈謙譲の補助動詞〉**お…申し上げる。お…する。**

➡①は、「**言ふ**」の**謙譲語**です。まれに、「**願ふ**」の謙譲で「お願い申し上げる」の意になることがあります。

➡②は、①が直接に「言う」のに対し、手紙などで間接的に「言う」ということと考えられます。

➡「**聞こえさす**」は、「聞こゆ」よりも敬意が高く、**最高敬語**です。

32 まうす【申す】 ▼動詞・四段活用

①〈謙譲の本動詞〉**申し上げる。**
②〈謙譲の本動詞〉お願い申し上げる。お願いする。
③〈謙譲の本動詞〉(何かを)してさしあげる。致す。
④〈謙譲の補助動詞〉お…申し上げる。お…する。

傍線部の太字の部分を現代語訳しなさい。

① 昔のことなど思ひ出《い》で**聞こえ**けり。(伊勢物語)
訳 昔のことなどを思い出して(　　)た。

② 山井大納言《やまのゐのだいなごん》と**聞こえさせ**けるなむ、かくありし。(栄花物語)
訳 山井大納言と(　　)た方が、このようで(＝若くして亡くなったので)あった。

③ をかしと見れど、常はとて御返し**聞こえさせ**ず。(和泉式部日記)
訳 (親王からの恋文を)趣深いとは思うが、いつも(返事をするの)は(どうか)と思って、お返事を(　　)ない。

④ 「とく」とそそのかし**聞こゆ**。(枕草子)
訳 「早く(参内なさいませ)」とおすすめ(　　)。

⑤ 伊勢《いせ》大神宮に御いとま**申さ**せたまひ、(平家物語)
訳 (安徳《あんとく》天皇は)伊勢大神宮にお別れを(　　)なさり、

⑥ 「生《いけ》ずきを**申さ**ばや」とは思へども、(平家物語)
訳 「(ほうびに)生ずき(＝馬の名)をと(　　)たい」とは思うけれども、

➡①は、「**言ふ**」の**謙譲語**です。「…と申す」のような場合、「申し上げる」ほどの意味はなく、「申します」のような訳になる、ほとんど**丁寧語**に近いケースもあります。

➡②は、「**願ふ・乞ふ**」などの**謙譲語**です。

➡③は、「**す**」の**謙譲語**です。何を「してさしあげる」かによって、訳語を考えなければならないこともあります。

33 □□ つかうまつる【仕うまつる】 ▼動詞・四段活用
34 □□ つかまつる【仕る】 ▼動詞・四段活用

①〈**謙譲の本動詞**〉**お仕え申し上げる**。お仕えする。
②〈**謙譲の本動詞**〉(何かを)してさしあげる。致す。
③〈**謙譲の補助動詞**〉お…申し上げる。お…する。

➡①は「仕ふ」の**謙譲語**、②は「**す**」の**謙譲語**です。

35 □□ たまはる【賜る・給はる】 ▼動詞・四段活用

①〈**謙譲の本動詞**〉**いただく**。頂戴《ちょうだい》する。

➡①は「**受く・もらふ**」の**謙譲語**です。

➡中世以降は、「お与えになる・くださる」の意で、**尊敬語**としても用いられるようになります。

⑦女、「**言《こと》づけ申さ**むと思ふは、聞き給ひてむや」と言ひければ、遠助《とほすけ》、「**申し**はべりなむ」と答ふ。(今昔物語集)
訳 女が「(　　)ようと思うことは、お聞き入れくださいますか」と言ったので、遠助は、「きっと(ご伝言を)(　　)ましょう」と答える。

⑧二条の后《きさき》に**つかうまつる**男ありけり。(伊勢物語)
訳 二条の后に(　　)男がいた。

⑨笛**つかうまつり**たまふ、いとおもしろし。(源氏物語)
訳 笛を(　　)なさる様子は、たいそう趣が深い。

⑩さがなきわらはべどもの**つかまつり**ける、奇怪に候ふことなり。(徒然草)
訳 いたずらな子供たちが(　　)たことで、けしからんことでございます。

⑪真言《しんごん》の深き道をだに、隠しとどむることなく**広めつかうまつり**はべり。(源氏物語)
訳 真実のことばの奥深い道をさえ、(私は)隠しとどめることなく(　　)ております。

⑫忠岑《ただみね》も禄《ろく》**たまはり**などしけり。(大和物語)
訳 忠岑もほうびの品を(　　)たりした。

⑬備前《びぜん》の児島《こじま》を佐々木に**たまはり**ける。(平家物語)
訳 (源頼朝《よりとも》は)備前の国の児島を(ほうびとして)佐々木盛綱《もりつな》に(　　)た。

8 主な謙譲語②

「聞こゆ・申す」や「まゐる・まうづ」「まかる・まかづ」「たてまつる・まゐらす」など、同じ意味のものはまとめて覚えましょう！

解答は別冊10ページ

36 まうづ 【詣づ】 ▼動詞・下二段活用

① 〈謙譲の本動詞〉 **参上する。**うかがう。**参詣する。お参りする。**

↓①は「**行く**」の**謙譲語**で、**参る**（10ページ**8**）の①と同義語です。
↓中古半ばくらいからは、「参上する」意味ではほとんど「参る」が用いられ、「まうづ」は神社や寺に「お参りする」場合に使われることが多くなりました。

37 まかる 【罷る】 ▼動詞・四段活用

① 〈謙譲の本動詞〉 **退出する。おいとまする。下がる。**
② 〈謙譲の本動詞〉 出かける。下向する。
③ 〈丁寧の本動詞〉 行きます。参ります。

↓①は主に上代から中古初めにかけての用法です。
↓「まうづ」「まゐる」と同様の「参上する」意もあります。
↓**動詞の上につけて、謙譲・丁寧の意味をそえる**ことがあります。

傍線部の太字の部分を現代語訳しなさい。

① 子は京に宮仕《みやづか》へしければ、**まうづ**としけれど、しばしばえ**まうで**ず。（伊勢物語）
訳 子は京の都で宮仕えしていたので、（長岡にいる母のもとに）（　　　　　　　）ようとしたけれど、たびたびは（　　）ことができない。

② ただ一人、徒歩《かち》より**まうで**けり。（徒然草）
訳 ただ一人で歩いて（石清水《いわしみず》八幡宮に）（　　）たのであった。

③ 憶良《おくら》らはいまは**まから**む。（万葉集）
訳 私、憶良めは、今はもう（　　）よう。

④ 花見に**まかれ**りけるに、はやく散りすぎにければ、（徒然草）
訳 花見に（　　）たところ、もう（花が）散ってしまっていたので、

⑤ 成経《なりつね》、まづ**まかり上つ**て、人々にも申し合はせ、（平家物語）
訳 成経が、まず（都へ）（　　）て、人々にもご相談申し上げ、

38 まかづ【罷づ】

▼動詞・下二段活用

① 〈謙譲の本動詞〉 **退出する。おいとまする。**

② 〈丁寧の本動詞〉 出ます。参ります。出かけます。

⬇「**まかり出《い》づ**」から生じた語で、①は「**まかる**」の①と同義語です。

⬇②は「**出づ・行く**」の**丁寧語**です。

39 まゐらす【参らす】

▼動詞・下二段活用

① 〈謙譲の本動詞〉 **さしあげる。**献上する。

② 〈謙譲の補助動詞〉 **(…し)てさしあげる。**お…申し上げる。

⬇①は「**与ふ・遣《や》る**」の**謙譲語**で、**奉《たてまつ》る**(10ページ**9**)の①と同義語です。

40 うけたまはる【承る】

▼動詞・四段活用

① 〈謙譲の本動詞〉 **お受けする。いただく。**頂戴《ちょうだい》する。

② 〈謙譲の本動詞〉 **お聞きする。うかがう。**

③ 〈謙譲の本動詞〉 **承知いたす。おひきうけする。**

⬇①は「**受く**」、②は「**聞く**」、③は「**引き受く**」、の**謙譲語**です。

⑥ **まかで**なむとしたまふを、(源氏物語)

訳 (桐壺《きりつぼ》の更衣《こうい》は実家に)(　　)ようとなさるのに、

⑦ 老いかがまりて、室《むろ》の外《と》にも**まかで**ず。(源氏物語)

訳 年老いて腰がまがり、庵室《あんしつ》の外にも(　　)ん。

⑧ 古体《こたい》の御絵どもの侍《はべ》る、**まゐらせ**む。(源氏物語)

訳 古風な御絵などがありますのを、(　　)よう。

⑨ 薬の壺に御文《ふみ》そへ、**まゐらす**。(竹取物語)

訳 (不死の)薬の壺に(かぐや姫からの)お手紙を添えて、(帝に)(　　)。

⑩ 行幸《みゆき》ののち、また見**まゐらせ**ばやと、ゆかしく思ひ**まゐらする**に、(讃岐典侍日記)

訳 行幸の後、もう一度(　　)たいと、なつかしく(　　)ていると、

⑪ かしこき仰せ言をたびたび**うけたまはり**ながら、(源氏物語)

訳 (帝の)おそれ多いお言葉をたびたび(　　)ながら、

⑫ 御琴の音《ね》をだに**うけたまはら**で、久しくなりはべりにけり。(源氏物語)

訳 御琴の音色さえも(　　)ないで、久しくなってしまいました。

⑬ 難《かた》かるべきことなりとも、**うけたまはら**む。(宇津保物語)

訳 (あなたのおっしゃることは)難しいにちがいないことであっても、(　　)よう。

B 清涼殿

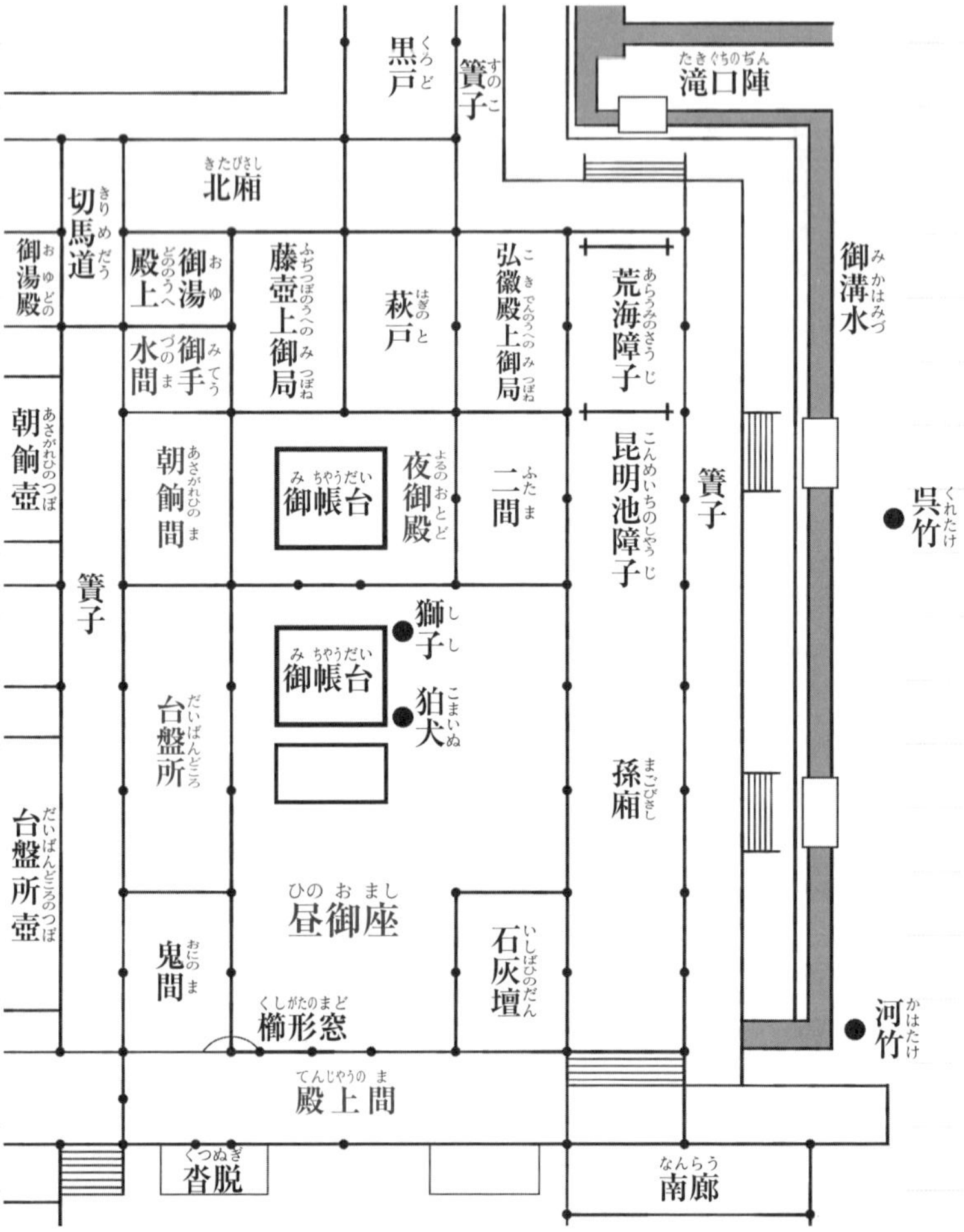

4 ☐ **昼御座【　　　　　　　　】**天皇の日中の御座所《ござしょ》。
5 ☐ **夜御殿【　　　　　　　　】**天皇の寝室。
6 ☐ **朝餉間【　　　　　　　　】**天皇が食事をする部屋。
7 ☐ **御手水間【　　　　　　　　】**天皇が手を洗ったり整髪したりする部屋。
8 ☐ **殿上間【　　　　　　　　】**貴族の控室。
9 ☐ **台盤所【　　　　　　　　】**天皇に仕える女官の詰所。

古典常識の読み方 1 内裏・清涼殿

次の１～９の語の読み方を現代仮名遣いで書きなさい。

▶解答・解説は別冊 12・13 ページ

A 内裏

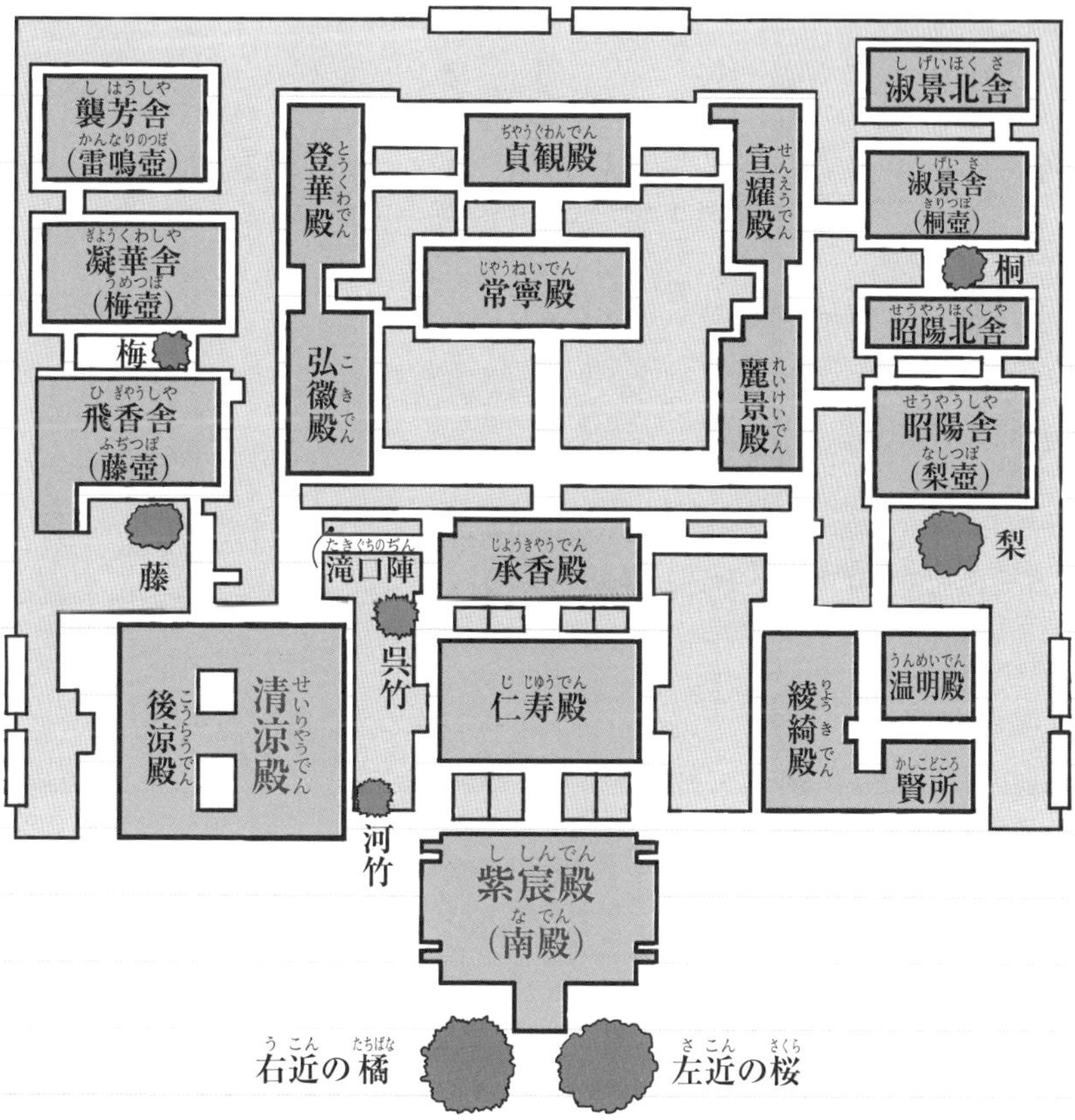

1 ☐ **紫宸殿【　　　　　　】**内裏《だいり》の正殿で、重要な儀式などを行うところ。

2 ☐ **清涼殿【　　　　　　】**天皇が日常の生活をする住まいにあたるところ。

3 ☐ **後宮【　　　　　　】**内裏の北半分の七殿(承香殿《じょうきょうでん》・常寧殿《じょうねいでん》・貞観殿《じょうがんでん》・弘徽殿《こきでん》・登華殿《とうかでん》・麗景殿《れいけいでん》・宣耀殿《せんようでん》)・五舎(飛香舎《ひぎょうしゃ》＝藤壺《ふじつぼ》・凝華舎《ぎょうかしゃ》＝梅壺《うめつぼ》・襲芳舎《しほうしゃ》＝雷鳴壺《かんなりのつぼ》・昭陽舎《しょうようしゃ》＝梨壺《なしつぼ》・淑景舎《しげいさ》＝桐壺《きりつぼ》)で、天皇のお妃《きさき》たちの住む御殿。

9 趣《おもむき》のある語

古文の世界では、「趣がある」語はたいへん多いのですが、その中でも、「あはれなり」と「をかし」は別格の二大最重要単語と言えます！

解答は別冊14ページ

41 あはれ

▼名詞・感動詞

① **しみじみとした趣**。**情趣**。風情。感慨。
② 寂しさ。悲しさ。悲哀。
③ **愛情**。**人情**。**情け**。**情愛**。同情。
④〔感動詞〕**ああ**。

➡「**あはれ**」は、**喜び**・**悲しみ**・**おどろき**など、物事に深く心を動かされたときに自然に出る感嘆の語「あ」「はれ」という感動詞がもとで、「**あはれなり**」という形容動詞は平安時代になってからのことばです。
➡連語**もののあはれ**は、やはり、事にふれて心の中にわき出る**しみじみとした情感**を言いますが、自然や人生の観照によって得た、優美で繊細な美的理念を言うこともあります。

42 あはれなり

▼形容動詞

① **しみじみとした趣がある**。**趣深い**。
② **しみじみと心打たれる**。**感慨深い**。
③ 寂しい。もの寂しい。悲しい。
④ かわいい。いとしい。美しい。

傍線部の太字の部分を現代語訳しなさい。

① 心なき身にも**あはれ**は知られけり鴫《しぎ》立つ沢の秋の夕暮れ　（新古今集）
訳 情趣を解さない私のような者にも（　　　　）は自《おの》ずと感じられることだ。しぎが飛び立つ川辺の秋の夕暮れの情景は。

② 子ゆゑにこそ、よろづの**あはれ**は思ひ知らるれ。　（徒然草）
訳 子を持ってこそ、すべての（　　　　）はしみじみと理解できるものだ。

③「**あはれ**、いと寒しや」。　（源氏物語）
訳「（　　　　）、ひどく寒いことだなあ」。

④ 折ふしの移り変はるこそ、ものごとに**あはれなれ**。　（徒然草）
訳 季節が移り変わるのは、何事につけても（　　　　）。

⑤ 折からの御文《ふみ》いと**あはれなれ**ば、　（源氏物語）
訳（なつかしく思っていた）ちょうどその時の（その人からの）お手紙がたいそう（　　　　）ので、

⑥ 心のうちに恋しく**あはれなり**と思ひつつ、しのび音《ね》を

⑤ 感心だ。立派だ。ありがたい。尊い。
⑥ 愛情が深い。情がこまやかだ。優美だ。
⑦ かわいそうだ。気の毒だ。ふびんだ。

↓物事にふれて、しみじみと心の中に生じた**喜び**・**悲しみ**・**感慨**などさまざまな思いを表します。

43 をかし

▼形容詞・シク活用

① **趣がある**。風情がある。**おもしろい**。
② すぐれている。みごとだ。すばらしい。
③ 愛らしい。かわいらしい。美しい。
④ こっけいだ。おかしい。変だ。

↓「**あはれなり**」が、対象に感情移入した主観的な感動を表すのに対して、「**をかし**」は、客観的・理知的に対象をとらえたときの感動を表します。

44 おもしろし【面白し】

▼形容詞・ク活用

① **趣が深い**。風情がある。すばらしい。美しい。
② 愉快だ。おもしろい。心楽しい。

↓目の前がぱっと明るくなる感じで心が晴れやかになり、心ひかれる気持ちを表します。目に見えるものに対しての言葉です。

のみ泣きて、（更級日記）

訳 心のうちに（継母《ままはは》を）恋い慕い、（一緒に暮らせないことを）（　　）と思いながら、声をたてずにこっそりと泣いてばかりいて、

⑦ **あはれなる**もの、孝ある人の子。（枕草子）

訳（　　）もの、親孝行な子供。

⑧ 五月《さつき》ばかりなどに山里にありく、いと**をかし**。（枕草子）

訳 五月ごろに山里に出歩くのは、たいそう（　　）。

⑨ けづることをうるさがりたまへど、**をかし**の御髪《みぐし》や。（源氏物語）

訳 髪をとかすことを面倒がりなさるけれど、（　　）お髪ですこと。

⑩ のたまふが**をかしけれ**ば、笑ひぬれば、（枕草子）

訳（関白様が）おっしゃることが（　　）ので、（女房たちが）笑ったところ、

⑪ 雪の**おもしろう**降りたりし朝《あした》、（徒然草）

訳 雪が（　　）降りつもった朝、

⑫ 今、参りつる道に、紅葉のいと**おもしろき**所のありつる。（更級日記）

訳 今、通ってきました途中に、紅葉がたいそう（　　）所がありました。

⑬ 神楽《かぐら》こそ、なまめかしく**おもしろけれ**。（徒然草）

訳（宮中で行われる）神楽は、優雅で（　　）ものだ。

10 優美《ゆうび》な語

45 □□ いうなり 【優なり】 ▼形容動詞

① **優美だ。上品だ。**奥ゆかしい。風流だ。
② **すぐれている。すばらしい。**立派だ。けなげだ。
③ やさしい。穏やかだ。

⬇**ゆったりと落ちついた、品のある美しさ**を言います。「**優美・優雅**」の「優」と、「優秀」の「優」の意味と覚えましょう。

46 □□ えんなり 【艶なり】 ▼形容動詞

① **優美だ。しっとりと美しい。風情がある。**
② **なまめかしい。あでやかだ。**魅力的だ。

⬇**つややかな、はなやかさを伴った美しさ**を言います。「優なり」は男性が用いた例が多く、「艶なり」は女流文学によく用いられました。

47 □□ なまめかし 【生めかし】 ▼形容詞・シク活用

「趣深い」のと同じように、「優美だ・優雅だ・風流だ」に類する話題も、古文では超頻出です。あてはめる漢字表記の感覚で覚えましょう！

解答は別冊14ページ

傍線部の太字の部分を現代語訳しなさい。

① かぐや姫のかたち**優に**おはすなり。（竹取物語）
訳 かぐや姫の容貌《ようぼう》が（　　　　）いらっしゃるということだ。

② あそばしたる和歌は、いづれも人の口に乗らぬなく、**優にこそ**承《うけたまは》れな。（大鏡）
訳 （花山院《かざんいん》が）お詠みになった和歌は、いずれも人に知られないものはなく、（　　　　）とお聞きしていることですよ。

③ 浅緑《あさみどり》なる薄様《うすやう》に**えんなる**文《ふみ》を「これ」とて来たる、（枕草子）
訳 浅緑色の薄様の紙で（　　　　）手紙を、（使いの者が）「これを」と言って持って来ているのを、

④ 舎人《とねり》どもさへ**えんなる**装束《さうぞく》を尽くして、（源氏物語）
訳 舎人たちまでも（　　　　）装束《しょうぞく》を着飾って、

⑤ **なまめかしき**もの、細やかに清げなる君達《きんだち》の直衣《なほし》姿。（枕草子）
訳 （　　　　）もの、ほっそりとして美しい貴公子たちの直衣姿。

① **優美だ**。**上品だ**。優雅だ。
② **若々しく美しい**。みずみずしい。
③ あでやかで美しい。色っぽい。

➡**若々しくみずみずしい美しさ**を言います。「**生**」は未熟だとか不十分だとかいう意味ですが、そのように見えるという意の「**めく**」がついた動詞**なまめく**（四段）からできた語です。

48 やさし 【優し】 ▼形容詞・シク活用

① **優美だ**。**上品だ**。**風流だ**。趣《おもむき》がある。しとやかだ。
② 思いやりがある。やさしい。情け深い。
③ けなげだ。感心だ。殊勝だ。

➡「**恥し・羞し**」の字をあてる**やさし**（43ページ**90**）という語から派生したものです。
➡**しとやかで上品な美しさ**を言います。

49 すきずきし 【好き好きし】 ▼形容詞・シク活用

① **風流だ**。**ものずきだ**。
② **色好みだ**。**好色めいている**。浮気だ。

➡**対象に並々ならぬ関心を寄せる感じ**を表す語で、対象が異性なら②の意です。

⑥ **なまめかしく**、人の親げなくおはします。（源氏物語）
訳 （源氏は）（　）、人の親という様子ではなくていらっしゃる。

⑦ その里に、いと**なまめいたる**女はらから住みけり。（伊勢物語）
訳 その里に、とても（　）姉妹が住んでいた。

⑧ 上臈《じやうらふ》はなほも**やさしかり**けり。（平家物語）
訳 身分の高い方はやはり（　）なあ。

⑨ あな**やさし**。…味方《みかた》の御勢《ごせい》はみな落ち候《さうら》ふに、ただ一騎残らせたまひたるこそ**優なれ**。（平家物語）
訳 なんと（　）ことよ。…味方の御軍勢がみな逃げましたのに、ただ一騎残っていらっしゃるのは（　）ことだ。

⑩ 御誦経《みずきやう》などあまたせさせたまひて、そなたに向きてなむ念じ暮らしたまひける。**すきずきしう**あはれなることなり。（枕草子）
訳 （左大臣は、娘の女御の『古今集』暗誦が成功するようにと）読経をたくさんさせなさって、（ご自身は）そちら（＝内裏）の方に向かって一日中祈りなさった。（　）感動的な話である。

⑪ その初めのこと、**すきずきしく**とも申し侍らむ。（源氏物語）
訳 その（私の恋の）はじまりのことを、（　）が申し上げましょう。

11 すばらしい語

「立派だ・すぐれている・美しい・喜ばしい」などなど、対象を賞賛・賞美する言葉もたくさんあります。「めづ」からの派生語群が中心です！

解答は別冊16ページ

50 めでたし 【愛でたし】 ▼形容詞・ク活用

① **すばらしい。**立派だ。すぐれている。美しい。
② 喜ばしい。祝うべきだ。

↓下二段動詞「**愛《め》づ**」の連用形「めで」に、程度が甚だしい意味の形容詞「甚《いた》し」がついてできた語です。

51 めづらし 【珍し】 ▼形容詞・シク活用

① **すばらしい。**好ましい。**賞賛すべきだ。**
② **めずらしい。**めったにない。**見慣れない。**
③ 目新しい。**新鮮だ。**

↓下二段動詞「**愛づ**」に「らし」がついて形容詞化したものです。

52 めづ 【愛づ】 ▼動詞・下二段活用

傍線部の太字の部分を現代語訳しなさい。

① 藤の花は、しなひ長く、色濃く咲きたるいと**めでたし**。（枕草子）

訳 藤の花は、花房のしだれが長く、色が濃く咲いているのがとても（　　）。

② うつぶしたるに、こぼれかかりたる髪、つやつやと**めでたう**見ゆ。（源氏物語）

訳 うつむいたときに、（顔の前へ）こぼれかかっている髪の毛が、つやつやと（　　）見える。

③ 梢《こずゑ》も庭も**めづらしく**青みわたりたる卯月《うづき》ばかりの曙《あけぼの》、艶《えん》にをかしかりしを、（徒然草）

訳 （木々の）梢も庭も（　　）一面に青々と茂っている四月ごろの明け方が、優美で美しかったのを、

④ 唐《から》の、大和《やまと》の、**めづらしく**えならぬ調度ども並べ置き、（徒然草）

訳 中国のや、日本のやの、（　　）言いようもなくすばらしい道具類を並べて置いて、

⑤ 光る君といふ名は、高麗人《こまうど》の**めで**聞こえて、付けたてまつりける。（源氏物語）

① **ほめる。賞賛する。** 心ひかれる。
② **愛する。かわいがる。** 好む。

↓美しさ、かわいらしさ、良さなどに強く心をひきつけられる気持ちを表します。

53 □□ あらまほし

▼形容詞・シク活用

① **理想的だ。好ましい。**

↓ラ変動詞「あり」の未然形に、希望の助動詞「まほし」がついた連語の**あらまほし**は、「そうありたい。あってほしい」の意です。

54 □□ めやすし 【目安し】

▼形容詞・ク活用

① **感じがよい。見た目がよい。見苦しくない。**

55 □□ いまめかし 【今めかし】

▼形容詞・シク活用

① **現代風だ。当世風だ。** 目新しくしゃれている。
② 派手だ。はなやかだ。けばけばしい。

↓肯定的にも否定的にも用います。対義語は**古代**《こだい》です。

訳「光る君」という名前は、高麗の人が（　　）申し上げて、おつけしたのである。

⑥ 蝶《てふ》**めづる**姫君の住みたまふ傍らに、（堤中納言物語）
訳 蝶《ちょう》を（　　）姫君が住んでいらっしゃる（お邸《やしき》の）そばに、

⑦ 人は、かたち・ありさまのすぐれたらんこそ**あらまほしかる**べけれ。（徒然草）
訳 人は（誰でも）、容貌《ようぼう》や容姿がすぐれているようなのこそが（　　）あろう。

⑧ 少しのことにも先達《せんだち》は**あらまほしき**ことなり。（徒然草）
訳 ちょっとしたことにも（その道の）案内（＝指導）者（というもの）は（　　）ものである。

⑨ 髪ゆるるかにいと長く、**めやすき**人なめり。（源氏物語）
訳 髪がゆったりとしてとても長く、（　　）人のようだ。

⑩ なかなか長きよりもこよなう**今めかしき**ものかなと、あはれに見たまふ。（源氏物語）
訳（尼君の、肩でそろえた短い髪が）かえって長いのよりも格別に（　　）ものだなあと、（源氏は）感慨深くご覧になる。

12 格別《かくべつ》な語

「めったにないほど」「比べるものがないくらい」「言いようもないくらい」など、並々でなく「格別」であることを表すグループです！

解答は別冊16ページ

56 □□ ありがたし【有り難し】 ▼形容詞・ク活用

① **めったにない。めずらしい。**
② (めったにないほど)**すぐれている。立派だ。尊い。**
③ 生きてゆくことが難しい。暮らしにくい。
④ 難しい。困難だ。

➡「有り」＋「難し」で、「あることが難しい」ことから生じた語です。

57 □□ こよなし ▼形容詞・ク活用
58 □□ さうなし【双無し】 ▼形容詞・ク活用
59 □□ になし【二無し】 ▼形容詞・ク活用

① **この上もない。比べるものがない。**
② **甚だしくすぐれている。格別である。**

➡「**こよなし**」は、他と比較して「ひどく劣っている」場合にも用います。
➡「**双なし**」は、**左右《さう》なし**（別冊68ページ）と取り違えないように。

傍線部の太字の部分を現代語訳しなさい。

① **ありがたき**もの、舅《しうと》にほめらるる婿《むこ》。また、姑《しうとめ》に思はるる嫁の君。（枕草子）
訳（　　　　）もの、舅にほめられる婿。また、姑にかわいがられるお嫁さん。

② 徒歩《かち》より住吉《すみよし》へ月詣《つきまう》でしたる、いと**ありがたき**ことなり。（無名抄）
訳（道因《どういん》法師が、七、八十歳という老齢になっても、秀歌を詠む祈願のために）歩いて住吉神社に毎月参詣したのは、たいそう（　　　　）ことである。

③ つくづくと一年《ひととせ》を暮らすほどだにも、**こよなう**のどけしや。（徒然草）
訳 しみじみと一年を暮らす間だけでも、（　　　　）ゆったりとしているものであるよ。

④ 園《その》の別当《べつたう》入道は、**さうなき**庖丁者《はうちやうじや》なり。（徒然草）
訳 園の別当入道は、（　　　　）料理人である。

⑤ 男、身はいやしくて、いと**になき**人を思ひかけたりけり。（伊勢物語）
訳 ある男が、身分が低いのに、たいそう（　　　　）

60 □□ ことなり 【異なり・殊なり】 ▼形容動詞

① (他と)違っている。異なっている。

② 格別である。特別である。

➡①は「異」、②は「殊」です。

61 □□ えならず ▼連語

62 □□ えもいはず 【えも言はず】 ▼連語

① 言いようもなくすばらしい。格別だ。

② 並みたいていでない。普通でない。

➡え…ず(106ページ257)は、不可能の意になる形。

➡「えもいはず」は「言いようもなくひどい」意味にも用います。

63 □□ なのめならず 【斜めならず】 ▼連語

① 並々でない。格別だ。

➡良い場合にも、悪い場合にも用います。

➡なのめなり(72ページ176)の③と同義です。

高貴な人を恋しく思ったのであった。

⑥ 衣《きぬ》着せつる人は心**ことに**なるなりといふ。(竹取物語)

訳 天の羽衣を着せ(られ)てしまった人は、心が(ふつうの人間とは)(　　)ようになるのだという。

⑦ たとへば、白き色の**ことなる**匂《にほ》ひもなけれど、諸々《もろもろ》の色にすぐれたるがごとし。(無名抄)

訳 たとえば、白い色が(　　)色つやもないけれども、多くの色よりもすぐれているようなものである。

⑧ 唐《から》の、大和《やまと》の、めづらしく**えならぬ**調度ども並べ置き、(徒然草)

訳 中国のや、日本のやの、めずらしく(　　)道具類を並べて置いて、

⑨ **えもいはぬ**匂ひの、さとかをりたるこそをかしけれ。(徒然草)

訳 (　　)匂いが、さっと香ってきたのは趣深い。

⑩ 人に猛《たけ》く見えむと思ひて、**えもいはず**兵《つはもの》だちける者ありけり。(今昔物語集)

訳 人に勇ましく見られようと思って、(　　)勇者ぶったふるまいをした者がいた。

⑪ 京中の上下《かみしも》、もてなすこと**なのめならず**。(平家物語)

訳 都中の身分の高い者も低い者も、(仏御前《ほとけごぜん》の舞を)もてはやすことは(　　)。

13 うつくしい語

古文の世界では「美しさ」に対する感覚はたいへんに大切なものです。訳語としては「美しい」でも微妙なニュアンスの違いがあります！

解答は別冊18ページ

64 きよし 【清し】 ▼形容詞・ク活用

① (風景・自然が)**清らかである**。**美しい**。澄んでいる。
② さわやかである。心地《ここち》よい。
③ 曇りがない。明るい。汚《けが》れがない。
④ (心が)清らかである。邪念がない。潔い。

➡**清浄で、汚れがなく、純粋に美しい感じ**を表します。

65 きよらなり 【清らなり】 ▼形容動詞

① **清らかで美しい**。**気品があって美しい**。
② **華麗だ**。はなやかで美しい。豪華だ。

➡**高貴さ、気品を伴った、最高の美しさ**を表します。「きよげなり」よりも一段上の美しさを言います。

66 きよげなり 【清げなり】 ▼形容動詞

傍線部の太字の部分を現代語訳しなさい。

① ぬばたまの夜のふけゆけば久木生《ひさぎお》ふる**清き**川原に千鳥《ちどり》しば鳴く (万葉集)
訳 夜がしだいにふけてゆくと、久木の生える(　　　)河原に千鳥がしきりに鳴いている。

② 川速み瀬《せ》の音《ね》ぞ**清き**。(万葉集)
訳 川の流れが速いので、瀬の音《おと》が(　　　)。

③ 世になく**清らなる**玉の男御子《をのこみこ》さへ生まれたまひぬ。(源氏物語)
訳 世にまたとなく(　　　)玉のような皇子までもお生まれになった。

④ 立てる人どもは、装束《さうぞく》の**清らなる**こと、物にも似ず。(竹取物語)
訳 (雲の上に)立っている(月からの)天人たちは、(着ている)衣装の(　　　)ことは、物にたとえようもない。

⑤ 人のもとにわざと**清げに**書きてやりつる文《ふみ》の返りごと、(枕草子)
訳 ある人の所にわざわざ(　　　)書いて送った手紙の返事を、

① **きれいだ。美しい**。清潔だ。
② **すっきりとして美しい。さっぱりとして美しい**。
③ **整っている。きちんとしている**。
➡ **清潔感のある、すっきりした美しさ、きちんと整った美しさ**を表します。

67 うるはし 【麗し・美し】 ▼形容詞・シク活用

① 壮麗だ。立派だ。
② **端正だ。美しい。きちんと整っている**。
③ 礼儀正しい。格式ばっている。堅苦しい。まじめだ。
④ 親密だ。親しい。誠実だ。
➡ ①は主に上代の用法ですが、その欠点のなさや完璧さが、やや堅苦しさを感じさせるところから、③のような用い方も生じています。**きちんと整った美しさ**をほめたたえる語です。

68 さやかなり 【清かなり・分明なり】 ▼形容動詞

① **はっきりしている**。明瞭だ。明るい。
② (音や声が)**澄みきっている**。さえてよく聞こえる。
➡ ①は**視覚**、②は主に**聴覚**について言います。

⑥ **清げなる**大人二人ばかり、さては童《わらは》べぞ出《い》で入り遊ぶ。(源氏物語)
訳 (　　　)女房が二人ほどと、それに子供たちが出たり入ったりして遊んでいる。

⑦ いと**清げに**、消息文《せうそこぶみ》にも仮名《かんな》といふものを書きまぜず、(源氏物語)
訳 たいそう(　　　)、手紙にも仮名というものをまぜずに書いていて、

⑧ くさぐさの**うるはしき**貝・石など多かり。(土佐日記)
訳 いろいろな形の(　　　)貝や石などがたくさんある。

⑨ 同じ小柴《こしば》なれど、**うるはしく**し渡して、(源氏物語)
訳 (この僧の住む僧坊は、他の僧坊の垣根と)同じ小柴垣ではあるが、(　　　)(坊の)周囲にめぐらして、

⑩ 昔、男、いと**うるはしき**友ありけり。(伊勢物語)
訳 昔、男が、たいそう(　　　)友人を持っていた。

⑪ 秋来《き》ぬと目には**さやかに**見えねども風の音にぞおどろかれぬる (古今集)
訳 秋が来たと目には(　　　)見えないけれど、風の音によって秋の訪れをはっと気づかされたことだ。

⑫ 細谷川の音**さやかに**流れて、(狭衣物語)
訳 細い谷川の音が(　　　)流れて、

14 かわいい語

「うつくし」は「美しい」意味もあるのですが、「かわいい」グループのエース的重要語です！　幼さ・小ささなどいろいろなかわいさがあります。

解答は別冊18ページ

69 うつくし 【美し】 ▼形容詞・シク活用

① (肉親に対して)いとしい。いとおしい。
② **かわいい。かわいらしい。愛らしい。**
③ 美しい。立派だ。みごとだ。きれいだ。

↓古くは、主に肉親・恋人や目下の者に対する愛情を表しましたが、中古からは、**幼いものや小さいものに対して「かわいらしい」と感じる気持ち**を表すことが主になりました。
↓動詞**うつくしむ**(四段)は、「かわいがる。いつくしむ。あやす」意味です。

70 らうたし 【労たし】 ▼形容詞・ク活用

① **かわいい。かわいらしい。いとしい。**愛らしい。

↓**弱々しいものを、いたわってやりたいと思うような「かわいらしさ・いじらしさ」**を言います。「**うつくし**」が客観的・視覚的な「かわいらしさ」を表すのに対して、「**らうたし**」は主観的・内面的に感じる「かわいらしさ」を表します。
↓動詞**らうたがる**(四段)は、「かわいがる。いたわる」意味です。

傍線部の太字の部分を現代語訳しなさい。

① **うつくしき**もの、瓜《うり》にかきたるちごの顔。(枕草子)
訳 (　　　　)もの、瓜に描いた子供の顔。

② なにもなにも小さきものはみな**うつくし**。(枕草子)
訳 何もかも小さいものはみんな(　　　　)。

③ かへでの色**うつくしう**もみぢたるを植ゑさせて、(平家物語)
訳 かえでの(葉の)色が(　　　　)紅葉したのを植えさせて、

④ **をかしげなる**ちごの、あからさまに抱《いだ》きて遊ばし**うつくしむ**ほどに、かいつきて寝たる、いと**らうたし**。(枕草子)
訳 (　　　　)赤ん坊が、ほんのちょっと抱いて遊ばせ(　　　　)うちに、抱きついて寝てしまったのは、たいそう(　　　　)。

⑤ 御目のしりの少し下がりたまへるが、いとど**らうたく**おはするを、(大鏡)
訳 (宣耀殿《せんようでん》の女御《にょうご》は)お目尻が少し下がっていらっしゃったのが、いっそう(　　　　)ていらっしゃるので、

71 かなし 【愛し】

▼形容詞・シク活用

① **いとおしい。かわいい。かわいらしい。**
② 心ひかれる。身にしみておもしろい。すばらしい。

⬇親密な関係にある人物に対して用いられることが多く、痛切に、**心がかきたてられるように**「**いとおしい**」、「**かわいくてたまらない**」といった気持ちを表します。
⬇形容詞**いとほし**(76ページ**186**)はかなり意味の近い語ですが、「**いじらしい**」ような「かわいさ」を言います。

72 をかしげなり

▼形容動詞

① **かわいらしい感じだ。**趣がある。

⬇もとの単語**をかし**(25ページ**43**)にも「かわいらしい」意があります。

73 いはけなし 【稚けなし】

▼形容詞・ク活用

① **幼い。あどけない。**
② 子供っぽい。幼稚だ。

⬇**いとけなし・いときなし**は①の意で同義語。

⑥ 限りなく**かなし**と思ひて、河内《かはち》へも行かずなりにけり。（伊勢物語）

訳（男は、妻が、出かける自分の身を案ずる歌を詠んだのを見て）この上なく（　　　）と思って、河内（の女のもと）へは行かなくなった。

⑦ 宮は、いと**いとほし**と思《おぼ》す中にも、男君の御**かなし**さはすぐれたまふにやあらむ。（源氏物語）

訳（祖母の）大宮は、たいそう（　　　）とお思いになる（孫たちの）中でも、（この）男君（＝夕霧）に感じる御（　　　）はほかよりまさっていらっしゃるのであろうか。

⑧ いと**をかしげなる**およびにとらへて、大人などに見せたる、いと**うつくし**。（枕草子）

訳（幼児が、落ちていた塵《ちり》を）たいそう（　　　）指でつまんで、大人などに見せている（ようすは）、とても（　　　）。

⑨ **いはけなく**かいやりたる額つき、髪《かん》ざし、いみじう**うつくし**。（源氏物語）

訳（　　　）（髪を）かき上げた額のようす、髪の生えぐあいが、たいそう（　　　）。

⑩ **いとけなき**子のなほ乳《ち》を吸ひつつ臥《ふ》せるなどもありけり。（方丈記）

訳（　　　）子供がなお（死んだ母親の）乳を吸いながら横たわっているようなこともあった。

15 男女が結ばれる語

男女が「結ばれる・結婚する」ことを表す語は、「契る」「語らふ」が主ですが、「会ふ・言ふ・見る」など思いがけない語も要注意です！

解答は別冊20ページ

74 よ・よのなか【世・世の中】 ▼名詞

① **男女の仲。夫婦の関係。**

➡「**世・世の中**」には、ほかにも、①世間。社会。②現世。この世。③境遇。身の上。などの意味があります。「**世**」にはほかに、④生涯。一生。⑤寿命。⑥時代。⑦ある時期。⑧国政。⑨時勢など、「**世の中**」にはほかに、⑩天皇の治世。御代。⑪当世。⑫世間の声望。⑬あたり。などの意味があります。

75 ちぎる【契る】 ▼動詞・四段活用

① **約束する。愛を誓う。**
② **夫婦の縁を結ぶ。男女の交わりをもつ。**

➡名詞**ちぎり**は、①「約束」、②「夫婦の交わり」のほかにも、③「**前世からの約束。宿縁**」という大事な意味があります。

76 かたらふ【語らふ】 ▼動詞・四段活用

傍線部の太字の部分を現代語訳しなさい。

① まだ**世**になれぬは、五、六の君ならむかし。（源氏物語）
訳 まだ（　　　　）になれないのは、（若い）五番目か六番目の姫君なのであろうよ。

② 夢よりもはかなき**世の中**を嘆きわびつつ明かし暮らすほどに、（和泉式部日記）
訳 夢よりもはかない（亡き為尊《ためたか》親王との）（　　　　）を嘆き悲しみながら毎日を過ごしている間に、

③ 千年万年と**契れ**ども、やがて離るる仲もあり。（平家物語）
訳 千年も万年も（添い遂げよう）と（　　　　）としても、すぐに別れる男女の仲もある。

④ **昔の契り**ありけるによりなむ、この世界にはまうで来たりける。（竹取物語）
訳（　　　　）があったので、（月の世界から）この人間の世界にやって参ったのです。

⑤ 女どちも、**契り**深くて**かたらふ**人の、末まで仲よき人かたし。（枕草子）
訳 女同士でも、深く（　　　　）して（　　　　）

77 あふ 【会ふ・逢ふ】 ▼動詞・四段活用

①出会う。めぐり会う。
②結婚する。

➡動詞あはす（下二段）は他動詞で、「結婚させる」になります。

①親しく話し合う。親しくつきあう。
②男女が関係をもつ。深い仲になる。契りを結ぶ。
③相談する。説得する。うまく言いくるめる。

78 いふ 【言ふ】 ▼動詞・四段活用

79 よばふ 【呼ばふ】 ▼動詞・四段活用

①言い寄る。求婚する。

80 みる 【見る】 ▼動詞・上一段活用

①妻にする。夫婦になる。

➡動詞見ゆ（下二段）は、「結婚する。妻になる」です。
➡動詞見す（下二段）は、「結婚させる。嫁がせる」です。

⑥同じ宮人《みやびと》をなむ、忍びてかたらふ。（枕草子）
訳同じ宮に仕える女と、ひそかに（　　　）。人で、最後まで仲のよい人はめったにいない。

⑦この世の人は、男は女にあふことをす。（竹取物語）
訳この世の人は、男は女と（　　　）ことをする。

⑧親のあはすれども、聞かでなむありける。（伊勢物語）
訳親が（　　　）（ようとし）ても、（女はほかに好きな男がいて）聞き入れないでいたのだった。

⑨いとねむごろに言ひける人に、「今宵《こよひ》あはむ」と契りたりけるに、（伊勢物語）
訳たいそう心を込めて（　　　）てきた男に、「今夜（　　　）よう」と（　　　）ていたところに、

⑩それをよばふ男二人なむありける。（大和物語）
訳その女に（　　　）男が二人いた。

⑪さやうならむ人をこそ見め。（源氏物語）
訳そのような女をこそ（　　　）よう。

⑫いかならむ人にも見えて、…幼き者どもをもはぐくみたまふべし。（平家物語）
訳どのような男とでも（　　　）て、…幼い子供たちをも大切に育てなさるがよい。

⑬親王《みこ》たちにこそは見せたてまつらめ。（源氏物語）
訳（大事にしている女の子は）親王たちに（　　　）申し上げたいものだ。

16 心がわりの語

「心がわり」は、一般には、男の「心がわり」を表すことが多いのですが、もちろん状況によります。和歌の掛詞になる語も多いので注意しましょう。

解答は別冊20ページ

81 あだなり【徒なり】 ▼形容動詞

① **誠実でない。浮気だ。**
② **はかない。**もろい。
③ いいかげんだ。疎略だ。
④ 無駄だ。無益だ。実がない。

↓名詞**あだこと【徒言】**は、「誠実さのない言葉。冗談。うそ」。
↓名詞**あだごころ【徒心】**は、「浮わついた心。浮気心」。

82 うつろふ【移ろふ】 ▼動詞・四段活用

① 変わってゆく。移る。
② **(色が)あせる。さめる。(花が)散る。**
③ 色づく。紅葉する。
④ **心がわりする。心移りする。**

↓④は、男の、女への愛情が変わってゆくことを表し、**②の意味と掛けて用いられる例**がよくあります。

傍線部の太字の部分を現代語訳しなさい。

① **あだなり**と名にこそ立てれ桜花《さくらばな》年にまれなる人も待ちけり (古今集)

訳 (　　　　　　)とうわさには立っているけれども、桜の花は(あなたのような)一年のうちにめったに来ない人をも待って(咲いて)いたのだなあ。

② 逢《あ》はでやみにし憂《う》さを思ひ、**あだなる**契《ちぎ》りをかこち、長き夜を一人明かし、 (徒然草)

訳 逢わずに終わってしまった辛《つら》さを思い、(　　　　　　)約束を恨み嘆き、長い夜を一人で明かして、

③ 桜ははかなきものにて、かくほどなく**うつろひ**さぶらふなり。 (宇治拾遺物語)

訳 桜はあっけないもので、こうしてすぐに(　　　　　　)ものです。

④ なのめに**うつろふ**方《かた》あらむ人を恨みて、気色《けしき》ばみそむかむ、はたをこがましかりなむ。 (源氏物語)

訳 少しばかり(ほかの女に)(　　　　　　)ことのあるような夫を恨んで、むきになって別れるとしたら、それもまたばかげたことであろう。

83 □□ つれなし ▼形容詞・ク活用

① **薄情だ。冷淡だ。**冷ややかだ。
② **さりげない。平然としている。**そ知らぬ顔だ。
③ 思いのままにならない。情けない。
④ 何の変化もない。何事もない。もとのままだ。

⬇ ③は、下に「命」「齢《よはひ》」を伴って用いられる例が多い用法です。
⬇ ④は、主として自然に対して用いられます。

84 □□ かる 【離る】 ▼動詞・下二段活用

① 〈空間的に〉**はなれる。**遠ざかる。
② 〈時間的に〉**間があく。**絶える。隔たる。
③ 〈心理的に〉**うとくなる。疎遠になる。**はなれる。

⬇ 和歌の中では、「**枯る**」**との掛詞**になることがよくあります。

85 □□ おともせず 【音もせず】 ▼連語

① **便りも来ない。訪れもない。何の音沙汰もない。**

⑤ 昔、男、**つれなかり**ける女に言ひやりける。（伊勢物語）
訳 昔、男が、（　　　）た女に詠んで送った（歌）。

⑥ 上手の中に交じりて、そしり笑はるるにも恥ぢず、**つれなく**過ぎてたしなむ人、（徒然草）
訳 上手な人々の中に交って、（未熟な芸を）けなされ笑われても恥ずかしがらず、（　　　）押し通して励む人、

⑦ 相《あひ》思はで**かれ**ぬる人をとどめかねわが身は今ぞ消え果てぬめる（伊勢物語）
訳 愛しあうことなく（　　　）てしまった人を引きとめることができず、私の身は今にも消え果ててしまうようだ。

⑧ 山里は冬ぞさびしさまさりける人めも草も**かれ**ぬと思へば（古今集）
訳 山里は冬がいっそう寂しさがまさることだ。人の訪れも（　　　）、草も（　　　）てしまうと思うと。

⑨ 五六日《いつかむいか》ばかりになりぬるに、**音もせず**。（蜻蛉日記）
訳 （夫が出て行ってからすでに）五、六日ほどになってしまったのに、（　　　）。

⑩ 花もみな咲きぬれど、**音もせず**。（更級日記）
訳 花もみんな咲いたけれど、（花が咲いたら来ると言っていた継母からは）（　　　）。

B 母屋

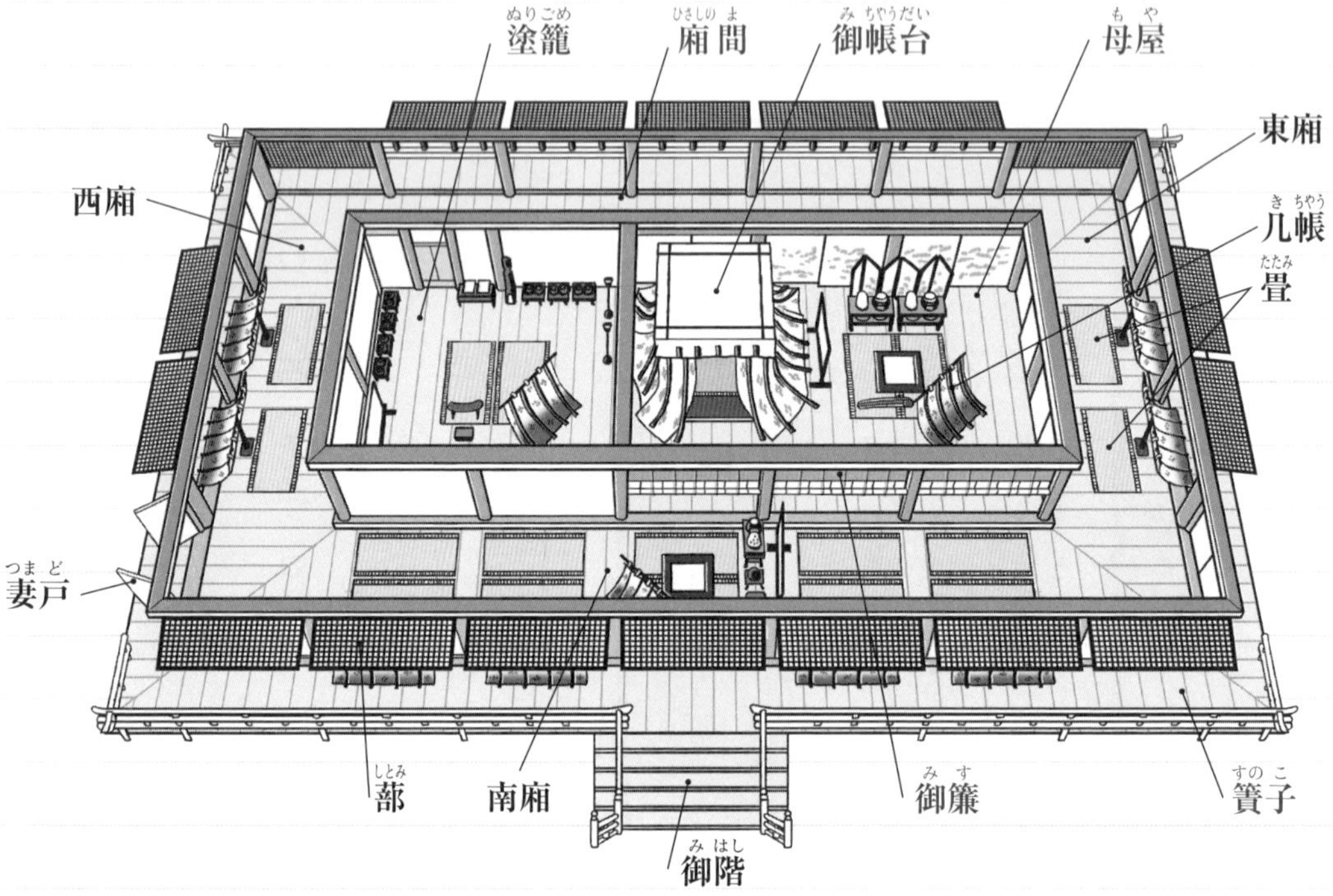

16 ☐ **母屋【　　】**家屋の中心になる部屋。

17 ☐ **廂間【　　　　　】**母屋の周囲の細長い部屋。

18 ☐ **塗籠【　　　　　】**周囲を壁で塗りこめた部屋。納戸《なんど》(物置き)や寝室として用いた。

19 ☐ **御帳台【　　　　　　】**貴人の座所・寝所で、周りを帳《とばり》(＝幕)で囲んだ台。

20 ☐ **御簾【　　】**貴人のいる部屋の簾《すだれ》のこと。

21 ☐ **簀子【　　　】**廂間の外周りの板敷の縁側。

古典常識の読み方 2　寝殿造り・母屋

次の10～21の語の読み方を現代仮名遣いで書きなさい。　▶解答・解説は別冊22・23ページ

A 寝殿造り

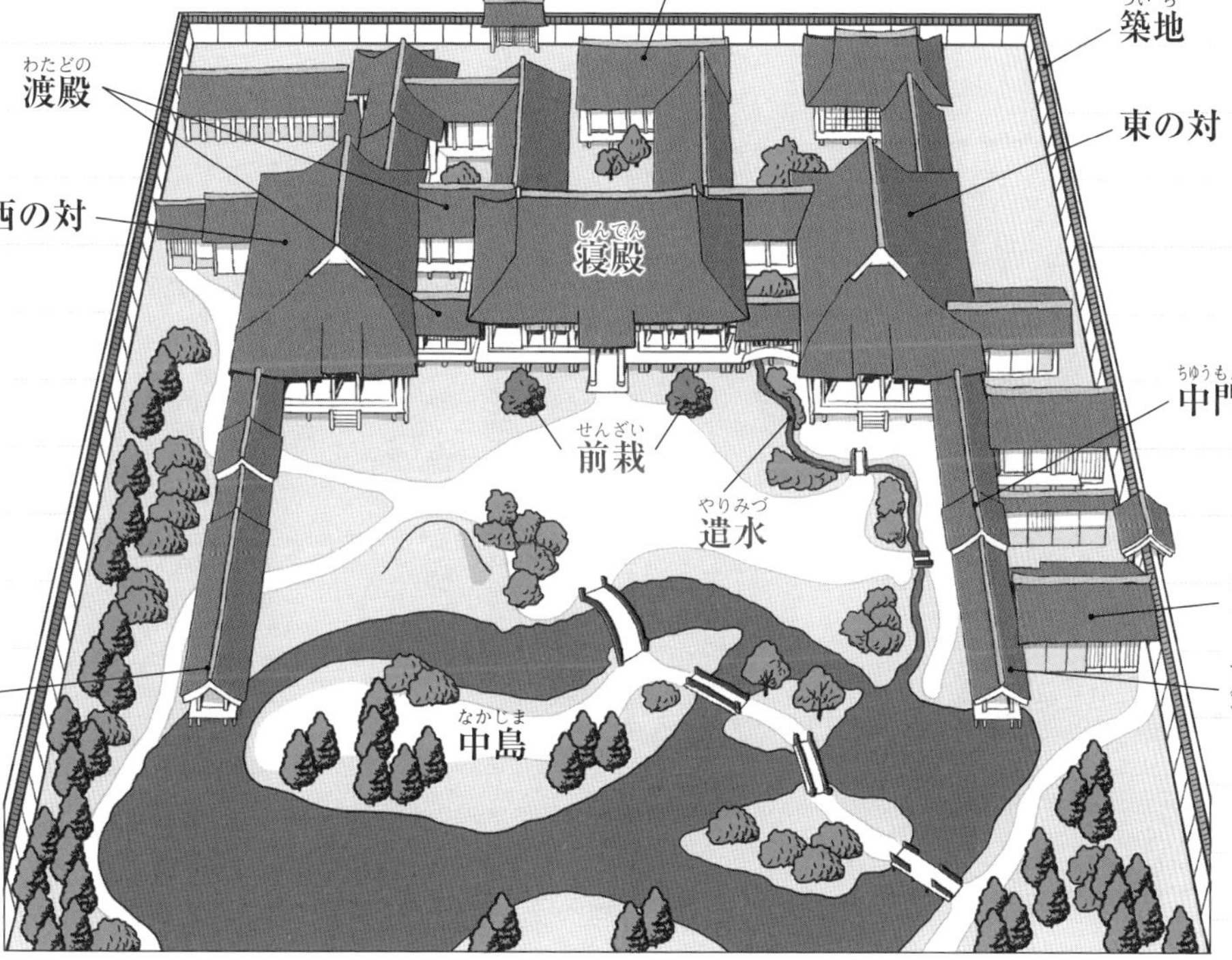

10 ☐ **寝殿造り【　　　　　　】** 平安時代の貴族の邸宅に用いられた建築様式。

11 ☐ **寝殿【　　　　】** 寝殿造りの中央南面の建物で、主人が起居し、表座敷としたところ。

12 ☐ **対の屋【　　　　】** 寝殿と渡殿《わたどの》（渡り廊下）でつながった左右や背後にある御殿。

13 ☐ **車宿り【　　　　　】** 牛車《ぎっしゃ》などを入れておく所。

14 ☐ **前栽【　　　　】** 庭先に植えた草木。

15 ☐ **遣水【　　　　】** 外の川から自邸の庭の池に引いた細い流れ。

17 つらくて苦しい語

「つらさ」を表す語も、「つらい」という訳語では共通していても、もとになる意味のニュアンスによって、いろいろな訳し方があります。

86 うし 【憂し】 ▼形容詞・ク活用

① つらい。情けない。
② わずらわしい。いやだ。気が進まない。
③ 恨めしい。憎らしい。
④ 〈補助形容詞〉(…するのが)つらい。(…し)づらい。

➡形容詞**心憂し**も、①・②の意でほぼ同義語です。

87 つらし 【辛し】 ▼形容詞・ク活用

① 薄情だ。冷淡だ。つれない。
② つらい。たえがたい。恨めしい。

➡①の意がもとにあり、そのような相手の仕打ちや態度を「つらく」思う気持ちを表します。

88 いたし 【痛し】 ▼形容詞・ク活用

傍線部の太字の部分を現代語訳しなさい。

解答は別冊24ページ

① 「うきよ」は、**憂き**世といふことにて、**憂き**ことのあるにつきていふ詞《ことば》なり。(玉勝間)

訳 「うきよ」とは、(　　　)この世ということで、(　　　)ことのあるのについて言う言葉である。

② 古代《こだい》の親は、宮仕へ人はいと**憂き**ことなりと思ひて過ぐさするを、(更級日記)

訳 昔かたぎの親は、宮仕え人はとても(　　　)ことだと思って、(私を家で)過ごさせていたが、

③ 京や**住みうかり**けむ、(伊勢物語)

訳 京の都が(　　　)たのであろうか、

④ 女は、いと**つらし**と思へり。(源氏物語)

訳 女は、(なかなか訪ねて来てくれない男の態度を)たいそう(　　　)と思っている。

⑤ 命長さのいと**つらう**思ひたまへ知らるるに、(源氏物語)

訳 命を長らえているのがたいそう(　　　)存ぜられますにつけても、

① （肉体的・精神的に）**痛い**。**つらい**。**苦しい**。
② いたわしい。かわいそうだ。いとしい。

↓「並々でない。ひどい」意の形容詞 **いたし【甚し】**（102ページ**247**）がもとで、副詞 **いと**（101ページ**243**）・動詞 **痛む**（四段・下二段）と同じ語源と考えられます。

89 からし【辛し】 ▼形容詞・ク活用

① **塩からい**。しょっぱい。からい。
② **つらい**。**苦しい**。**ひどい**。むごい。
③ **いやだ**。不快だ。おもしろくない。

↓①がもとで、鋭く、痛みを伴うような刺激を感じるさまを表します。

90 やさし【恥し・羞し】 ▼形容詞・シク活用

① **つらい**。**身も細るほどだ**。**たえがたい**。
② **はずかしい**。気がひける。きまりがわるい。
③ つつましやかだ。ひかえめだ。遠慮がちだ。

↓動詞 **痩**《や》**す**（下二段）が形容詞化したものです。
↓①の意がもとで、②が派生し、そのようなさまが外から見れば③のように見えることから、さらに、**やさし【優し】**（27ページ**48**）の「優美だ。上品だ」のような意が生じました。

⑥ 明くる日まで頭《かしら》**いたく**、物食はず。（徒然草）
訳 翌日まで頭が（　　　　）て、物も食べない。

⑦ 胸**いたき**こと、なのたまひそ。（竹取物語）
訳 胸が（　　　　）なるようなことを、おっしゃいますな。

⑧ まめやかにさいなむに、いと**からし**。（枕草子）
訳 （中将が、口止めされているあなたの居場所について）本気で詰問するので、実に（　　　　）。

⑨ 恨めしく我をば煮《に》て、**からき**目を見するものかな。（徒然草）
訳 恨めしくも私（＝豆）を煮て、（　　　　）目にあわせることだなあ。

⑩ **からし**や。眉《まゆ》はしも、かは虫だちためり。（堤中納言物語）
訳 （　　　　）なあ。眉は、毛虫みたいに見える。

⑪ 世の中を**憂し**と**やさし**と思へども飛び立ちかねつ鳥にしあらねば（万葉集）
訳 この世の中を、（　　　　）（　　　　）と思っても、飛び立ってどこかへ行ってしまうこともできない。鳥ではないので。

⑫ 御門《みかど》ののたまはむことにつかむ、人聞き**やさし**。（竹取物語）
訳 （多くの人の求婚を断ってきたのに）帝《みかど》の仰せに（すぐに）従うようなのは、世間の聞こえが（　　　　）。

18 つまらなくて寂しい語

「つまらなさ」や「寂しさ」を言う語もたくさんあります。いずれも頻出語で重要語ですから、しっかり覚えておきましょう！

解答は別冊24ページ

91 つれづれなり【徒然なり】
▼形容動詞

① **することもなく手持ちぶさただ。たいくつだ。**
② **しんみりともの寂しい。**

⬇**同じ状態が長く続き、単調で変化に乏しくたいくつでつまらない**という気持ちを表します。

92 さうざうし
▼形容詞・シク活用

① **もの足りない。心寂しい。つまらない。**

⬇**あるべきものがない、相手もいない**などのような**欠落感**による「つまらなさ・寂しさ」を表します。

93 さびし【寂し】
▼形容詞・シク活用

① **ひっそりとして寂しい。**もの悲しい。心細い。
② **もの足りない。**満たされていない。貧しい。

傍線部の太字の部分を現代語訳しなさい。

① **つれづれなる**ままに、日暮らし硯《すずり》に向かひて、（徒然草）
訳（　　　　）なのにまかせて、一日中硯に向かって、

② そこはかとなく、**つれづれに**心細うのみ覚ゆるを、（源氏物語）
訳 何となく、（　　　　）心細いとばかり思われるので、

③ よろづにいみじくとも、色好まざらん男は、いと**さうざうしく**、玉の杯《さかづき》の底なき心地《ここち》ぞすべき。（徒然草）
訳 すべてのことにすばらしくても、恋の情趣を理解しないような男は、たいそう（　　　　）、美しい杯の底がないような気持ちがするに違いない。

④ この酒を一人たうべんが**さうざうしけれ**ば、申しつるなり。（徒然草）
訳 この酒を一人で飲むのも（　　　　）ので、お呼びしたのだ。

⑤ 広うもの古《ふ》りたる所の、いとど人少なに**さびしけれ**ば、（源氏物語）

↓もともとあったものが失われたり、あるべきもの・必要なものがなくて「満たされない」「心楽しくない」という感じを表します。

94 わびし 【侘びし】

▼形容詞・シク活用

① **がっかりだ。興ざめだ。**
② **もの足りない。つまらない。**
③ **やりきれない。つらい。困ったことだ。**
④ 心細い。もの寂しい。
⑤ みすぼらしい。貧しい。

↓動詞**わぶ**（上二段）が形容詞化したものです。
↓**落胆・失望・困惑・苦痛・悲嘆**などいろいろな心情を表します。

95 あぢきなし

▼形容詞・ク活用

① **道理にはずれている。まともでない。**
② **どうしようもない。どうにもならない。**
③ **つまらない。おもしろくない。苦々しい。**
④ かいがない。無意味だ。むなしい。

↓道理にあわず、どうしようもないことに対する、半ばあきらめの気持ちを表します。

訳 広々として古びた感じの屋敷が、いちだんと人も少なくて（　　　　）ので、

⑥ 世の中**さびしく**、思はずなることありとも、忍びて過ぐしたまへ。（源氏物語）

訳 夫婦仲が（　　　　）、心外なことがあっても、我慢してお過ごしなさい。

⑦ 前栽《せんざい》の草木まで心のままならず造りなせるは、見る目も苦しく、いと**わびし**。（徒然草）

訳 植え込みの草木まで自然のままでなく人工的に造り立ててあるのは、見た目も不快で、たいそう（　　　　）。

⑧ わらはべの名は例のやうなるは**わびし**とて、虫の名をなむつけたまひたりける。（堤中納言物語）

訳 召使の少年の名前はありふれたのは（　　　　）と言って、虫の名をおつけになっていた。

⑨ **あぢきなき**ことに心をしめて、（源氏物語）

訳（父親の最愛の人を愛するという）（　　　　）恋に心を奪われて、

⑩ **あぢきなき**もの、…養子《とりこ》の顔にくげなる。（枕草子）

訳（　　　　）もの、…（せっかく迎えた）養子の顔がかわいげがないこと。

⑪ **あぢきなき**すさびにて、…人の見るべきにもあらず。（徒然草）

訳（私の書いているものは）（　　　　）なぐさみ書きであって、…人が見るはずのものではない。

19 物思《ものおも》いや悲しみにくれる語

96 ながむ 【眺む】
▼動詞・下二段活用

① **物思いにふける。**
② (物思いにふけりながら)**ぼんやりと見やる。**
③ 見わたす。ながめる。

➡名詞**ながめ**も、「眺望」の意ではなく、「**物思い**」の意が重要です。
➡「ながむ」には、もう一つ別の重要単語があります。
動詞 **ながむ【詠む】**(下二段)
① **口ずさむ。**(詩歌を)**吟ずる。**
② (詩歌を)**詠む。**つくる。

97 こころづくし 【心尽くし】
▼名詞

① **さまざまに物を思うこと。物思いをすること。**

➡現代語の「心づくし」(心配り)の意味とは違います。

98 あくがる 【憧る】
▼動詞・下二段活用

「物思いにふけっ」たり、「悲しみにくれ」たりという場面は、古文の世界ではたいへんに多くて、「涙」を表す慣用語もたくさんあります。

解答は別冊26ページ

傍線部の太字の部分を現代語訳しなさい。

① 年ごろ、つれづれに**ながめ**明かし暮らしつつ、(紫式部日記)
訳 長年、することもなくたいくつで(　　　)明け暮れ過ごしながら、

② 暮れがたき夏の日暮らし**ながむれ**ばそのこととなくものぞ悲しき (伊勢物語)
訳 なかなか暮れきらない夏の日を、一日中(　　　)と、何ということもなくすべてがもの悲しく思われる。

③ 「こぼれて匂《にほ》ふ花桜かな」と**ながめ**ければ、(今昔物語集)
訳 「咲きこぼれて美しい桜の花よ」と(古歌を)(　　　)だところ、

④ 木《こ》の間《ま》よりもりくる月の影見れば**心づくしの**秋は来にけり (古今集)
訳 木の間からもれてくる月の光を見ると、(　　　)秋が来たのだなあ。

⑤ 物思ふ人の魂は、げに**あくがるる**ものになむありける。(源氏物語)

① **うわの空になる。（魂《たましい》が）体から離れてさまよう。**
② **心を奪われる。**魅せられる。
③ **さまよい歩く。（浮かれた気分で）出歩く。**

➡②の意味が、現代語の「あこがれる」になってゆきます。

99 □□ かきくらす 【掻き暗す】 ▼動詞・四段活用

① **悲しみにくれる。**心を暗くする。
② （雲や雨が）あたり一面を暗くする。

➡動詞 **かきくもる**（四段）も、「①**涙で目の前が暗くなる。**②空が一面に暗くなる」意で、ほぼ 同義語 です。

100 □□ そでをしぼる 【袖を絞る】 ▼連語

① **涙でぬれた袖をしぼる。ひどく泣く。**

➡連語 **袖をぬらす**・**袂《たもと》をぬらす**・**衿《えり》をぬらす** などは「**涙を流す**。**泣く**」意で、**袖をしぼる**や**袂をしぼる**はそれを強めたものです。「を」がない、「袖ぬらす」のような例もあります。
➡連語 **袖のしづく**・**袖の露** などの「しづく・露」は、「**涙**」のことです。
➡動詞 **しほたる【潮垂る】**（下二段）も、「**涙を流す**。**悲しみにくれる**」ことを言います。

訳 思い悩む人の魂は、なるほど（　　　　）ものであったのだなあ。

⑥ いさよふ月にゆくりなく**あくがれ**むことを、女は思ひやすらひ、（源氏物語）
訳 沈みそうでなかなか沈まない月に（誘われて）思いがけず（　　　　）ようなことを、女はためらい、

⑦ **かきくらす**心の闇《やみ》にまどひにき（古今集）
訳 （　　　　）心の迷いに途方にくれてしまった。

⑧ **かきくもり**、もの見えぬ心地《ここち》したまへば、（源氏物語）
訳 （　　　　）、ものも見えない気持ちがなさるので、

⑨ 契《ちぎ》りきなかたみに**袖をしぼり**つつ末《すゑ》の松山波越さじとは（後拾遺集）
訳 約束しましたね。お互いに（　　　　）ては、末の松山を決して波が越えること（がないように、私たちも決して心変わり）をするまいと。

⑩ みな**袖ぬらし**てぞ帰りたまひける。（源氏物語）
訳 みな（　　　　）ながらお帰りになった。

⑪ 押し当てさせたまへる**袖のしづく**、ことわりに、（狭衣物語）
訳 （顔に）押しあてなさる（　　　　）も、もっともなことで、

⑫ いとかなしうて、人知れず**しほたれ**けり。（源氏物語）
訳 たいそう悲しくて、ひそかに（　　　　）た。

20 病気になる語

現代のように原因に関する知識があった時代ではありませんから、病気はさぞかし不可解なものだったでしょう。「悩む」を中心に覚えましょう。

101 なやみ【悩み】 ▼名詞

① **病気。苦しみ。**

➡ 現代語と同じく、精神的な「なやみ」の意味もありますが、古語としては、肉体的な面に用いることが多い語です。
➡ 名詞 **やまひ・わづらひ・心地《ここち》・いたつき・いたはり** などはほぼ 同義語 で「**病気**」を意味します。

102 なやむ【悩む】 ▼動詞・四段活用

① **病気になる。わずらう。病気で苦しむ。**
② なやむ。心を痛める。苦労する。困る。

➡ 動詞 **わづらふ**(四段)は、①・②の意ともにあり、ほぼ 同義語 です。
➡ 動詞 **やむ【病む】**(四段)・**いたつく**(四段)・**いたはる**(四段)(50ページ **109**)も、①の意で 同義語 です。

103 なやまし【悩まし】 ▼形容詞・シク活用

傍線部の太字の部分を現代語訳しなさい。

解答は別冊26ページ

① 御目の**なやみ**さへ、この頃重くならせたまひて、（源氏物語）
訳 お目の（　　　）までも、この頃は重くおなりになって、

② 御息所《みやすどころ》はかなき**心地**に**わづらひ**て、まかでなむとしたまふを、（源氏物語）
訳 御息所（＝桐壺《きりつぼ》の更衣《こうい》）はちょっとした（　　　）で（　　　）で、（実家に）退出しようとなさるのに、

③ 藤壺《ふじつぼ》の宮、**なやみたまふ**ことありて、まかでたまへり。（源氏物語）
訳 藤壺の宮は、（　　　）ことがあって、（宮中から）退出なさった。

④ わらは病《や》みに久しう**なやみたまひ**て、（源氏物語）
訳 おこり（＝熱病）で長い間（　　　）て、

⑤ 折ふし**いたはる**ことさうらひて、承《うけたまは》らずさうらふ。（平家物語）
訳 ちょうど（　　　）ことがございまして（うかがえず）、お聞きしておりません。

① **具合が悪い。気分が悪い。**
② **疲れて苦しい。つらい。大儀だ。**

➡連語 **心地あし・心地たがふ・例《れい》ならず** などもほぼ 同義語 です。「例ならず」は**妊娠**ということもあります。
➡形容動詞 **なやましげなり** は、「**気分が悪そうだ。だるそうだ**」という意味です。

104 こうず 【困ず】
▼動詞・サ行変格活用

① 困る。困惑する。
② **疲れる。疲れきる。くたびれる。**

➡②の意が重要です。①は動詞 **わぶ**（上二段）を用いるのがふつうです。

105 くんず 【屈ず】
▼動詞・サ行変格活用

① **気がめいる。ふさぎ込む。**

106 あつし 【篤し】
▼形容詞・シク活用

① **病気が重い。**危篤《きとく》の状態だ。
② **病気がちである。**病弱だ。

⑥ **なやましう**て、咳《しはぶき》などいたうせらるるを、（蜻蛉日記）
訳（　　　）て、ひどく咳《せき》などが出たりするので、

⑦ 宮は、ならひたまはぬ御ありきに、**なやましく**思されて、（源氏物語）
訳 匂《にほう》の宮《みや》は、慣れていらっしゃらない（遠出の）御外出のために、（　　　）お思いになって、

⑧ はかなき物も聞こしめさず、**なやましげに**せさせたまふ。（源氏物語）
訳 ちょっとしたものもめしあがらず、（　　　）していらっしゃる。

⑨ このごろ物《もの》の怪《け》にあづかりて**こうじ**にけるにや、ゐるままにすなはちねぶり声なる、いとにくし。（枕草子）
訳（修験者《しゅげんじゃ》は）近ごろ（あちこちで）物の怪（の調伏《ちょうぶく》）にかかわって、（　　　）ていたのであろうか、座るとすぐに（お祈りが）眠り声になるのは、まことににくらしい。

⑩ 面影《おもかげ》に覚えて悲しければ、月の興《きょう》も覚えず、**くんじ**臥《ふ》しぬ。（更級日記）
訳（別れた乳母のことが）面影に浮かんで悲しいので、月の興趣も感じられず、（　　　）寝てしまった。

⑪ 恨みを負ふ積もりにやありけむ、いと**あつしく**なりゆき、（源氏物語）
訳（桐壺の更衣は、ほかのお妃《きさき》たちの）恨みを受けることが積もり重なったせいであろうか、ひどく（　　　）なってゆき、

21 病気が治る語

「治る・治す」という表現はなく、病気が治ること、病気を治すことは、古文独特な言い方になります。看病・見舞いもついでに覚えましょう！

解答は別冊28ページ

107 □□ おこたる 【怠る】 ▼動詞・四段活用

① 怠ける。休む。気をぬく。

② **病気が治る。病気がよくなる。快方に向かう。**

➡「病気がすっかり治ること、全快すること」は**おこたり果《は》つ**〈下二段〉と言います。

108 □□ やむ 【止む】 ▼動詞・四段活用 下二段活用

① 〈**四段**〉 終わりになる。終わる。やむ。止まる。**病気が治る**。死ぬ。

② 〈**下二段**〉 終わりにする。やめる。止める。**病気を治す**。いやす。

➡四段活用は**自動詞**、下二段活用は**他動詞**です。

109 □□ いたはる 【労る】 ▼動詞・四段活用

傍線部の太字の部分を現代語訳しなさい。

① なやみわたるが、**おこたり**ぬるもうれし。（枕草子）

訳 ずっと病気で苦しんでいたのが、（　　　）たのもうれしい。

② そこにて日ごろ過ぐるほどにぞ、やうやう**おこたる**。（更級日記）

訳 （具合が悪かったが）そこで数日を過ごすうちに、だんだん（　　　）。

③ 御心地《ここち》**おこたり果て**たまはぬを、心もとなくおぼせど、（源氏物語）

訳 （父大臣は葵《あおい》の上《うえ》の）ご病気が（　　　）なさらないのを、気がかりにお思いになるが、

④ あふひならでは**やむ**薬なし。（拾遺集）

訳 逢う日がなくては（この恋の病が）（　　　）薬はない。

⑤ いたはり**やめ**たてまつりたまへ。（源氏物語）

訳 病気をお（　　　）申し上げてください。

⑥ 脚病《かくびやう》**いたはら**む。（宇津保物語）

訳 かっけ（＝脚の病気）を（　　　）よう。

① **大切に世話する。**大事にする。ねぎらう。
② **治療する。病気を治す。休養する。**

➡**他動詞**としては右のような意味ですが、**自動詞の場合は「病気になる」**意味ですから、状況によって判断する必要があります。
➡動詞**いたつく【労く】**（四段）も、「世話をする。いたわる」意味に用いる場合は**他動詞**で、**自動詞**としては「病気になる」意味があります。

110 □□ あつかふ 【扱ふ】 ▼動詞・四段活用

① **面倒をみる。世話をする。看病する。**
② うわさする。話の種にする。
③ もてあます。処置に困る。

➡①は、看護・育児に用いるケースが多い用法です。

111 □□ とふ 【問ふ・訪ふ】 ▼動詞・四段活用

112 □□ とぶらふ 【訪ふ】 ▼動詞・四段活用

① **尋ねる。問う。**調べる。
② **訪れる。訪問する。**
③ **見舞う。安否を尋ねる。**
④ 弔《とむら》う。弔問《ちょうもん》する。冥福《めいふく》を祈る。

⑦ このほどあまりに乗り損じてさうらひつる間《あひだ》、しばらく**いたはら**せさうらはん。（平家物語）
訳 （この馬は）近ごろあまりにも乗り過ぎて疲れさせてしまいましたので、しばらく（　　）させましょう。

⑧ つねの使ひよりは、この人よく**いたはれ**。（伊勢物語）
訳 （大事な使者なので）いつもの使者よりも、この人をよく（　　）。

⑨ 近づき**あつかふ**人はあるべからず。（発心集）
訳 （この卑しい病人に）近づいて（　　）人はきっとないであろう。

⑩ まことに親めきて**あつかひ**たまふ。（源氏物語）
訳 （源氏は小君《こぎみ》を）本当に親らしく（　　）なさる。

⑪ 大弐《だいに》の乳母《めのと》のいたくわづらひて尼になりにける、**とぶらは**むとて、（源氏物語）
訳 （源氏は）大弐の乳母がひどく病気をわずらって尼になってしまったのを、（　　）うと思って、

⑫ 契《ちぎ》りおかぬ思ひのほかの人も**とふ**なり。（更級日記）
訳 約束もしていない思いがけない人も（　　）ということだ。

⑬ 父母の後世《ごせ》を**とぶらひ**たまふぞあはれなる。（平家物語）
訳 父母の死後の（　　）なさる姿は気の毒なことである。

22 仏道《ぶつどう》にかかわる語

仏前での勤行は、貴族の世界では日常でしたし、昔は病気も、僧に加持祈禱と呼ばれるお祈りで病魔をはらって治してもらいました。

解答は別冊28ページ

113 □□ **おこなふ【行ふ】** ▼動詞・四段活用

114 □□ **つとむ【勤む】** ▼動詞・下二段活用

① **仏道の修行をする。勤行《ごんぎょう》する。**

➡「**勤行**」とは、仏前で礼拝したり、読経《どきょう》したりすることを言います。

➡「**おこなふ**」にも、「**つとむ**」にも、他にもいろいろな意味がありますが、それらが出題されることはありません。

➡名詞**おこなひ**・**つとめ**は、「**仏道の修行**。**勤行**」の意味です。

115 □□ **先の世・前世【さきのよ・ぜんせ】**

116 □□ **現世【げんせ】** ▼名詞・連語

117 □□ **後の世・後世・来世【のちのよ・ごせ・らいせ】**

➡仏教の**輪廻転生**《りんねてんしょう》の考え方に基づいている語。

「**先の世・前世**」は、この世に生まれてくる前の世界。

「**現世**」は、現在生きている世界、つまり「この世」のこと。

「**後の世・後世・来世**」は、死後に生まれ変わる世界、つまり「あの世」

傍線部の太字の部分を現代語訳しなさい。

① この聖《ひじり》の**おこなふ**山の中に飛び行きて、（宇治拾遺物語）

訳 この聖が（　　　　）山の中に飛んで行って、

② ただ一人、礼堂《らいだう》の片隅に蓑《みの》を打ち敷きて**おこなひ**ゐたるほどに、（今昔物語集）

訳 たった一人で、礼拝堂の隅っこで蓑を敷いて（　　　　）て座っているうちに、

③ このごろの世の人は、十七、八よりこそ経読み、**おこなひ**もすれ、（更級日記）

訳 近ごろの人は、十七、八歳（のころ）からお経を読み、（　　　　）もするけれど、

④ 御**おこなひ**のほどにも、同じ道をこそは**つとめ**たまふらめなど、思《おぼ》しやりて、（源氏物語）

訳 （朱雀院は）御（　　　　）の時にも、（女三の宮も）同じ仏の道の（　　　　）ていらっしゃるだろうなどと、ご想像になって、

⑤ **先の世**にも御契《ちぎ》りや深かりけむ、（源氏物語）

訳 （　　　　）でも御宿縁が深かったのであろうか、

⑥ **後の世**のこと心に忘れず、仏の道うとからぬ、ここ

のこと。

⬇「**後の世**」には、「**後代。末代**」「**将来**」の意味があります。

⬇「**後世**」には、「**来世での安楽**」「**極楽往生**」の意味があります。

118 宿世【すくせ】 名詞

① 前世。先の世。

② **前世からの因縁。宿縁。宿命。**

119 物・物の怪【もの・もののけ】 名詞

① **怨霊《おんりょう》。鬼神《きじん》。死霊。生き霊。もののけ。**

⬇ 実体のわからない、超自然的な恐ろしい存在を「**物**」と言います。それが人にとりついて、病気をおこさせたり死なせたりするのが「**物の怪**」で、生きた人間や死んだ人間の怨霊と考えられていました。

120 験【しるし・げん】 名詞

① (神仏の)**ご利益《りやく》。霊験《れいげん》。**

② (加持《かじ》祈禱《きとう》の)**ききめ。効験《こうげん》。効果。**

ろにくし。(徒然草)

訳 (　　)のことを常に心に忘れず、仏の道をよく知る人は、奥ゆかしい。

⑦ 念仏して、ひとへに**後世**をぞ願ひける。(平家物語)

訳 念仏して、いちずに(　　)を願った。

⑧ これも**先の世**に、この国に跡を垂るべき**すくせ**こそありけめ。(更級日記)

訳 こうなったのも(　　)で、この国に住むはずの(　　)があったのであろう。

⑨ あさましきことかな。**もの**のつきたまへるか。(宇治拾遺物語)

訳 あきれたことだなあ。(　　)がとりつきなさったのか。

⑩ かの**もの**に襲はれし折思《おぼ》し出《い》でられて、(源氏物語)

訳 あの(夕顔と一夜を過ごした邸《やしき》で)(　　)に襲われた時(のこと)を思い出しなさって、

⑪ **験**《げん》あらん僧たち、祈り試みられよ。(徒然草)

訳 (　　)あらたかな坊さんたち、試しに祈ってごらんなさい。

⑫ よろづにまじなひ、加持《かぢ》などまゐらせたまへど、**しるし**なくて、あまたたびおこりたまへば、(源氏物語)

訳 (熱病にかかった源氏は)あれこれとまじないをさせ、加持祈禱などをおさせになるが、(　　)がなくて、何度も発作《ほっさ》をおこしなさるので、

23 世を捨てて出家する語

寺に入って僧になったり、山の中に隠遁したりだけでなく、俗世をはなれて「出家」する慣用表現は、大学入試でも超頻出です!

121 世を出《い》づ　122 世を厭《いと》ふ
123 世を背《そむ》く　124 世を捨《す》つ
125 世を離《はな》る　126 世を遁《のが》る　▼連語

①俗世をはなれる。出家する。

➡「世」は、「俗世間、一般の人間の世界」の意で、そこから「はなれる。のがれる。出る」という表現で「出家」することを言います。

127 頭《かしら》おろす　128 御髪《みぐし》おろす　▼連語

①剃髪《ていはつ》する。出家する。

➡髪を剃《そ》って僧になったり、髪を肩のあたりの長さに切って尼《あま》になったりする意味で「出家」することを言います。

129 様《さま》を変《か》ふ　130 かたちを変《か》ふ　▼連語

傍線部の太字の部分を現代語訳しなさい。

解答は別冊30ページ

① 五十《いそぢ》の春を迎へて家を出《い》で、**世を背け**り。（方丈記）
訳 五十歳の春を迎えて家を出て、（　　　　）た。

② かう**世を捨つる**やうにて明かし暮らすほどに、（源氏物語）
訳 このように（　　　　）ようにして日々を過ごすうちに、

③ **世をのがれ**て山林にまじはるは、心を修めて道を行はんとなり。（方丈記）
訳（　　　　）て山林の中に入るのは、心を修養して仏道の修行をしようとしてのことである。

④ 比叡《ひえ》の山に登りて、**かしらおろし**てけり。（古今集）
訳 比叡山に登って、（　　　　）てしまった。

⑤ 思ひのほかに、**みぐしおろしたまう**てけり。（伊勢物語）
訳（惟喬《これたか》の親王《みこ》は）思いがけなく、（　　　　）てしまった。

⑥ もとの妻も**さまを変へ**、尼になりて、（発心集）
訳 もとの妻も（　　　　）、尼になって、

⑦ **かたちを変へ**、**世を背き**にきとおぼえたれど、

① **僧の姿になる。出家する。**

➡僧（尼）の姿になって外見が変わることで「**出家**」することを言います。

➡自動詞的に言うと、**様変はる**・**かたち変はる**です。

➡そのほかにも、「**山**」が「**比叡山**《ひえいざん》」を表したり、「**まことの道**」が「**仏道**」を表したりすることから、**山に入**《い》**る** や **まことの道に入る**で、「**出家**」することを言う場合があります。

131 □□ やつす

▼動詞・四段活用

① **目立たない身なりにする。目立たないようにする。**
② **僧（尼）の姿に変える。出家する。**

➡動詞 **やつる**（下二段）は「目立たない姿になる。簡素な身なりになる。衰える」の意で、「出家する」意味はありません。

132 □□ 墨染め【すみぞめ】
133 □□ 苔の袂【こけのたもと】

▼名詞・連語

① **僧衣。** 喪服《もふく》。

➡**墨染め衣**《ごろも》・**苔の衣**も同じ意ですが、「**苔の衣・苔の袂**」は、とくに粗**末な僧衣**を言います。

訳（　　　　）（尼になり）、（　　　　）てしまったと思われたけれど、（源氏物語）

⑧ **まことの道に入ら**せたまへども、御嘆きはさらに尽きせず。（平家物語）
訳（建礼門院《けんれいもんいん》は）（　　　　）なさったけれども、お嘆きはまったく尽きることがない。

⑨ 御車もいたく**やつし**たまへり。（源氏物語）
訳（お忍びなので）お車もたいそう（　　　　）ていらっしゃる。

⑩「心もなくたちまちに形を**やつし**てけること」と胸つぶれて、（源氏物語）
訳「なんの考えもなく早々と（浮舟《うきふね》の）姿を（　　　　）てしまったことよ」と心が乱れて、

⑪ 旅立つ暁、髪を剃りて、**墨染め**にさまを変へ、（奥の細道）
訳 旅に出発する日の朝、髪を剃り、（　　　　）に姿を変えて、

⑫ みな人は花の衣になりぬなり**苔の袂**よ乾きだにせよ（古今集）
訳 世間の人は皆（喪服をぬいで）はなやかな衣服になったようだ。（涙にぬれた私の）（　　　　）よ、せめて乾くだけでもしておくれ。

24 死にまつわる語

「死ぬ」という言葉は縁起の悪い言葉なので、はっきり言わずに婉曲に「死ぬ」ことを表す動詞や慣用表現がたくさん生まれています。

解答は別冊30ページ

134 □□ **あさましくなる**
135 □□ **いたづらになる**
136 □□ **はかなくなる**
▼連語

① 死ぬ。亡くなる。

➡「死ぬ」ことを表す慣用句です。次のような語も同じです。**いふかひなくなる・いかにもなる・ともかくもなる・むなしくなる**

137 □□ **失《う》す**
138 □□ **消《き》ゆ**
139 □□ **絶《た》ゆ**
140 □□ **果《は》つ**
141 □□ **隠《かく》る**
142 □□ **雲隠《くもがく》る**
143 □□ **罷《まか》る**
144 □□ **身罷《みまか》る**
▼動詞

① 死ぬ。亡くなる。

➡「死ぬ」ことを婉曲《えんきょく》に言う動詞群です。

傍線部の太字の部分を現代語訳しなさい。

① 三月二十日、つひにいと**あさましくなら**せたまひぬ。（増鏡）
訳 三月二十日、とうとうほんとうにお（　　　）になってしまった。

② そこに**いたづらになり**にけり。（伊勢物語）
訳 （女は）そこで（　　　）でしまった。

③ 五月のつごもりごろに、**はかなくなり**にけり。（住吉物語）
訳 五月の末ごろに、（　　　）てしまった。

④ その人ほどなく**失せ**にけりと聞き侍りし。（徒然草）
訳 その人はまもなく（　　　）たと聞きました。

⑤ やむごとなき人の**かくれ**たまへるもあまた聞こゆ。（方丈記）
訳 高貴な方がお（　　　）になったこともたくさん聞こえてくる。

⑥ 姉の**みまかり**にける時に詠める。（古今集）
訳 姉が（　　　）た時に詠んだ（歌）。

⑦ 夜中うち過ぐるほどになむ**絶え果て**たまひぬ。（源氏物語）

145 **さきだつ** 【先立つ】 ▼動詞・四段活用

① **先に死ぬ。**

↓ 動詞 **見捨つ**(下二段)も、誰かを残して「先に死ぬ」ことを言います。

146 **おくる** 【後る】 ▼動詞・下二段活用

① **死におくれる。先立たれる。**生き残る。

↓ 「**先立つ**」「**見捨つ**」の 対義語 になります。

147 **をさむ** 【収む・納む】 ▼動詞・下二段活用

① **葬る。埋葬する。**

148 **のちのわざ** 【後の業】 ▼名詞

① (死後に営まれる)**仏事。葬儀。法事。**

↓ **のちのこと・あととふわざ**と言うこともあります。

訳 夜中を過ぎたころにお(　　　　)になってしまった。

⑧ 親子ある者は、定まれることにて、親ぞ**先立ち**ける。(方丈記)

訳 親子でいっしょにいる場合は、決まったように、親のほうが(　　　　)だ。

⑨ **見捨て**はべりなば、波の中にもまじり**失せ**ね。(源氏物語)

訳 (私が)(　　　　)ましたならば、波の中に身を投げて(　　　　)でしまえ。

⑩ 十ばかりにて殿に**おくれ**たまひしほど、(源氏物語)

訳 十歳ぐらいで父君に(　　　　)なさったころ、

⑪ 思ふ人々に**おくれ**なば、尼にもなりなむ。(源氏物語)

訳 愛する人たちに(　　　　)たならば、尼にでもなってしまおう。

⑫ からは、けうとき山の中に**をさめ**て、(徒然草)

訳 亡きがらは、人けのない山の中に(　　　　)て、

⑬ **のちのわざ**ども営み合へる、心あわたたし。(徒然草)

訳 (不便な狭い山寺で、四十九日の)(　　　　)などを営み合っているのは、気ぜわしい。

⑭ **あととふわざ**も絶えぬれば、いづれの人と名をだに知らず、(徒然草)

訳 (　　　　)も絶えてしまうと、(墓の主が)どこの誰か名前さえわからなくなり、

30 ☐ **透垣《すいがい》**【　　　　】板や竹で間を少し透《す》かして作った垣。

31 ☐ **檜垣《ひがき》**【　　　　】ひのきの薄い板を網代《あじろ》のように斜めに編んで作った垣。

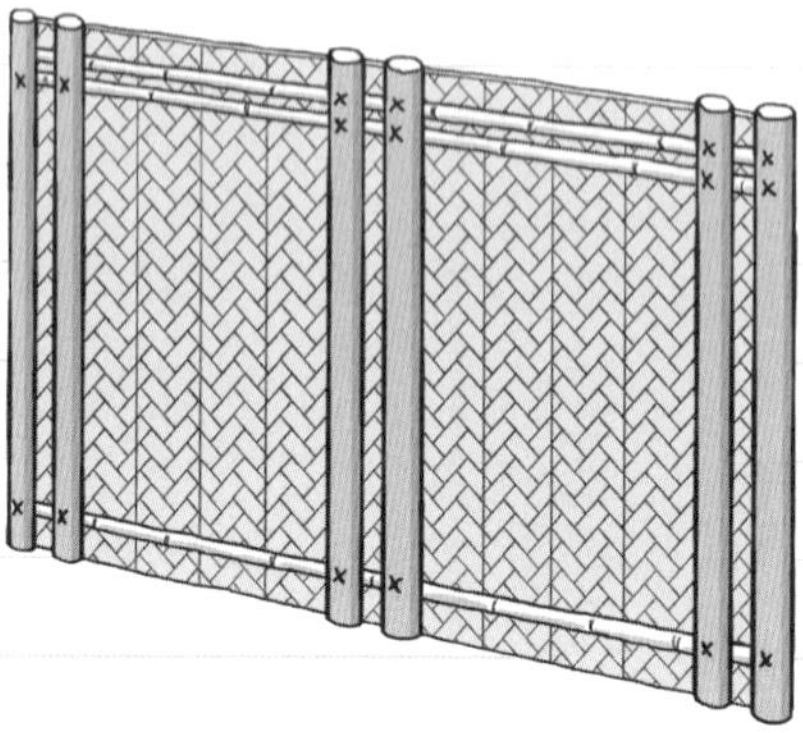

32 ☐ **小柴垣《こしばがき》**【　　　　】雑木の細い枝で作った丈《たけ》の低い垣。

33 ☐ **築地《ついぢ》**【　　　　】邸《やしき》の周囲にめぐらす土塀《どべい》。

34 ☐ **閼伽棚《あかだな》**【　　　　】
仏前に供える水や花などを置く棚。

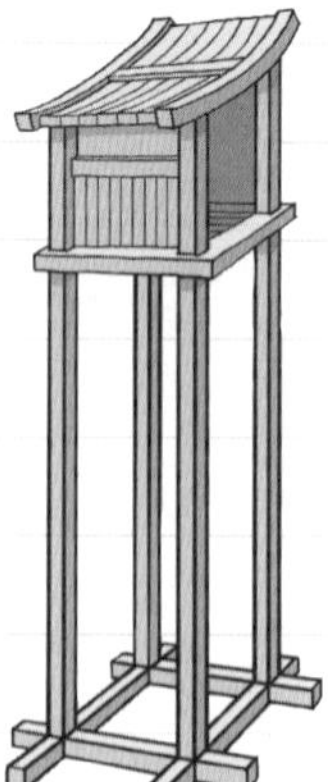

35 ☐ **筧《かけひ》**【　　　　】節《ふし》をぬいた竹や中をくりぬいた木を地上に掛け渡して水を導くためのとい。

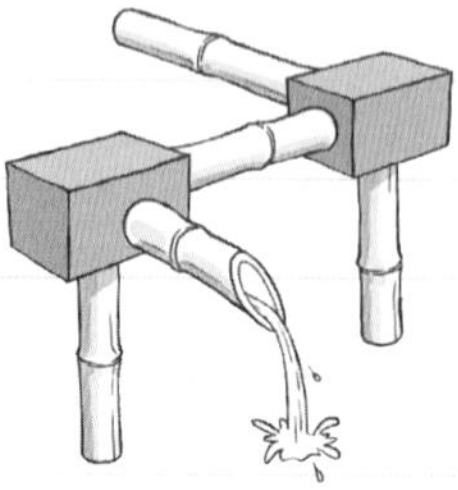

古典常識の読み方 3 住居の造作

次の22～35の語の読み方を現代仮名遣いで書きなさい。 ▶解答・解説は別冊32・33ページ

22 ☐ 格子《かうし》【　　　】細い角材を縦・横に細かく直角に組み合わせて作った建具。

23 ☐ 高欄《かうらん》【　　　】簀子《すのこ》の外側につけた欄干《らんかん》。

24 ☐ 妻戸《つまど》【　　　】外側へ両開きに開く板戸。

25 ☐ 長押《なげし》【　　　】簀子と廂《ひさし》、廂と母屋《もや》の境にある敷居。

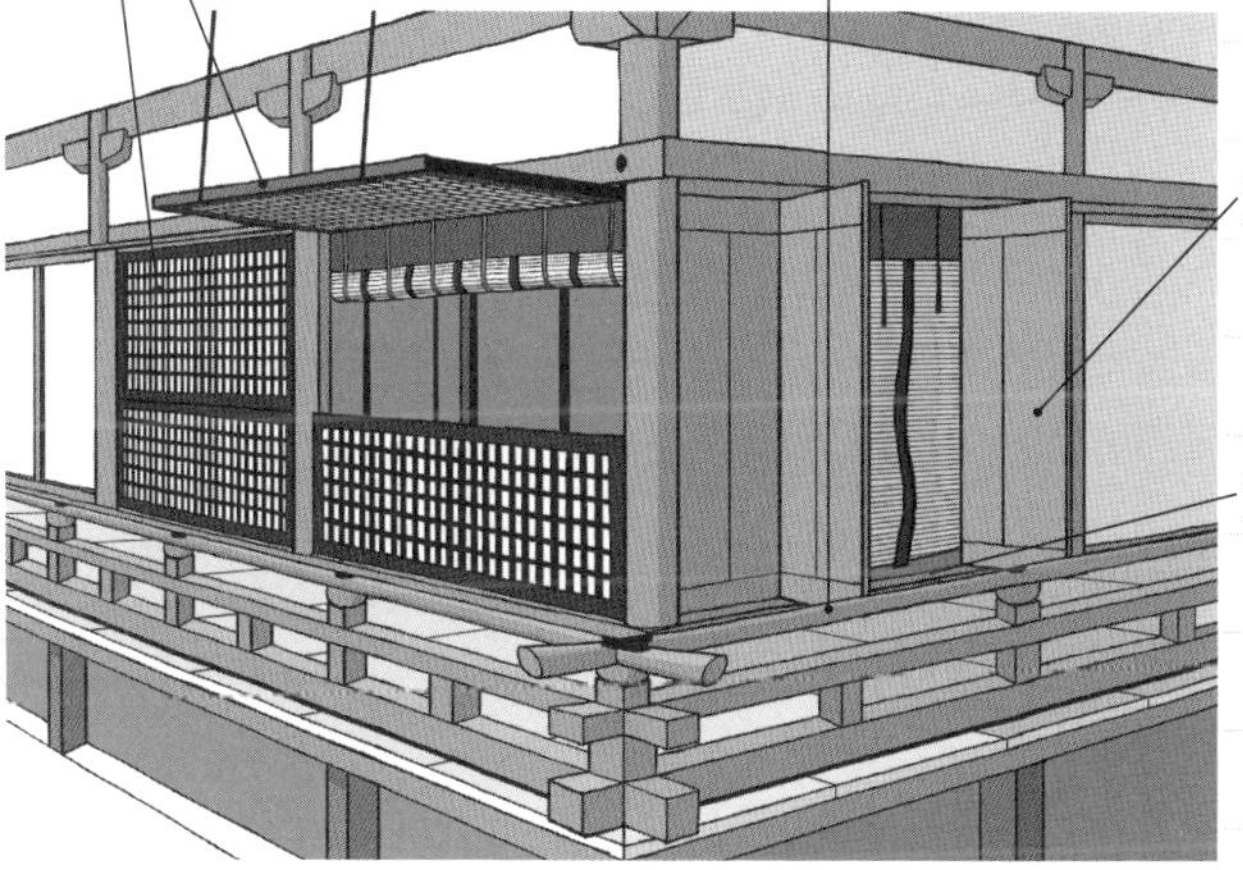

26 ☐ 蔀《しとみ》【　　　】格子の内側に板を張ったもの。

27 ☐ 半蔀《はじとみ》【　　　】蔀が上下半分に分かれ、上半分を窓のように開けることができるようになっているもの。

28 ☐ 遣戸《やりど》【　　　】左右に引いて開閉する戸。引き戸。

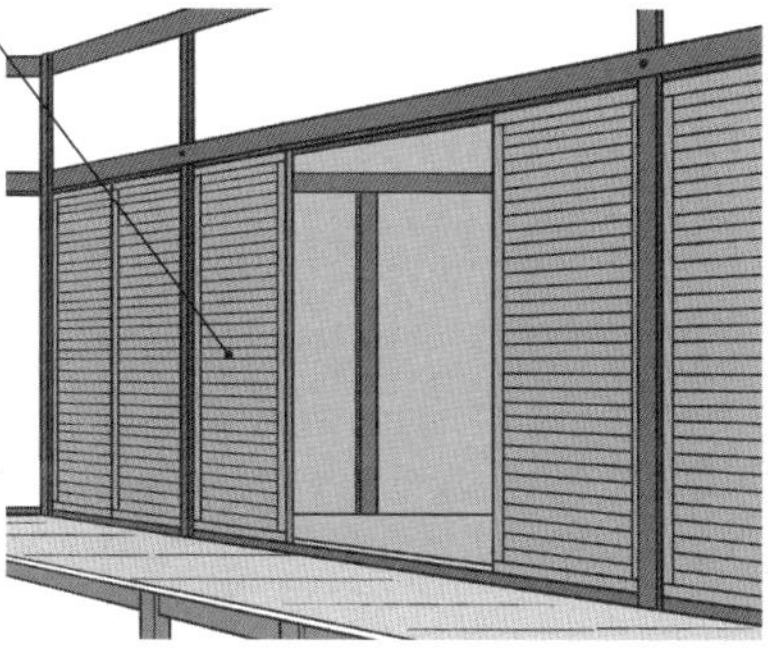

29 ☐ 打橋《うちはし》【　　　】殿舎と殿舎との間に掛け渡した、取り外しのできる板の橋。

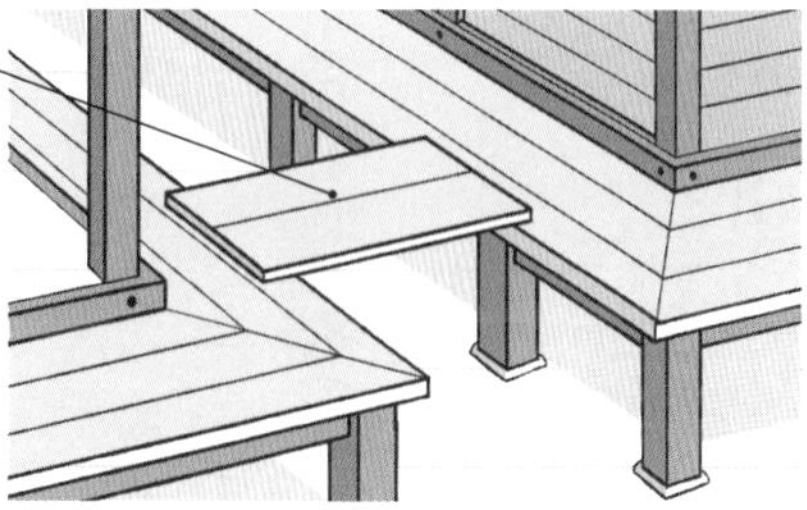

25 不快な語

不快感を表す語はさまざまなものがあり、なかなか分類しにくいものがあります。ここでは、煩わしくやっかいな感じを中心に集めました。

解答は別冊34ページ

149 うたて

▼副詞

① **不快に。いやに。情けなく。**
② **異様に。気味悪く。**怪しく。変に。
③ **ますます。いっそう。ひどく。**

➡連語**うたてあり**、形容動詞**うたてなり・うたてげなり**などもいずれも「不快だ。いやだ。見苦しい」などの感覚のグループ語です。
➡形容詞**うたてし**は、「いやだ。情けない。嘆かわしい。気にくわない」のほかに、「気の毒だ。心が痛む。いたわしい」の意があります。

150 むつかし【難し】

▼形容詞・シク活用

① **不快だ。うっとうしい。**機嫌が悪い。
② **煩《わずら》わしい。面倒だ。**
③ むさくるしい。見苦しい。風情がない。
④ 気味が悪い。恐ろしい。

➡動詞**むつかる**は「①腹を立てる。不快に思う。②だだをこねる」で、同じ語源の言葉です。

傍線部の太字の部分を現代語訳しなさい。

① かばかりの中に何かはと、人の心はなほ**うたて**覚ゆれ。(徒然草)
訳 (近親者が亡くなった)これほどの(悲しみの)中でどうして(そんなことを言うのか)と、人の心というものはやはり(　　)思われる。

② **うたて**思《おぼ》さるれば、太刀《たち》を引き抜きて、(源氏物語)
訳 (源氏は薄暗い部屋の様子が)(　　)お思いになるので、太刀を引き抜いて、

③ 勧賞《けんじやう》かうぶらんとて、尋ね求むるぞ**うたてき**。(平家物語)
訳 (捕えて)ほうびをいただこうと思って、(敗れた平家の人々を)捜し求めたとは(　　)ことだ。

④ 久しうなやみたるも、男の心地《ここち》は**むつかしかる**べし。(枕草子)
訳 (あまり愛していない妻が)長く病気でいるのも、男の気持ちとしては(　　)であろう。

⑤ 用ありて行きたりとも、そのこと果てなば、とく帰るべし。久しくゐたる、いと**むつかし**。(徒然草)

151 □□ いぶせし ▼形容詞・ク活用

① **気が晴れない。うっとうしい。**憂鬱《ゆううつ》だ。
② **不快だ。むさくるしい。**汚い。
③ **気がかりだ。**気になる。気が休まらない。

152 □□ うるさし ▼形容詞・ク活用

① **煩わしい。やっかいだ。おっくうだ。面倒だ。**
② わざとらしい。嫌みだ。

➡「**うるさし**」には、「細かいところによく気がつく。立派だ。すぐれている」のように、**プラスの意味**もあります。
➡形容詞**うるせし**は「上手だ。賢い」という意味の別の語です。

153 □□ ところせし 【所狭し】 ▼形容詞・ク活用

① 場所が狭い。余地がない。いっぱいだ。
② **きゅうくつだ。気づまりだ。**
③ **やっかいだ。煩わしい。**扱いにくい。面倒だ。
④ 堂々としている。重々しい。
⑤ 大げさだ。仰々《ぎょうぎょう》しい。

訳 用事があって行ったとしても、その用事が済んだら、すぐ帰るのがよい。長居をするのは、非常に（　　）。

⑥ 一日二日《ひとひふつか》たまさかに隔《へだ》つるをりだに、あやしう**いぶせき**心地するものを。（源氏物語）
訳 一日二日たまに（あなたに）会わない時でさえ、ふしぎなほど（　　）思いがするのに。

⑦ 旅の宿りはつれづれにて、庭の草も**いぶせき**心地するに、（源氏物語）
訳 旅の宿はたいくつで、庭の草も（手入れされていなくて）（　　）感じがする上に、

⑧ 歯黒め、「さらに**うるさし**、汚し」とて、つけたまはず。（堤中納言物語）
訳 （姫君は）お歯黒を、「まったく（　　）、汚い」と言って、おつけにならない。

⑨ 見苦しとて人に書かするは**うるさし**。（徒然草）
訳 （字の下手な人が、自分の字は）見苦しいからといって人に書かせるのは（　　）。

⑩ **所せき**御身にて、めづらしう思《おぼ》されけり。（源氏物語）
訳 （源氏は帝の皇子という）（　　）ご身分であって、（見慣れない山のけしきを）新鮮にお思いになった。

⑪ この生絹《すずし》だにいと**所せく**暑かはしく、取り捨てまほしかりしに、（枕草子）
訳 この（夏服の）生絹でさえ実に（　　）暑苦しく、取って捨てたかったのに、

26 気にくわない語

不快感の第二弾は、「気にくわない・しゃくにさわる」を表す語のグループです。ただし、それぞれ別の意味もありますから注意しましょう。

解答は別冊34ページ

154 あいなし　▼形容詞・ク活用

① **気に入らない。感心しない。**不都合だ。
② **おもしろくない。つまらない。**

➡ 連用形**あいなく**は、副詞的に用いて、「むやみに。わけもなく。なんとなく。ただもう」のような訳し方をすることがあります。

155 こころづきなし【心付き無し】　▼形容詞・ク活用

① **気にくわない。**好きになれない。**気が進まない。不愉快だ。**いやだ。

➡ 動詞**心づく**（四段）「①気がつく。心がとまる。②気に入る。③思慮分別がつく」の連用形が名詞化した**心づき**に「なし」がついた語です。

156 めざまし【目覚まし】　▼形容詞・シク活用

① **気にくわない。心外だ。**目にあまる。

● 傍線部の太字の部分を現代語訳しなさい。

① 上達部《かんだちめ》・上人《うへびと》なども、**あいなく**目をそばめつつ、（源氏物語）
訳 公卿《くぎょう》や殿上人《てんじょうびと》たちも、（帝の寵愛《ちょうあい》を一身に集める桐壺《きりつぼ》の更衣《こうい》を）（　　　　）ことと目をそむけては、

② 世に語り伝ふること、まことは**あいなき**にや、多くはみな空言《そらごと》なり。（徒然草）
訳 世間で語り伝えていることは、真実は（　　　　）のであろうか、多くは皆作り話である。

③ **心づきなき**ことあらん折は、なかなかその由《よし》をも言ひてん。（徒然草）
訳 （　　　　）ことがあるような時は、かえってそのわけを言ってしまうのがよい。

④ 例の心なしの、かかるわざをしてさいなまるるこそ、いと**心づきなけれ**。（源氏物語）
訳 いつものように（あの）不注意者が、こんなことをしでかして叱られるのは、本当に（　　　　）。

⑤ 初めより我はと思ひ上がりたまへる御方々、**めざましき**ものにおとしめそねみたまふ。（源氏物語）

↓「**目が覚めるほど意外だ**」ということが基本で、「**意外とすばらしい。思いのほか立派だ**」というプラスの意味でも用います。

157 にくし【憎し】

▼形容詞・ク活用

① **気にくわない。しゃくにさわる。**いやだ。憎らしい。
② **見苦しい。体裁が悪い。**醜い。不格好だ。
③ **無愛想だ。かわいげがない。**つれない。
④ 奇妙だ。難しい。

↓現代語の「にくい」に比べて憎悪の感覚は薄く、「**感心だ。あっぱれだ**」のような意でも用い、**にくからず**で「好ましい」意になったり、**心にくし**（88ページ212）で「奥ゆかしい。心ひかれる」意になったりします。

158 ねたし【妬し】

▼形容詞・ク活用

① **しゃくにさわる。憎らしい。いまいましい。腹立たしい。**
② **残念だ。くやしい。**
③ ねたましいほどすばらしい。立派だ。

↓自分の力不足に対するいらだたしさが原義で、「**にくし**」が相手に対する気持ちを表すのに対し、「**ねたし**」は相手だけでなく、自分に対する気持ちも表します。

訳 最初から私こそはと自負していらっしゃった（他の女御《にょうご》更衣などの）お后《きさき》の方々は、（帝の寵愛を独占する桐壺の更衣を）（　　）者として蔑《さげす》み妬《ねた》んでいらっしゃる。

⑥ 髪のさがりば、**めざましく**もと見たまふ。（源氏物語）
訳 （源氏は、女の）髪のたれ具合を、（　　）もあるなあとごらんになる。

⑦ **にくき**もの、急ぐことある折に来て、長言《ながごと》する客人《まらうど》。（枕草子）
訳 （　　）もの、急用のある時にやって来て、長話をする客。

⑧ 桜の花は、優《いう》なるに枝ざしのこはごはしく、もとのやうなども**にくし**。（大鏡）
訳 桜の花は、優美であるのに枝ぶりがごつごつしていて、幹の様子なども（　　）。

⑨ まいて、よき人などをさ申す者は、いみじう**ねたう**さへあり。（枕草子）
訳 まして、高貴な方のことなどを、そのように（無礼な言葉づかいで）申し上げる者は、実に（　　）まで思われる。

⑩ さても**ねたく**見つけられにけるかな。さばかり戒《いまし》めつるものを。（枕草子）
訳 それにしても（　　）ことに見つけられてしまったなあ。あれほど注意したのに。

27 うるさい語

「うるさい」不快さにも、声や音が「うるさい」、ゴミゴミしていて「うるさい」、多すぎて「うるさい」など、いろいろなケースがあります。

解答は別冊36ページ

159 かしかまし 【囂し】 ▼形容詞・シク活用

① **うるさい。やかましい。騒がしい。**
② 口うるさい。口やかましい。

↓形容詞 **かまし**・**かまびすし**・**かしまし**は、ほぼ 同義語 です。

160 あなかま ▼連語

① **うるさい。しっ、静かに。**

↓「**あな**」は感動詞、「**かま**」は「かまし」あるいは「かまびすし」の語幹で、それが一語化したものです。人の話し声などを制止しようとする語です。

161 らうがはし 【乱がはし】 ▼形容詞・シク活用

① **乱雑だ。ごたごたしている。**むさくるしい。

傍線部の太字の部分を現代語訳しなさい。

① あやしき家の見所もなき梅の木などには、**かしかましき**までぞ鳴く。（枕草子）

訳 （うぐいすは）みすぼらしい家の何の見所もない梅の木などには、（　　　　）ほどに鳴く。

② もの言へば、「ひがみたり」と**かしかましう**言へば、聞きにくし。（落窪物語）

訳 （私が）何か言うと、（あなたは）「ひねくれている」と（　　　　）言うので、聞くのがつらい。

③ 耳**かましき**までの御祈りども験《しるし》見えず。（栄花物語）

訳 耳に（　　　　）ほどのご祈禱《きとう》も霊験が見えない。

④ 人々、いとかたはらいたしと思ひて、「**あなかま**」と聞こゆ。（源氏物語）

訳 女房たちは、（源氏の訪れを喜んでいる若紫の様子を）たいそう間が悪いと思って、「（　　　　）」と申し上げる。

⑤ **らうがはしき**大路《おほぢ》に立ちおはしまして、（源氏物語）

訳 （源氏は）（　　　　）大路に（車を止め、門があくまで）立っておいでになって、

② **騒々しい。やかましい。**うるさい。

③ **無作法だ。**だらしがない。理不尽だ。

➡形容詞 **みだりがはし** の「みだり」に、漢語の「乱」をあて、「らん」を「らう」と表記したもので、乱雑で無秩序な不快さを表します。

162 ののしる【罵る】

▼動詞・四段活用

① **大声で騒ぐ。声高《こわだか》に騒ぐ。騒ぎたてる。**わめく。

② やかましく音をたてる。鳴きたてる。吠《ほ》える。

③ **口々に言い騒ぐ。評判になる。うわさする。**

➡中世以降は、現代語の用法に通じる、「大声で非難する。罵倒する。どなりちらす」意味が優勢になっていきます。

➡「**ののしる**」は、人間や動物にしか用いませんが、動詞 **さわぐ【騒ぐ】**(四段)は風など、自然現象にも用います。

163 おびたたし【夥し】

▼形容詞・シク活用

① **程度が甚だしい。ものすごい。激しい。**

② **非常に大きい。**立派だ。けたはずれだ。

③ **騒がしい。**うるさい。

④ 非常に多い。たいへんな数だ。煩《わずら》わしい。

⑥ いと**らうがはしく**泣きとよむ声、いかづちにも劣らず。(源氏物語)

訳 非常に(　　　)泣きさわぐ声は、雷にも劣らないほどだ。

⑦ 皆同じく笑ひ**ののしる**、いと**らうがはし**。(徒然草)

訳 皆同じように笑い(　　　)さまは、たいそう(　　　)。

⑧ 物食ひ、酒飲み、**ののしり**あへるに、(枕草子)

訳 ものを食い、酒を飲んで、(　　　)合っていると、

⑨ この世に**ののしり**たまふ光源氏、かかるついでに見たてまつりたまはむや。(源氏物語)

訳 世間で(　　　)ていらっしゃる光源氏を、このような機会に拝見なさいませんか。

⑩ **おびたたしく**大地震《おほなゐ》ふることはべりき。(方丈記)

訳 (　　　)大地震が(おこって、地面が)震動することがありました。

⑪ あまりに内裏《だいり》の**おびたたしき**を見て、(平家物語)

訳 あまりに内裏(の規模)が(　　　)のを見て、

⑫ はと一度に笑ひたりし声こそ、いと**おびたたしかり**しか。(大鏡)

訳 はっはっと一度に笑った声は、たいそう(　　　)た。

28 不都合な語

「不都合」というのは、「都合が悪い」こと「具合が悪い」ことですが、「よくない・感心できない・まずい」といった気持ちも含みます。

解答は別冊36ページ

164 □□ びんなし 【便無し】 ▼形容詞・ク活用

① **具合が悪い。不都合だ。**不便だ。
② **感心しない。よくない。けしからぬ。**
③ かわいそうだ。気の毒だ。いたわしい。

↓形容動詞 **ふびんなり【不便なり】**もほぼ 同義語 です。

165 □□ まさなし 【正無し】 ▼形容詞・ク活用

① **よくない。好ましくない。不都合だ。**
② **思いがけない。**予想外だ。意外だ。
③ **見苦しい。**みっともない。卑怯《ひきょう》だ。

↓本来あるべき正しい状態でないことを、好ましくなく思う気持ちを表します。

166 □□ けしからず 【怪しからず】 ▼連語

傍線部の太字の部分を現代語訳しなさい。

① 人目多くて**びんなけれ**ば、（源氏物語）

訳 人目が多くて（　　　　）ので、

② 左の大臣《おとど》の、一の人といひながら、美麗ことのほかにて参れる、**びんなき**ことなり。（大鏡）

訳 （世の中に質素倹約を奨励している折に）左大臣が、第一の位《くらい》にある人とはいっても、格別に華美な衣服で参内したのは、（　　　　）ことである。

③ 声高《こわだか》になのたまひそ。屋の上にをる人どもの聞くに、いと**まさなし**。（竹取物語）

訳 大きな声でおっしゃいますな。建物の上にいる天人たちが聞くので、たいへん（　　　　）。

④ **まさなう**も敵に後ろを見せさせたまふものかな。（平家物語）

訳 （　　　　）も敵に後ろをお見せになるものですなあ。

⑤ 木霊《こだま》など、**けしからぬ**物ども、所を得てやうやう形をあらはし、（源氏物語）

訳 （末摘花《すえつむはな》の荒れた邸《やしき》には）こだまなど、（　　　　）

① **異様だ。怪しい**。奇怪だ。
② **不都合だ。よくない**。感心しない。無分別だ。
③ 普通でない。甚だしい。ひどい。異常だ。大変だ。

➡「変だ。怪しい」の意の形容詞**けし**の未然形「けしから」に、打消の助動詞「ず」がついてできた語ですが、「けしから」の否定の意はなく、「**けし」を否定する語は**連語**けしうはあらず**です。

167 たいだいし【怠怠し】
▼形容詞・シク活用

① **不都合だ。もってのほかだ**。とんでもない。
② 面倒だ。前途多難だ。

➡主に、男性の会話文に用いられます。

168 なめし
▼形容詞・ク活用

169 こちなし【骨無し】
▼形容詞・ク活用

① **無作法だ。無礼だ。失礼だ**。ぶしつけだ。

➡「**こちなし**」には、「無風流だ。無骨《ぶこつ》だ。興ざめだ」の意味もあります。

➡「無作法」の意では、**らうがはし**(64ページ**161**)も同義のことがあります。

➡形容動詞**なめげなり**も同義語です。


物の怪どもが、わがもの顔でしだいに姿をあらわし、

⑥ よき人のおはしますありさまなどのいとゆかしきこそ、**けしからぬ**心にや。（枕草子）
訳 高貴なお方の(日ごろ)過ごしていらっしゃる様子などをひどく知りたいと思うのは、(　　)心なのであろうか。

⑦ かく世の中のことをも思ほし捨てたるやうになりゆくは、いと**たいだいしき**わざなり。（源氏物語）
訳 (桐壺《きりつぼ》の帝が)このように政務をも顧みなさらないようになってゆくのは、まったく(　　)ことである。

⑧ 文《ふみ》ことば**なめき**人こそ、いとにくけれ。（枕草子）
訳 手紙の言葉づかいの(　　)人は、実にいやなものだ。

⑨ 心強く承《うけたまは》らずなりにしこと、**なめげなる**ものにおぼしめしとどめられぬるなむ、心にとどまりはべりぬる。（竹取物語）
訳 (宮仕えを)強情にお受けしなかったことを、(帝が)(　　)者だとお心に留めてしまわれたのが、心残りでございます。

⑩ 「悩ましくなむ」と、事なしびたまふを、強ひて言ふもいと**こちなし**。（源氏物語）
訳 「気分が悪いので」と、さりげなく断りなさるのを、(食べるように)無理に言うのもたいそう(　　)。

29 残念で不満な語

「残念」で「もの足りない」不満感を表すグループです。「本意」や副詞・連体詞の「あたら」も含めて、出題されやすいのでしっかり覚えましょう！

170 くちをし 【口惜し】 ▼形容詞・シク活用

① **残念だ。がっかりだ。くやしい。**
② **おもしろくない。感心しない。つまらない。**
③ 情けない。物足りない。不満だ。惜しい。

➡形容詞**くやし**は、自分がしなければよかったと後悔する気持ちを表し、「**くちをし**」は、夢や期待がかなえられなかった失望・不満を表します。

171 ほいなし 【本意無し】 ▼形容詞・ク活用

① **残念だ。物足りない。**期待はずれだ。
② 不本意だ。意に添わない。

➡名詞**ほい**【**本意**】「**本来の意志。かねてからの希望。目的**」も重要単語で、それに「なし」がついて一語になったものです。

172 あたらし 【惜し】 ▼形容詞・シク活用

傍線部の太字の部分を現代語訳しなさい。

解答は別冊38ページ

① **くちをしう**、男子《をのこご》にて持たらぬこそ幸ひなかりけれ。（紫式部日記）
訳（　　　　）ことに、（おまえを）男子として持たなかったのは運が悪かったのだ。

② まして、家の内をおこなひをさめたる女、いと**くちをし**。（徒然草）
訳 まして、家の中のことを切りもりし処理している女は、たいそう（　　　　）。

③ 過ぎ別れぬること、かへすがへす**ほいなく**こそおぼえはべれ。（竹取物語）
訳 お別れしてしまうことは、本当に（　　　　）思われます。

④ 思ひしにはあらず、いと**ほいなく くちをし**。（更級日記）
訳 思っていたとおり（の任国への任官）ではなく、本当に（　　　　）（　　　　）。

⑤ つひに**本意**のごとく会ひにけり。（伊勢物語）
訳（女は）ついに（　　　　）どおり（幼なじみの隣の男と）結婚したのであった。

① **惜しい。もったいない。残念だ。**

↓本来持っている価値が相応に扱われないことや、十分に発揮されないことを「残念」に思う気持ちを表します。

↓**あたら**は、**副詞**としては「惜しいことに」、**連体詞**としては「惜しむべき。もったいない。せっかくの」のような意味を表します。

↓現代語の「**あたらしい**」は、古語では形容詞**あたらし【新たし】**です。

173 かこつ【託つ】 ▼動詞・四段活用

① **かこつける。**…のせいにする。口実にする。
② **不平を言う。ぐちをこぼす。嘆く。**

↓動詞**恨む**（四段）にも、「不平不満を口にする。恨み言を言う」意味があります。

174 すさまじ【凄まじ】 ▼形容詞・シク活用

① **興ざめだ。がっかりだ。**不調和でおもしろくない。
② **殺風景だ。荒涼としている。**寒々としている。
③ 冷たい。冷淡だ。思いやりがない。
④ 激しい。ものすごい。ひどい。

↓期待に反したり、周囲の状況との不調和に対する不快感を表します。

⑥ 若くて失《う》せにし、いといとほしく**あたらしく**なん。（増鏡）
訳（歌才に秀《ひい》でていた宮内卿《くないきょう》が）若くして亡くなったのは、たいそう気の毒で（　　　）ことであった。

⑦ **あたら**、重りかにおはする人のものに情けおくれて、（源氏物語）
訳（　　　）、重々しい様子でいらっしゃるお方が人情味に欠けて、

⑧ 酔《ゑ》ひに**かこち**て、苦しげにもてなして、（源氏物語）
訳 酒の酔いに（　　　）て、苦しそうなふりをして、

⑨ 前世の罪の報いをば知らで、観音《くわんおん》を**かこち**申して、かくて候ふこと、いと怪しきことなり。（宇治拾遺物語）
訳（自分の）前世の罪の報いを知らないで、観音様を（憎んで）（　　　）申し上げて、こうしておりますことは、まことに奇妙なことです。

⑩ **すさまじき**もの、昼吠《ほ》ゆる犬、春の網代《あじろ》。（枕草子）
訳（　　　）もの、昼ほえる犬、春の網代。

⑪ **すさまじき**ものにして見る人もなき月の、寒けく澄める二十日余りの空こそ、心細きものなれ。（徒然草）
訳（　　　）ものとして見る人もない（冬の）月が、寒々と澄んでいる二十日過ぎの空こそ、もの寂しい（情緒がある）ものだ。

46 □ 炭櫃《すびつ》【　　　　】床に切った囲炉《いろ》裏《り》。あるいは角火鉢。

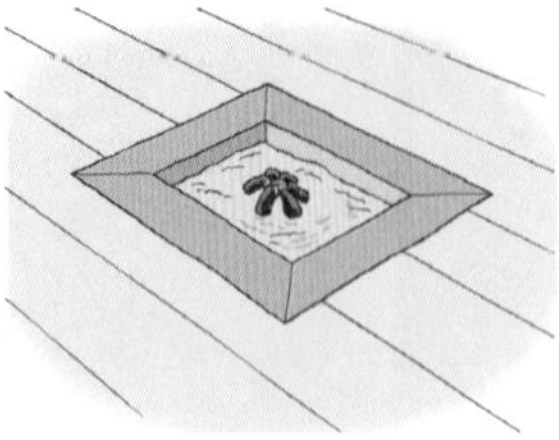

47 □ 火桶《ひをけ》【　　　　】木製の丸い火鉢。

48 □ 牛車《ぎつしや》【　　　　】牛にひかせた貴人の乗用車。

49 □ 屋形《やかた》【　　　　】

50 □ 鵄《とびの》尾《を》【　　　　】

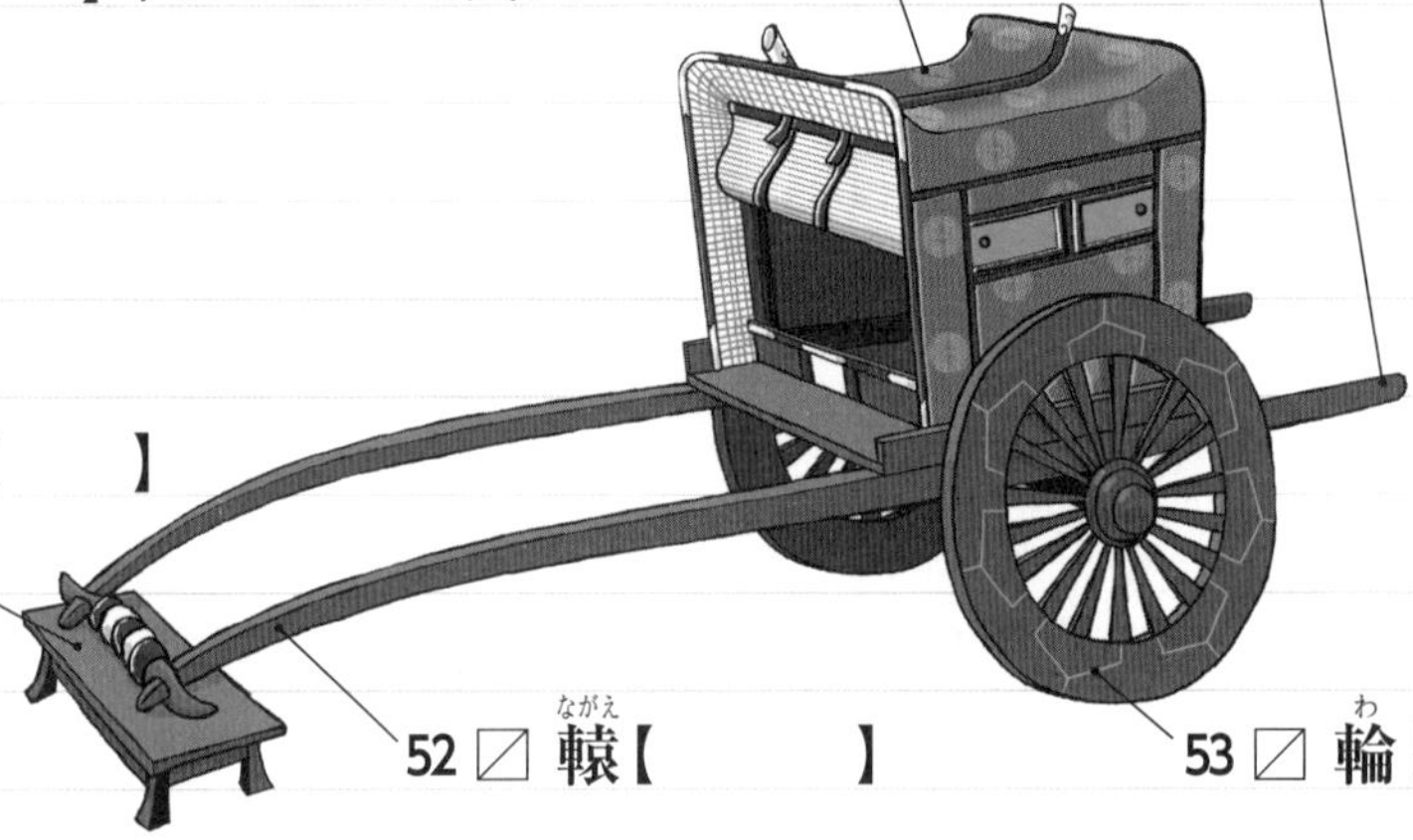

51 □ 榻《しぢ》【　　】

52 □ 轅《ながえ》【　　　】

53 □ 輪《わ》【　】

54 □ 琵琶《びは》【　　】

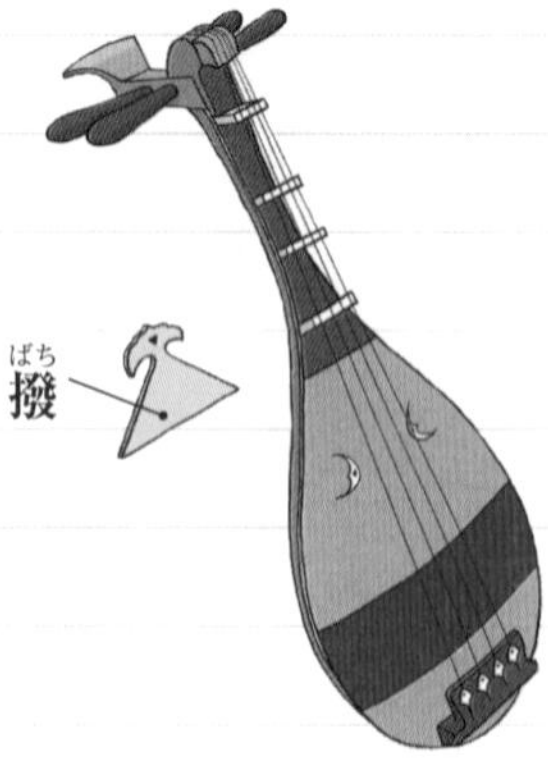

55 □ 笙《しやう》【　　　】

56 □ 箏《さう》【　　】十三弦の琴《こと》。

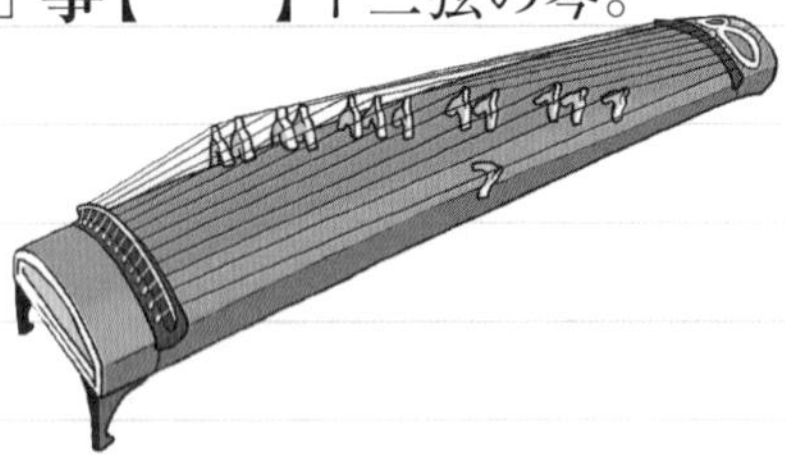

57 □ 横笛《よこぶえ》【　　　　】

58 □ 篳篥《ひちりき》【　　　　】

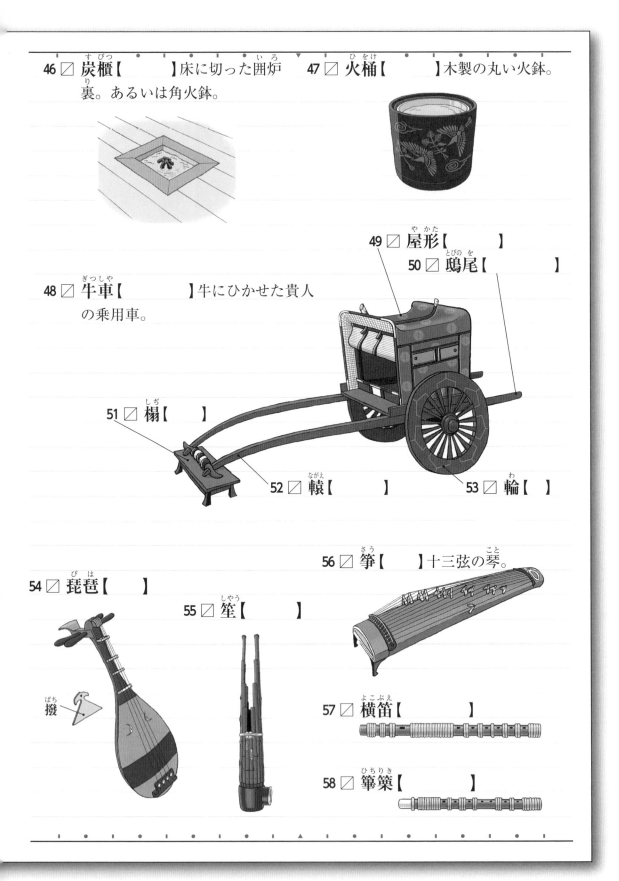

古典常識の読み方 4　調度・生活用品・楽器

次の 36 ～ 58 の語の読み方を現代仮名遣いで書きなさい。　▶解答・解説は別冊 40・41 ページ

36 ☐ **几帳《きちやう》【　　　　】** 横木に帷子《かたびら》(垂れ衣)を垂らして用いる移動式のカーテン。

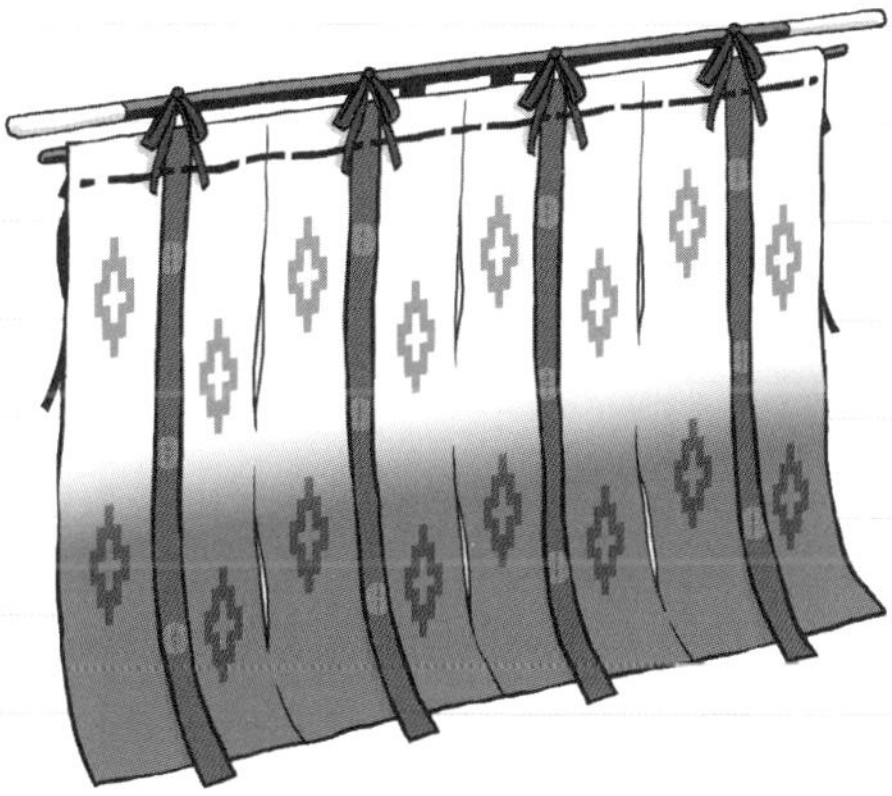

37 ☐ **折敷《をしき》【　　　　】** 食器などをのせる四角い盆。

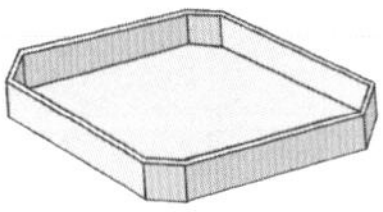

38 ☐ **破籠《わりご》【　　　　】** 白木で作った食物を入れる折り箱。

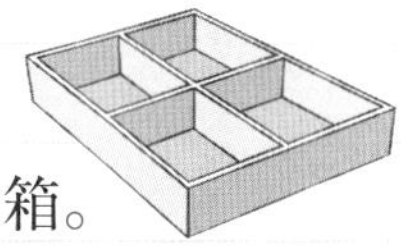

39 ☐ **泔坏《ゆするつき》【　　　　】** 整髪に用いる湯水(＝泔《ゆする》)を入れる器。

40 ☐ **伏籠《ふせご》【　　　　】** 伏せて、その上に衣服をかけるための籠《かご》。

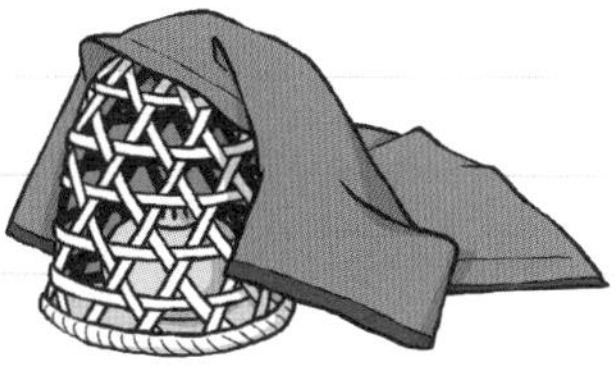

41 ☐ **銚子《てうし》【　　　　】** 酒を入れて杯につぐための長い柄のついた器。

42 ☐ **円座《わらふだ》【　　　　】** わらで編んだ丸い座ぶとん。

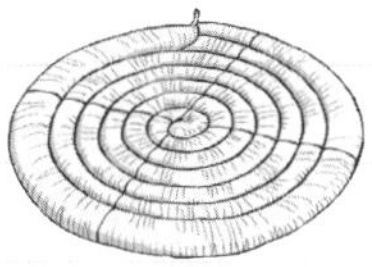

44 ☐ **灯台《とうだい》【　　　　】** 室内照明具。

43 ☐ **脇息《けふそく》【　　　　】** ひじ掛け。

45 ☐ **紙燭《しそく》【　　　　】** 50cm ほどの松の枝先に油をしみこませ、持ち手に紙を巻いた照明具。

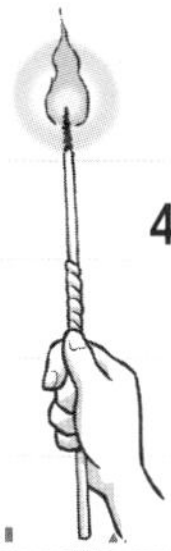

30 いいかげんな語

「いいかげん」さは、「なほざりなり」のように「ほどほど」さを表すものもあります。「どっちつかずで中途半端」とひとまとめに覚えましょう！

解答は別冊42ページ

175 おろかなり【疎かなり・愚かなり】 ▼形容動詞

① **なおざりだ。いいかげんだ。**おろそかだ。
② 疎遠だ。関係が薄い。
③ 未熟だ。劣っている。下手だ。
④ 愚かだ。思慮が浅い。ばかだ。
⑤ **言い尽くせない。不十分だ。**

➡形容動詞**おろそかなり**もほぼ同義語です。
➡⑤の用法はたいへん重要で、「**言ふもおろかなり**」「**言へばおろかなり**」「**…とはおろかなり**」のような形で用いられます。

176 なのめなり【斜めなり】 ▼形容動詞

① **いいかげんだ。**なおざりだ。不十分だ。
② **平凡だ。**ありふれている。ふつうだ。まあまあだ。
③ 格別だ。並々でない。

➡③は中世以降の用法です。連用形「なのめに」の形で用いられることが多く、**なのめならず**（31ページ**63**）と同じ意味です。

傍線部の太字の部分を現代語訳しなさい。

① わづかに二つの矢、師の前にて一つを**おろかに**せんと思はんや。（徒然草）
訳 たった二本の矢で、（しかも）師匠の見ている前で、一本を（　　　）しようと思うだろうか。

② おほやけ事を**おろそかに**し、狩りのみせばこそは罪はあらめ、（大鏡）
訳 公務を（　　　）して、狩りばかりしているのならば罪はあるだろうが、

③ すべて**言ふもおろかなり**。（枕草子）
訳 （ほととぎすは）まったく（　　　）（ほどすばらしい）。

④ おそろしなんども**おろかなり**。（平家物語）
訳 （髪をざんばらにして仁《に》王《おう》立《だ》ちになった様子は）おそろしいなどという言い方では（　　　）。

⑤ 文ことばなめき人こそいとにくけれ。世を**なのめに**書き流したることばのにくきこそ。（枕草子）
訳 手紙の言葉づかいが無礼な人はとてもいやなものだ。世の中を（　　　）（見て）書き流している言葉は本

177 なほざりなり【等閑なり】

▼形容動詞

① **いいかげんだ。**本気でない。特に気にもとめない。
② **あっさりしている。**ほどほどだ。適度だ。

↓①はマイナス、②はプラスのイメージです。②は中世以降に生じた用法です。

178 なかなかなり【中中なり】

▼形容動詞

① **中途半端だ。どっちつかずだ。**
② **かえってしないほうがましだ。**なまじっかだ。

↓副詞**なかなか**は、「①**かえって**。**むしろ**。なまじっか。②(下に打消を伴って)とても…(ない)。容易には…(ない)」の意です。

179 はしたなし【端なし】

▼形容詞・ク活用

① **中途半端だ。どっちつかずだ。不似合いだ。**
② **きまりが悪い。**体裁が悪い。**見苦しい。**ぶざまだ。
③ そっけない。つれない。無愛想だ。
④ 失礼だ。不当だ。

当にいやだ。

⑥ 後の矢を頼みて、初めの矢に**なほざり**の心あり。(徒然草)

訳 (矢を二本持っていると)あとの矢をあてにして、一本目の矢に(　　)気持ちが生じる。

⑦ よき人は、ひとへに好《す》けるさまにも見えず、興ずるさまも**なほざりなり**。(徒然草)

訳 身分も高く教養のある人は、むやみに風流を愛するようにも見えず、面白がる様子も(　　)。

⑧ 琴の端《はし》を知らせむかしと思ひしかど、**なかなかなる**ことは知らせじとて、(宇津保物語)

訳 琴の(技術の)一端でも分からせようと思ったが、(才能がない者に)(　　)ことは教えまいと思って、

⑨ 髪の美しげにそがれたる末も、**なかなか**長きよりもこよなう今めかしきものかな。(源氏物語)

訳 (尼君の)髪が(肩のところで短く)きれいに切りそろえられている先も、(　　)長いのよりもこの上なくしゃれているものであるよ。

⑩ 思ほえず、古里《ふるさと》にいと**はしたなく**てありければ、心地《ここち》惑ひにけり。(伊勢物語)

訳 思いがけなく、荒れた旧都にたいへん(　　)様子で(美しい姉妹が)住んでいたので、(男は)心が乱れてしまった。

31 気がかりな語

「気がかり」や「心配」を表す語も重要単語の多いグループです。「安心」の意の対義語や、「心ひかれる」感じ、「疑わしい」感じも含めました。

解答は別冊42ページ

180 □□ **おぼつかなし【覚束なし】** ▼形容詞・ク活用

181 □□ **こころもとなし【心許なし】** ▼形容詞・ク活用

① **はっきりしない。ぼんやりしている。**
② **気がかりだ。心配だ。不安だ。**
③ **待ち遠しい。じれったい。**会いたい。

➡「**おぼつかなし**」は、対象がぼんやりしてよくわからないことからくる不安感を表します。

➡「**こころもとなし**」は、様子はわかっているものの、自分の期待どおりに物事が実現しないことによる焦燥や不安を表します。

➡形容詞**こころやすし【心安し】**は「安心だ」の意で、「こころもとなし」の対義語です。

182 □□ **うしろめたし【後ろめたし】** ▼形容詞・ク活用

① **気がかりだ。心配だ。不安だ。**
② **やましい。うしろめたい。**気がとがめる。

➡形容詞**うしろやすし**は「将来の心配がない」意味で、対義語です。

傍線部の太字の部分を現代語訳しなさい。

① 夕月夜《ゆふづくよ》の**おぼつかなき**ほどに、忍びて訪ねおはしたるに、（徒然草）
訳 夕方の月が（　　　　）ころに、ひそかに（女を）訪ねておいでになったところ、

② かしこに患《わづら》ひはべる人も**おぼつかなし**。（源氏物語）
訳 あちらで病に苦しんでいる人のことも（　　　　）。

③ **心もとなき**もの、…子産むべき人の、そのほど過ぐるまでさる気色《けしき》もなき。（枕草子）
訳（　　　　）もの、…子を産む予定の人が、予定日を過ぎるまで生まれる兆《きざ》しがないの。

④ 後《のち》の世も思ふにかなはずぞあらむかしとぞ**うしろめたき**に、（更級日記）
訳 死んだ後の世でも、自分の思うようにはならないであろうなと（　　　　）けれど、

⑤ いとはかなうものしたまふこそ、あはれに**うしろめたけれ**。（源氏物語）
訳（あなたがまだ）とても幼くていらっしゃるのが、しみじみと悲しく（　　　　）。

183 いぶかし 【訝し】

▼形容詞・シク活用

① **気がかりだ**。心もとない。心配だ。
② **知りたい**。**見たい**。はっきりさせたい。
③ **不審だ**。**疑わしい**。変だ。

184 ゆかし

▼形容詞・シク活用

① **見たい**。**聞きたい**。**知りたい**。読みたい。
② **心がひかれる**。**慕わしい**。なつかしい。

➡「**ゆかし**」は、興味や愛着にもとづく気がかりを表すのに対して、「**いぶかし**」は、不審・不明なものに対する気がかりを表します。

185 あやし 【怪し・奇し】

▼形容詞・シク活用

① **不思議だ**。**神秘的だ**。
② **おかしい**。**変だ**。異様だ。並々でない。
③ **不審だ**。**疑わしい**。

➡形容詞**あやし【賤し】**は、「①**身分が低い**。**卑しい**。②**見苦しい**。**みすぼらしい**。**粗末だ**」の意味の語です。

⑥ 人となして、**うしろやすから**む妻《め》などに預けてこそ、死にも**心やすから**むとは思ひしか。（蜻蛉日記）

訳 一人前にして、（　　）ような妻などと結婚させてこそ、（私が）死ぬ時にも（　　）だろうと思っていたのに。

⑦ つとめて、**いぶかしけれ**ど、我が人をやるべきにしあらねば、いと**心もとなく**て待ちをれば、（伊勢物語）

訳 （伊勢の斎宮《さいぐう》と過ごした）翌朝、（　　）が、自分のほうから使いをやってよい人ではないので、（男は）たいそう（　　）（思って斎宮からの使いを）待っていると、

⑧ ねびゆかむさま**ゆかしき**人かなと、目とまりたまふ。（源氏物語）

訳 成長してゆく様子を（　　）人だなあと、（源氏はその女の子に）注目なさる。

⑨ 参りたる人ごとに山へ登りしは何事かありけん、**ゆかしかり**しかど、（徒然草）

訳 お参りしている人が皆山へ登って行ったのは何事があったのだろうか、（自分も）（　　）たけれど、

⑩ 「片時」とのたまふに**あやしく**なり侍りぬ。（竹取物語）

訳 （かぐや姫を養って二十年になるのを、天人が）「わずかの間」とおっしゃるので、（本当にかぐや姫のことをおっしゃっているのか）（　　）なりました。

32 かわいそうな語

対象を「かわいそうだ・気の毒だ」と感じる語を集めました。自分自身が「つらい・悲しい」イコール「かわいそう」な状況を表す語もあります。

解答は別冊44ページ

186 □□ **いとほし** ▼形容詞・シク活用

① **かわいそうだ。気の毒だ。ふびんだ。**
② **かわいい。いじらしい。**
③ いやだ。困る。つらい。

↓弱いものや、気の毒なものに心を痛め、同情する気持ちを表します。

187 □□ **こころぐるし**【心苦し】 ▼形容詞・シク活用

① **かわいそうだ。気の毒だ。**痛々しい。
② **つらい。切ない。**やりきれない。気がかりだ。

↓①は他人、②は自分のことについて、心に苦痛を感じる意を表します。

188 □□ **かたはらいたし**【傍ら痛し】 ▼形容詞・ク活用

① **気の毒だ。**心苦しい。心が痛む。

傍線部の太字の部分を現代語訳しなさい。

① 熊谷《くまがへ》あまりに**いとほしく**て、いづくに刀を立つべしともおぼえず、（平家物語）

訳 熊谷直実《なおざね》は、（まだ十七歳の平敦盛《あつもり》の首を取るのが）あまりに（　　　　）で、どこに刀を突き刺したらよいかわからなくて、

② 思はむ子を法師になしたらむこそ**心苦しけれ**。（枕草子）

訳 いとしく思うような子供を僧にしてしまったとしたら、実に（　　　　）。

③「いと**心苦しく**物思ふなるはまことか」と仰せたまふ。（竹取物語）

訳「たいそう（　　　　）思い悩んでいるというのは本当か」と（帝は）おっしゃる。

④ 簀子《すのこ》は**かたはらいたけれ**ば、南の廂《ひさし》に入れたてまつる。（源氏物語）

訳 縁側（にいていただくの）は（　　　　）ので、（光源氏を）南の廂の間《ま》にお通し申し上げる。

⑤ **かたはらいたき**もの、客人《まらうど》などに会ひてもの言ふに、奥の方にうちとけごとなど言ふを、えは制せで聞く

② **みっともない。見苦しい。**苦々しい。
③ **はずかしい。きまりが悪い。**

⬇①・②は、はた（かたはら）から見ての気持ち、③は、はたから見られたときの気持ちを表します。

189 かなし 【悲し・哀し】 ▼形容詞・シク活用

① **悲しい。切ない。**
② **かわいそうだ。気の毒だ。ふびんだ。**
③ 貧しい。生活が苦しい。

⬇形容詞**かなし【愛し】**（35ページ**71**）は「かわいい」意味です。
⬇形容動詞**ふびんなり【不便なり】・あはれなり**（24ページ**42**）にも「気の毒だ。かわいそうだ」の意味があり、部分的に同義語と言えます。

190 いたはし 【労し】 ▼形容詞・シク活用

① **苦しい。**痛い。苦痛だ。
② **気の毒だ。かわいそうだ。**
③ **大切にしたい。**大事にしたい。いたわってやりたい。

⬇「病気で苦しむ」意の動詞**いたはる**（50ページ**109**）と同根の語です。
⬇**いたまし**も②の意味で同義語です。

心地《ここち》。（枕草子）
訳（　　　）もの、お客などと会って話をしている時に、奥の方で打ち解けた話などするのを、止めることもできずに聞いている気持ち。

⑥ 翁《おきな》を**いとほしく**、**かなし**と思《おぼ》しつることも失せぬ。（竹取物語）
訳（羽衣を着ると）翁を（　　　）、（　　　）とお思いになっていた気持ちも消えてしまった。

⑦ 女いと**かなしく**て後《しり》に立ちて追ひゆけど、え追ひつかで、（伊勢物語）
訳 女は（男に去られて）たいそう（　　　）て、後ろについて追ったけれど、追いつくことができなくて、

⑧ すげなう仰せられて、帰させたまはんこそ**ふびんなれ**。（平家物語）
訳 そっけなくおっしゃって、（仏御前《ほとけごぜん》を）お帰しになるのはまことに（　　　）。

⑨ さこそ世を捨つる御身《おんみ》といひながら、御**いたはしう**こそ。（平家物語）
訳（建礼門院《けんれいもんいん》が）いくら世を捨てて出家したお身の上とはいっても、お（　　　）ことと思われる。

⑩ わが身は次にして、人を**いたはしく**思ふ間《あひだ》に、（方丈記）
訳 自分の身は二の次にして、連れ合いを（　　　）と思うので、

33 不吉で気味が悪い語

「いまいまし・ゆゆし」は「不吉で縁起が悪い」語、「むくつけし・うとまし・おどろおどろし」の「気味が悪い」意は「ゆゆし」にもアリ！

解答は別冊44ページ

191 いまいまし【忌忌し】 ▼形容詞・シク活用

① **忌《い》み慎むべきだ。はばかられる。**遠慮すべきだ。
② **不吉だ。縁起が悪い。**
③ 憎らしい。しゃくにさわる。不快だ。

➡ 動詞**忌む**（四段）「①身を清めて慎む。②不吉なこととして避ける」が形容詞になったものです。
➡ 形容詞**いまはし**・**まがまがし**も「不吉だ」の意で同義語です。

192 ゆゆし ▼形容詞・シク活用

① **神聖だ。おそれ多い。忌み慎まれる。はばかられる。**
② **不吉だ。縁起が悪い。**
③ **恐ろしい。気味が悪い。**
④ 並々でない。甚だしい。

➡ 形容詞**かしこし【畏し】**（7ページ**3**）は、自然物に宿る霊力を畏《おそ》れかしこまる気持ちを表し、「**ゆゆし**」は、触れてはならない神聖なものに対する忌み慎まれる気持ちを表します。

傍線部の太字の部分を現代語訳しなさい。

① 色異なる御しつらひも**いまいましき**やうなれば、東《ひむがし》面《おもて》は屏風《びやうぶ》を立てて、（源氏物語）
訳（母宮の）喪中の黒っぽい調度類も（落葉《おちば》の宮《みや》と夕霧《ゆうぎり》の新婚の場には）（　　）ようなので、（寝殿の）東側には屏風を立てて隠し、

② 「月の顔見るは、**忌む**こと」と制しけれども、（竹取物語）
訳「月の表面を見ることは、（　　）こと」と（言って）止めたけれど、

③ **ゆゆしき**身にはべれば、かくておはしますも**いまいましう**、かたじけなくなむ。（源氏物語）
訳（私は夫にも娘にも先立たれた）（　　）身でございますので、（若宮が）こうして（私のもとに）おいでになるのも（　　）、もったいないことでございます。

④ 船に乗りてありく人ばかり、あさましう**ゆゆしき**ものこそなけれ。（枕草子）
訳 船に乗ってこぎまわる人ほど、あきれるほど（　　）ものはない。

193 むくつけし
▼形容詞・ク活用

① **気味が悪い**。**不気味だ**。恐ろしい。
② 無骨《ぶこつ》だ。無風流だ。むさくるしい。

➡ 相手の正体や本心がわからないことや、常識的な理解を越えた異様なことに対する「気味悪さ」を表します。

194 うとまし【疎まし】
▼形容詞・シク活用

① **いとわしい**。**嫌な感じだ**。遠ざけたい。
② **気味が悪い**。不気味だ。

➡ 対象を嫌悪し、遠ざけたい気持ちを表します。
➡ 形容詞**けうとし**も近い意味ですが、「**人気《ひとけ》がなくて寂しい**。気味が悪い」という感じです。

195 おどろおどろし
▼形容詞・シク活用

① **目を見張るほどだ**。**仰々《ぎょうぎょう》しい**。大げさだ。
② **気味が悪い**。**恐ろしい**。不気味だ。
③ けたたましい。騒がしい。大声をあげる。

⑤ 昔物語などにこそかかることは聞けと、いと珍《めづら》かに**むくつけけれ**ど、（源氏物語）
訳 昔の物語などではこういうこと（＝人が物の怪に取り殺されること）は聞くものだがと、めったに例のないことで（　　）けれど、

⑥ 人の名につきたる、いと**うとまし**。（枕草子）
訳 人の名に（蠅《はへ》などという字が）ついているのは、たいそう（　　）。

⑦ 手をたたきたまへば、山彦《やまびこ》の答ふる声、いと**うとまし**。（源氏物語）
訳 （従者を呼ぼうとして、源氏が）手をたたきなさると、山彦が（部屋に）反響する音が、たいそう（　　）。

⑧ 麻柱《あななひ》に**おどろおどろしく**二十人の人の上りてはべれば、散《あ》れて寄りまうで来ず。（竹取物語）
訳 （巣を取ろうとして）足場に（　　）二十人もの人が上っておりますので、（つばめは）遠ざかって寄って来ない。

⑨ いと**おどろおどろしく**かきたれ雨の降る夜、（大鏡）
訳 ひどく（　　）激しく雨の降る夜、

⑩ 出《い》でにけるすなはち、はひ入りて、**おどろおどろしう**泣く。（蜻蛉日記）
訳 （夫が）出て行ってしまってすぐに、（息子の道綱《みちつな》が私の部屋に）入ってきて、（　　）泣く。

34 驚きの語

「驚き」という言葉も内容の多様な語で、「びっくり・意外・存外・嘆かわしい・ひどい・不意・仰々しい」などいろいろな感覚があります。

解答は別冊46ページ

196 □□ おどろく 【驚く】

▼動詞・四段活用

① **目がさめる。目をさます。**起きる。
② **はっと気がつく。**気づく。
③ はっとする。びっくりする。驚く。

➡ ③は、現代語「おどろく」とほぼ同じですが、古文では①・②の意味で用いられることがほとんどです。

197 □□ おどろかす 【驚かす】

▼動詞・四段活用

① **目をさまさせる。起こす。**
② **気づかせる。**思い出させる。注意を促《うなが》す。
③ びっくりさせる。驚かせる。

➡ 「おどろく」は**自動詞**、「おどろかす」は**他動詞**です。

198 □□ あさまし

▼形容詞・シク活用

傍線部の太字の部分を現代語訳しなさい。

① 物におそはるる心地《ここち》して、**おどろき**たまへれば、火も消えにけり。（源氏物語）

訳 （寝ていた源氏の君は）物の怪におそわれたような気持ちがして、（　　　　）なさったところ、灯火も消えてしまっていた。

② 秋来《き》ぬと目にはさやかに見えねども風の音にぞ**おどろか**れぬる（古今集）

訳 秋が来たと目にははっきりと見えないけれど、風の音によって（秋の訪れに）（　　　　）されたことだ。

③ 添ひ臥《ふ》して、「やや」と**おどろかし**たまへど、（源氏物語）

訳 （源氏は夕顔に）寄り添うように横になって、「これこれ」とお（　　　　）になるけれども、

④ うちしはぶきて、**おどろかい**たてまつりたまふ。（源氏物語）

訳 咳払《せきばら》いして、（大臣のお通りであると）（　　　　）申し上げなさる。

⑤ 思はずに**あさましく**て、「こはいかに。かかるやうやはある」とばかり言ひて、（十訓抄）

①意外だ。驚くばかりだ。あきれたことだ。
②情けない。嘆かわしい。興ざめだ。
③見苦しい。みっともない。ひどい。
④みすぼらしい。取るに足りない。貧乏だ。

↓動詞**あさむ【浅む】**（四段）「①驚きあきれる。②見下す。さげすむ」が形容詞化したものです。

199 ゆくりなし

▼形容詞・ク活用

①**思いがけない。突然だ。**不意だ。
②**不用意だ。**軽はずみだ。

↓形容動詞**ゆくりかなり**と同じ語源で、思いがけなさをいう名詞「ゆくり」に、状態を表す接尾語「なし」がついてできた語です。

200 こちたし【言痛し】

▼形容詞・ク活用

①**大げさだ。仰々《ぎょうぎょう》しい。**
②**煩《わずら》わしい。**うるさい。煩雑《はんざつ》だ。

↓「大げさだ。仰々しい」という意味を表す語は、ほかにも、形容詞**ことことし・ものものし・ところせし**（61ページ**153**）・**おどろおどろし**（79ページ**195**）などがあります。

訳 思いがけず（　　　）で、「これはどうしたことか。こんなことがあるだろうか」とだけ言って、

⑥世をむさぼる心のみ深く、もののあはれも知らずなりゆくなん**あさましき**。（徒然草）
訳 この世の利益に執着する心ばかりが深くなって、物事の情趣もわからなくなってゆくのは（　　　）。

⑦**ゆくりなく**風吹きて、漕《こ》げども漕げども後《しり》へ退《しぞ》きに退きて、（土佐日記）
訳（　　　）風が吹いて、漕いでも漕いでも後ろへさがり続けるばかりで、

⑧いさよふ月に**ゆくりなく**あくがれむことを、女は思ひやすらひ、（源氏物語）
訳 沈みそうでなかなか沈まない月に（誘われるようにして）（　　　）浮かれた気分で出歩くようなことを、女はためらい、

⑨鶴《たづ》は、いと**こちたき**さまなれど、鳴く声雲居《くもゐ》まで聞こゆる、いとめでたし。（枕草子）
訳 鶴は、たいそう（　　　）姿であるが、鳴く声が天上まで聞こえるというのは、実にすばらしい。

⑩唐土《もろこし》に**ことことしき**名つきたる鳥の、選《え》りてこれにのみゐるらむ、いみじう心異なり。（枕草子）
訳 中国で（鳳凰《ほうおう》という）（　　　）名前のついた鳥が、特に選んでこれ（＝桐《きり》の木）だけとまるとかいうのは、たいそう格別である。

65 ☐ **狩衣【　　　　　】**貴族の平常服。

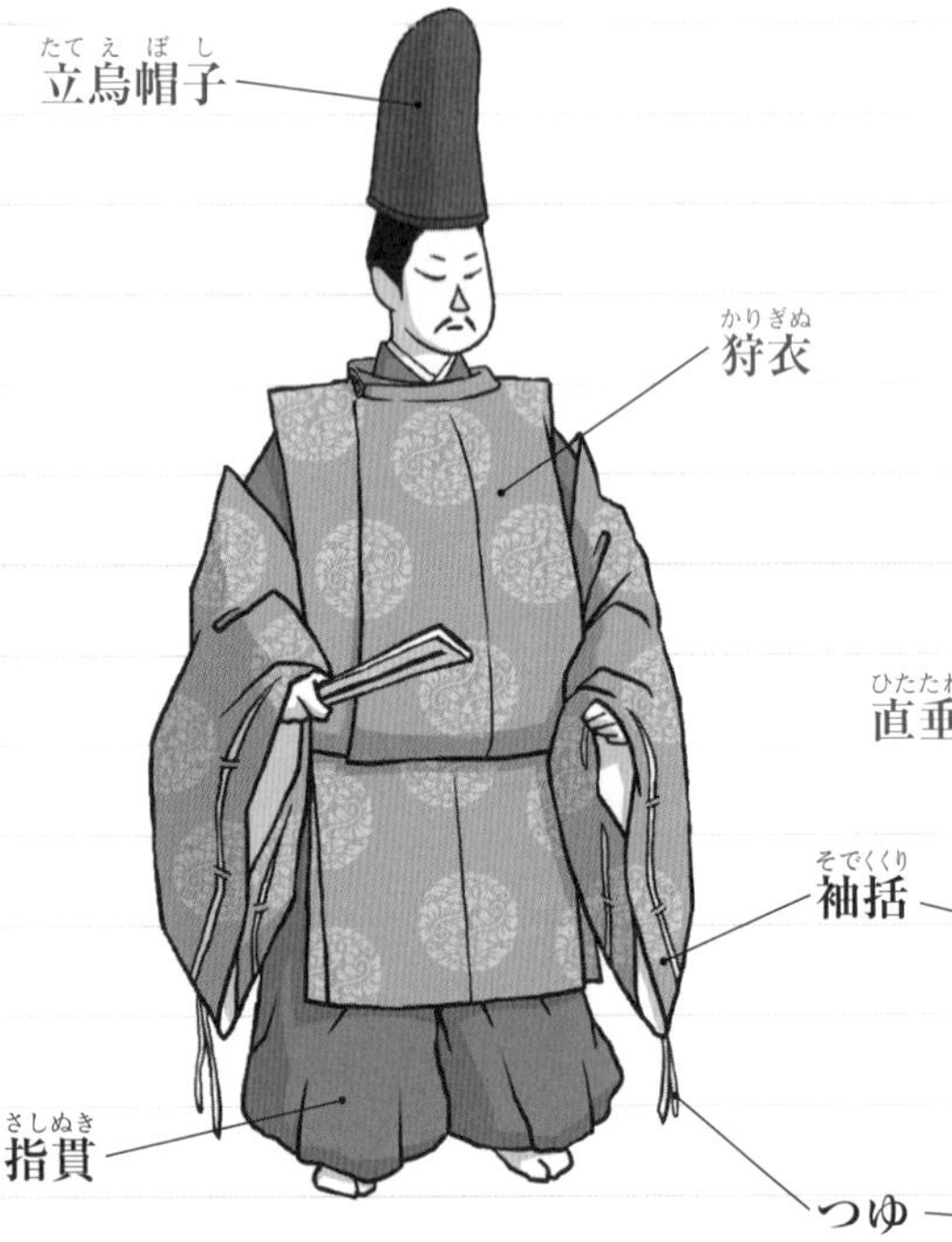

66 ☐ **直垂【　　　　　】**もともとは庶民の服だったが、鎌倉時代以降、武家の平常服となった。折烏帽子をつける。

67 ☐ **水干【　　　　　】**庶民の服装。短めの小袴をはき、揉《もみ》烏帽子あるいは萎《なえ》烏帽子をかぶる。

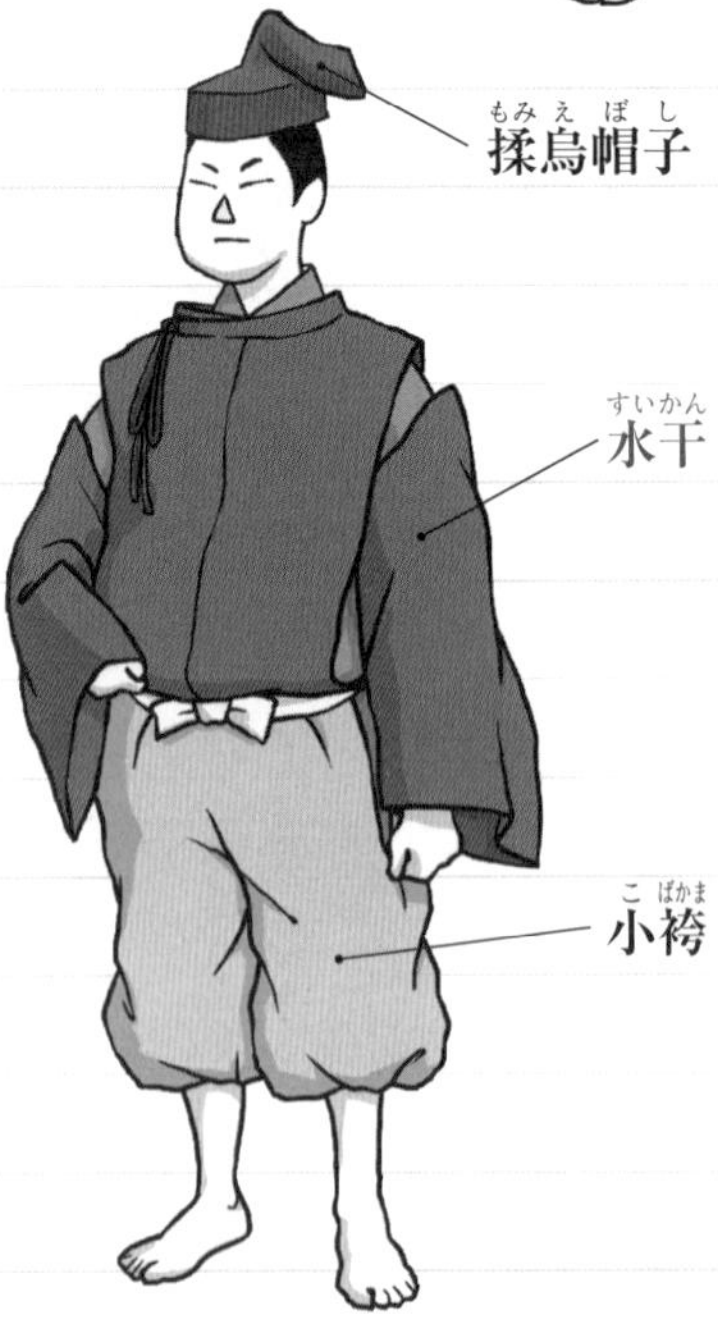

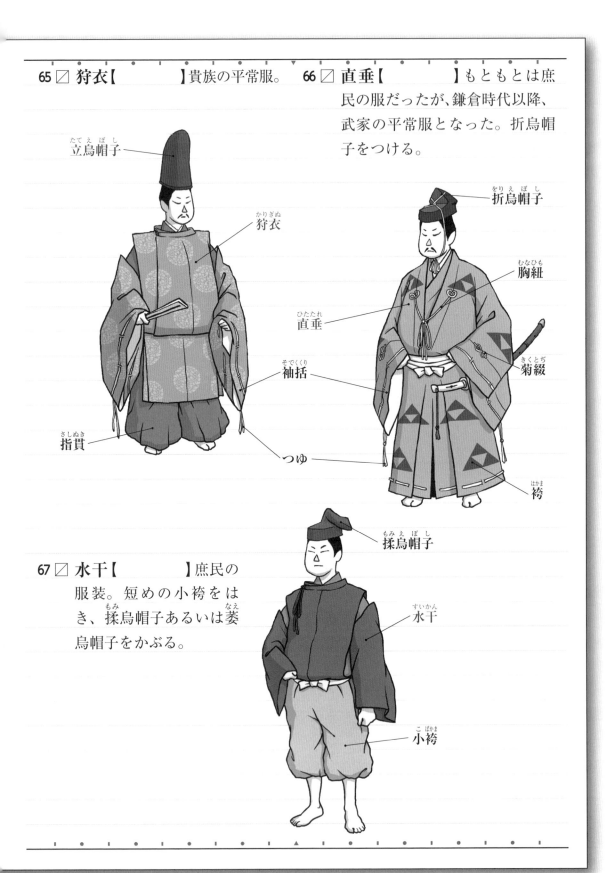

古典常識の読み方 5 男性の服装

次の59～67の語の読み方を現代仮名遣いで書きなさい。 ▶解答・解説は別冊 48・49 ページ

59 ▱ **束帯《そくたい》**【　　　　　　】平安時代の貴族の正装。朝廷の儀式や参内《さんだい》のときに着用する。

60 ▱ **直衣**【　　　　】上流貴族の平常服。

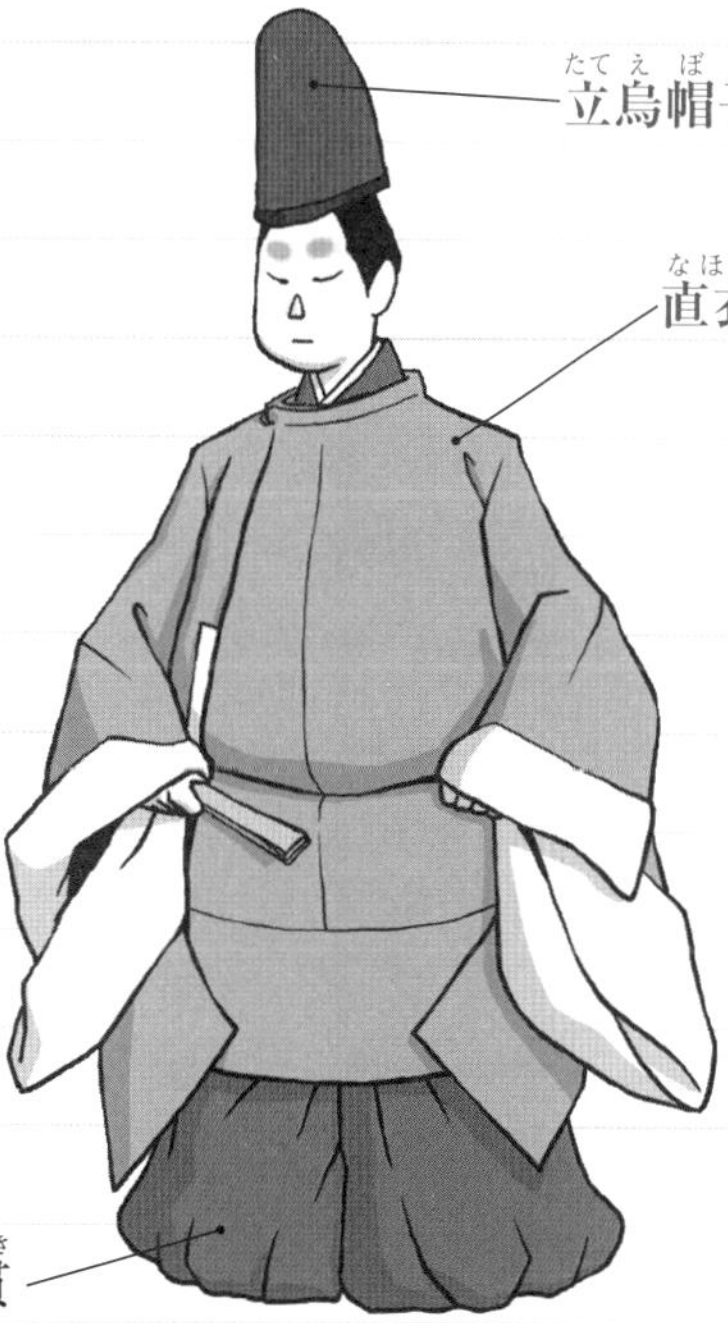

61 ▱ **冠**【　　　　　】衣冠《いかん》束帯姿のときに頭にかぶるもの。

62 ▱ **袍**【　　　】衣冠束帯姿のときの上着。

63 ▱ **下襲**【　　　　　　】束帯姿のときに、袍の下に着る服で、後ろの長い部分を「裾《きょ》」といい、引きずって歩く。

64 ▱ **立烏帽子**【　　　　　　】直衣や狩衣姿のときに頭にかぶるもの。

35 まじめな語

人の性格・性質にかかわる語はたくさんありますが、まずはプラス方向の語の中の「まじめ・誠実・実直」な意味を中心とするグループです！

解答は別冊50ページ

201 まめなり【実なり】 ▼形容動詞

① **まじめだ。誠実だ。**実直だ。忠実だ。
② **実用的だ。**生活に役立つ。生活に必要だ。
③ 勤勉だ。熱心だ。
④ 丈夫だ。健康だ。

➡ 対義語 は形容動詞**あだなり【徒なり】**「誠実でない。浮わついている」です。

202 まめまめし【実実し】 ▼形容詞・シク活用

① **いかにもまじめだ。誠実だ。**本気だ。
② **実用的だ。**日常的だ。

203 まめやかなり【実やかなり】 ▼形容動詞

① **まじめだ。誠実だ。**本気だ。真剣だ。

傍線部の太字の部分を現代語訳しなさい。

① いと**まめに**実用《じちよう》にて、**あだなる**心なかりけり。（伊勢物語）

訳 たいそう（　　）実直で、（　　）心がなかった。

② 小舎人童《こどねりわらは》を走らせて、すなはち車にて、**まめなる**ものさまざまに持て来たり。（大和物語）

訳 小舎人童を走らせて、すぐに牛車《ぎつしや》で、（　　）ものをいろいろ持ってきた。

③ 「思ふ人の人にほめらるるは、いみじううれしき」など、**まめまめしう**のたまふもをかし。（枕草子）

訳 「（自分が好きだと）思う人が他人にほめられるのは、とてもうれしい」などと、（　　）おっしゃるのも面白い。

④ 何をか奉らむ。**まめまめしき**ものはまさなかりなむ。（更級日記）

訳 何を（お土産に）差し上げよう。（　　）ものはきっと好ましくないだろう（と言って、『源氏物語』の全巻をくださった）。

②**実用的だ**。日常的だ。現実的だ。
③**本格的だ**。本式だ。

⬇**接尾語「やか」**が入ることで**「まめなり」よりも婉曲《えんきょく》な感じ**の語になり、よく用いられました。

204 すくよかなり【健よかなり】 ▼形容動詞

①**生《き》まじめだ**。**実直だ**。律義《りちぎ》だ。
②**気丈《きじょう》だ**。**元気だ**。**しっかりしている**。
③**無愛想だ**。**無骨《ぶこつ》だ**。ぶっきらぼうだ。

⬇動詞**すくむ**（四段）「①こわばる。②ごわごわする。③緊張して構える」と同じ語源で、堅い感じがする様子を表すのがもとの意味と考えられます。

205 まことし【実し・真し】 ▼形容詞・シク活用

①**本当だ**。本当らしい。
②本格的だ。本式だ。正式だ。正統だ。
③**まじめだ**。誠実だ。実直だ。

⬇そのほか、形容詞**げにげにし**にも、「生まじめだ。誠実味がある。実直だ」の意味があります。

⑤またの日も、いと**まめやかに**とぶらひきこえたまふ。（源氏物語）
訳 翌日も、たいそう（　　）お見舞い申し上げなさる。

⑥雪いたう降りて、**まめやかに**積もりにけり。（源氏物語）
訳 雪がひどく降って、（　　）積もってしまった。

⑦人がらも**すくよかに**なむものしたまひける。（源氏物語）
訳 （二の宮は）人柄も（　　）いらっしゃった。

⑧女君、怪しうなやましげにのみもてないたまひて、**すくよかなる**折もなくしをれたまへるを、（源氏物語）
訳 女君は、ふしぎなほど気分が悪そうにばかりおふるまいになって、（　　）ときもなく沈んでいらっしゃったが、

⑨東人《あづまびと》は、…情けおくれ、ひとへに**すくよかなる**ものなれば、（徒然草）
訳 東国の人間は、…人情味に乏しく、まったく（　　）ものであるから、

⑩ありたきことは、**まことしき**文の道。（徒然草）
訳 身につけたいことは、（　　）学問の道。

⑪**げにげにしく**よき人かなとぞ覚ゆる。（徒然草）
訳 （　　）よい人だなあと思われる。

36 しっかりした性格の語

プラス方向の性格・性質の中の、「賢い・すぐれている・しっかりしている」に「大人びている・分別がある」を加えたグループの語です。

解答は別冊50ページ

206 さかし 【賢し】

▼形容詞・シク活用

① **賢い**。**賢明だ**。**利口《りこう》だ**。**すぐれている**。
② **しっかりしている**。**気丈《きじょう》だ**。理性的だ。
③ 気が利いている。巧みだ。上手だ。
④ **こざかしい**。利口ぶっている。生意気だ。

⬇同じ「かしこさ」でも、「**かしこし**」には、④のようなマイナスの意味はありません。
⬇④の意では、形容詞**こざかし**・名詞**さかしら**・形容動詞**さかしらなり**・動詞**さかしだつ**・**さかしがる**などが同義語です。

207 かしこし 【賢し】

▼形容詞・ク活用

① **賢い**。**利口だ**。才知に富む。
② **すぐれている**。**立派だ**。巧みだ。**すばらしい**。
③ 好都合だ。好運だ。ちょうどよい。
④ (連用形の形で)大いに。並ひととおりでなく。ひどく。

⬇形容詞**かしこし【畏し】**(7ページ**3**)とは区別しましょう。

傍線部の太字の部分を現代語訳しなさい。

① 「退きて咎《とが》なし」とこそ、昔の**さかしき**人も言ひ置きけれ。(源氏物語)
訳 「(何事も)ひかえめにしていれば間違いはない」と、昔の(　　　)人も言い残した。

② 中に心**さかしき**者、念じて射むとすれども、(竹取物語)
訳 (天人たちの霊力に戦意を喪失した武士たちの)中で心の(　　　)者が、我慢して(天人を)射ようとするが、

③ **さかしき**もの、今様《いまやう》の三歳児。(枕草子)
訳 (　　　)もの、いまどきの三歳児。

④ **さかしだち**、真名《まな》書き散らして侍るほども、(紫式部日記)
訳 (清少納言は)(　　　)、漢字を書き散らしております(が、その)程度も、

⑤ 世に知らず、聡《さと》う**かしこく**おはすれば、(源氏物語)
訳 (源氏は)世に類がないほど、聡明で(　　　)いらっしゃるので、

⑥ 北山になむ、なにがし寺といふ所に、**かしこき**行ひ人はべる。(源氏物語)

↓「**かしこし**」は、「**さかし**」に比べて、対象の卓越した様子に対する畏《い》敬《けい》の気持ちが含まれています。

208 □□ はかばかし

▼形容詞・シク活用

① はきはきしている。てきぱきしている。
② **しっかりしている。**頼もしい。
③ **はっきりしている。**際《きわ》だっている。
④ 本格的だ。表立っている。きちんとしている。

↓仕事の進み具合を示す「はか」を重ねて、**ものごとが「はかどる」様子を表す**のがもともとの意味です。

209 □□ おとなし【大人し】

▼形容詞・シク活用

210 □□ をさをさし【長長し】

▼形容詞・シク活用

① **大人びている。**いかにも大人らしい。
② **思慮分別がある。しっかりしている。**

↓「**おとなし**」は、名詞**おとな**を形容詞化した語です。右の①・②の意味のほかにも、「③年配である。主《おも》だっている。④温和だ。穏やかだ」の意味があり、④が現代語の「おとなしい」になります。

↓形容詞**おとなおとなし【大人大人し】**も、ほぼ[同義語]です。

訳 北山にある、なんとか寺という所に、（　　）修行者がおります。

⑦ 取り立てて**はかばかしき**後見《うしろみ》しなければ、事ある時は、なほより所なく心細げなり。（源氏物語）

訳 （桐壺《きりつぼ》の更衣《こうい》は）格別に（　　）後ろ盾《だて》がないので、予想外の事が起こった時には、やはり頼るあてもなく心細い様子である。

⑧ 空の気色《けしき》、**はかばかしく**も見えず。えも言はず茂りわたりて、いと恐ろしげなり。（更級日記）

訳 空の様子は、（梢《こずえ》にさえぎられて）（　　）も見えない。何とも言えないほど一面に木が茂っていて、たいそう不気味である。

⑨ 十一になりたまへど、程《ほど》より大きに**大人しう**清らにて、（源氏物語）

訳 （東宮《とうぐう》は）十一歳におなりになるが、年齢のわりには大きく（　　）美しくて、

⑩ 帝は、御年よりはこよなう**大人大人しう**ねびさせたまひて、（源氏物語）

訳 帝は、お年よりはこの上なく（　　）ご成長になって、

⑪ 若ければ、文《ふみ》も**をさをさしから**ず、ことばも言ひ知らず、（伊勢物語）

訳 （女は）若いので、手紙（の書き方）も（　　）ないし、（恋の）言葉も知らず、

37 やわらかな性格の語

「愛らしさ・やさしさ・奥ゆかしさ・おだやかさ」など、プラス方向の性格・性質の中の「やわらかな」印象をもった語を集めました。

解答は別冊52ページ

211 あいぎやう【愛敬】 ▼名詞

① 慈《いつく》しみ敬《うやま》うこと。敬愛。
② **愛らしさ。かわいらしさ。魅力。**
③ **やさしさ。思いやり。**

➡①は仏教語です。
➡動詞 **愛敬づく**（サ変）は、「魅力がある。愛らしさが備わる」意味です。

212 こころにくし【心憎し】 ▼形容詞・ク活用

① **奥ゆかしい。上品で美しい。心ひかれる。**
② 恐ろしい。恐るべきだ。警戒すべきだ。

➡②は中世以降の用法で、近世以降は、「怪しい。いぶかしい」の意味も加わります。

213 なつかし【懐かし】 ▼形容詞・シク活用

傍線部の太字の部分を現代語訳しなさい。

① 梨《なし》の花、よにすさまじきものにして近うもてなさず。はかなき文つけなどだにせず。…**愛敬**おくれたる人の顔などを見ては、たとひに言ふも、（枕草子）

訳 梨の花は、実に面白味のないものとして身近にとり扱わない。…（　　　　）の劣った人の顔などを見ては、（梨の花のようだと）たとえに言うのも、

② **こころにくき**限りの女房四五人《よたりいつたり》さぶらはせたまひて、御物語せさせたまふなりけり。（源氏物語）

訳（　　　　）女房だけ四、五人をおそばにひかえさせなさって、お話をしていらっしゃるのであった。

③ **こころにくき**もの、ものへだてて聞くに、女房とは覚えぬ手のしのびやかにをかしげに聞こえたるに、（枕草子）

訳（　　　　）もの、物をへだてて聞いていると、女房とは思われない演奏がひっそりと趣深く聞こえたときに、

④ 春雨ににほへる色も飽《あ》かなくに香《か》さへ**なつかし**山吹の花（古今集）

① **心ひかれる。親しみがもてる。**好ましい。
② **離れたくない。いとしい。かわいい。魅力的だ。**
③ 昔なつかしい。慕わしい。

↓「なれ親しむ」意の動詞**なつく**（四段）が形容詞になったものです。
↓③は中世以降の用法です。

214 おいらかなり ▼形容動詞

① **おっとりしている。穏やかだ。**
② **癖《くせ》がない。平凡だ。そっけない。**
③ **穏便である。**平静である。
④ いっそのこと。率直に。すっきりと。

↓④は**連用形「おいらかに」を副詞的に用いた用法**です。

215 こころあり【心有り】 ▼連語

① **思いやりがある。情けがある。**人情味がある。
② **情趣を解する。**趣《おもむき》がある。風流心がある。
③ **思慮分別がある。**ものの道理をわきまえている。

↓対義語 **心なし**も重要語です。

訳 春雨にぬれてつややかになった色も見飽きないのに、香りまでも（　　）この山吹の花よ。

⑤ **なつかしう**らうたげなりしを思《おぼ》し出《い》づるに、（源氏物語）
訳（帝は、亡き桐壺《きりつぼ》の更衣《こうい》が）（　　）愛らしかったことをお思い出しになると、

⑥ 御心ばへいと**なつかしう**、**おいらかに**おはしまして、世の人いみじう恋ひ申すめり。（大鏡）
訳（三条院は）お気立てがたいそう（　　）、（　　）いらっしゃって、世間の人はたいそうお慕い申し上げるようだ。

⑦ いと**おいらかに**つれなうもてなしたまへるさまの、いと心苦しければ、（源氏物語）
訳（浮気を知っていながら）たいへん（　　）平然とふるまっていらっしゃった（妻の）様子が、ひどく気の毒であるので、

⑧ 三輪山《みわやま》をしかも隠すか雲だにも**心あら**なも隠さふべしや（万葉集）
訳（雲よ）三輪山をそんなにも隠すのか、せめて雲だけでも（　　）てほしい。そんなに隠してよいものか。

⑨ **心あら**む人に見せばや津《つ》の国の難波《なには》わたりの春のけしきを（後拾遺集）
訳（　　）ような人に見せたいものだ。この摂《せっ》津《つ》の国の難波のあたりの春の景色を。

38 ひねくれた性格の語

ここからは、「意地悪だ・ひねくれている・頑固だ・強情だ・へんくつだ・身勝手だ」など、マイナスイメージの性格を表す語のグループです。

解答は別冊52ページ

216 さがなし ▼形容詞・ク活用

① **性格が悪い。意地悪《いじわる》だ。ひねくれている。**
② 口うるさい。口やかましい。口が悪い。
③ いたずらだ。やんちゃだ。聞き分けがない。

➡②は「**もの言ひさがなし**」という形での用例がほとんどです。

217 かたくななり【頑なり】 ▼形容動詞

① **へんくつだ。頑固《がんこ》だ。**融通《ゆうずう》がきかない。
② **愚かで教養がない。**ものの道理や趣《おもむき》を解さない。
③ 見苦しい。みっともない。粗野《そや》だ。不格好《ぶかっこう》だ。

➡「かた」は「片」で、不完全の意。「くな」は曲がっている意で、思いや考えがかたよっているさまを表します。

218 ひがひがし【僻僻し】 ▼形容詞・シク活用

傍線部の太字の部分を現代語訳しなさい。

① 東宮《とうぐう》の女御《にょうご》のいと**さがなく**て、桐壺《きりつぼ》の更衣《かうい》のあらはにはかなくもてなされにし例《ためし》もゆゆしう、（源氏物語）

訳 東宮の女御（＝弘徽殿《こきでん》の女御）が実に（　　　）で、桐壺の更衣が露骨に物の数でもなく扱われた例も忌まわしいことで、

② 三の宮こそいと**さがなく**おはすれ。（源氏物語）

訳 三の宮はたいそう（　　　）いらっしゃる。

③ 虞舜《ぐしゅん》は**かたくななる**父をうやまふと見えたり。（平家物語）

訳 虞舜（＝中国古代の聖天子）は（　　　）父をも敬っ（て孝行し）たと（書物に）書いてある。

④ ことに**かたくななる**人ぞ、「この枝かの枝散りにけり。今は見どころなし」などは言ふめる。（徒然草）

訳 とくに（　　　）人に限って、「この枝もあの枝も（もう花は）散ってしまった。今はもう見る価値はない」などと言うようだ。

⑤ 君の、かうまめやかにのたまふに、聞き入れざらむも**ひがひがしかる**べし。（源氏物語）

① **ひねくれている。素直でない。情緒を解さない。**
② 見苦しい。みっともない。非常識だ。
③ 調子がおかしい。変だ。ふつうでない。

➡ **ひがこと**（別冊47ページ）は「悪事。間違い」の意の名詞。**ひがごころ**は「ひねくれた心。考え違い」の意の名詞です。

219 あながちなり【強ちなり】

▼形容動詞

① **無理やりだ。強引《ごういん》だ。一方的だ。身勝手だ。**
② **ひたむきだ。いちずだ。**熱心だ。
③ むやみに。強《し》いて。異常なまでに。

➡ ①はマイナスの意。②はプラスの意です。
➡ ③は連用形**「あながちに」の副詞的用法**です。

220 こはし【強し】

▼形容詞・ク活用

① **強情《ごうじょう》だ。頑固だ。**きつい。手ごわい。
② 堅苦しい。ぎこちない。無骨《ぶこつ》だ。
③ 固い。ごわごわしている。
④ 強い。猛々《たけだけ》しい。しっかりしている。
⑤ 険《けわ》しい。

訳 君（＝光源氏）が、このように真剣におっしゃるのに、聞き入れないのも（　　　　）であろう。

⑥「この雪いかが見る」と一筆のたまはせぬほどの、**ひがひがしから**ん人の仰《おほ》せらるること、聞き入るべきかは。（徒然草）

訳「（今朝の）この雪をどのように見るか」と（手紙で）一言もおっしゃらないほどの、（　　　　）人のおっしゃることを、聞き入れることができようか。

⑦ **あながちに**御前《おまへ》去らずもてなさせたまひしほどに、（源氏物語）

訳（帝は桐壺の更衣をご寵愛《ちょうあい》のあまり）（　　　　）そばから離さず扱っていらっしゃったうちに、

⑧ **あながちなる**心の内を、あはれと見たまひて、（狭衣物語）

訳（恋い慕う）（　　　　）（私の）心の中を、気の毒だとごらんになって、

⑨ 口惜《くちを》しく、この幼き者は**こはく**はべる者にて、対面すまじき。（竹取物語）

訳 残念なことに、この幼い者（＝かぐや姫）は（　　　　）ございます者で、（帝に）お会いしそうもない。

⑩ この文《ふみ》の言葉、いとうたて**こはく**、憎げなるさまを、（源氏物語）

訳（明石《あかし》の入道の）この手紙の言葉が、ひどく（　　　　）、感じが悪いようすであるのを、

39 愚かな性格の語

マイナスイメージの性格・性質を表す語の、「愚かだ・劣っている・みっともない・だらしない・未熟だ」などの雰囲気のグループです。

解答は別冊54ページ

221 をこなり【痴なり】 ▼形容動詞

① 愚かだ。ばかげている。間がぬけている。

222 をこがまし【痴がまし】 ▼形容詞・シク活用

① ばかげている。みっともない。間がぬけている。
② 出すぎている。差し出がましい。厚かましい。

➡②の意味は現代語の「おこがましい」に通じ、近世以降に用例が多くなります。

223 つたなし【拙し】 ▼形容詞・ク活用

① 愚かだ。劣っている。至らない。ばかだ。
② 未熟だ。下手だ。まずい。
③ 運が悪い。不遇だ。
④ 見苦しい。みすぼらしい。みっともない。

傍線部の太字の部分を現代語訳しなさい。

① いとど**をこに**かたくなしき入道《にふだう》の心ばへも、あらはれぬべかめり。（源氏物語）

訳 たいそう（　　　）頑固な入道の性格も、きっとむき出しになっていることだろう。

② 「よく尋ね入りてをうち出《い》でよ。人たがへしては**をこならむ**。」（源氏物語）

訳 「（むこうに行ったら）よく確かめた上で話してみよ。人違いをしたりしては（　　　）だろう。」

③ 世俗の虚言《そらごと》をねんごろに信じたるも**をこがましく**、（徒然草）

訳 世間のうそを正直に信じているのも（　　　）、

④ 老い衰へて世に出《い》でまじらひしは**をこがましく**見えしかば、（更級日記）

訳 年をとって衰えた姿で世間に出て（人と）交際することは（　　　）見えたので、

⑤ 我《わ》御許《おもと》の**つたなく**て、この盗人をば逃がしつるぞ。（今昔物語集）

訳 おまえが（　　　）から、この盗人を逃がして

224 ふつつかなり【不束なり】 ▼形容動詞

① 太くて丈夫だ。どっしりしている。しっかりしている。
② **不格好だ。下品だ。やぼったい。みっともない。**
③ 軽率だ。軽はずみだ。あさはかだ。

➡①がもともとの意味ですが、主に中古の用法で、中世以降は②の意味が中心になりました。

225 しれもの【痴れ者】 ▼名詞

① **愚か者。ばか者。**
② 物事に打ち込んでいる者。

➡「愚かになる。ぼける」意の動詞**痴る**（下二段）がもとの言葉です。

226 しどけなし ▼形容詞・ク活用

① **くつろいでいる。打ちとけている。無造作だ。**
② **しまりがない。だらしない。**雑然としている。

➡①はプラス、②はマイナスの意味です。

しまったのだぞ。

⑥ 手など**つたなから**ず走り書き、（徒然草）
訳 字なども（　）なくすらすらと書き、

⑦ 先の世の契《ちぎ》り**つたなく**てこそ、かく口惜《くちを》しき山がつとなりはべりけめ。（源氏物語）
訳 前世からの宿命が（　）て、このように残念な田舎者になってしまったのでしょう。

⑧ 袈裟《けさ》などにも布の**ふつつかなる**を着たり。（今昔物語集）
訳 袈裟なども（　）布のものを着ている。

⑨ 御声、昔よりも、…少し**ふつつかに**、ものものしき気添ひて聞こゆ。（源氏物語）
訳 （源氏の）お声は、昔よりも、…少し（　）、重々しい感じが加わって聞こえる。

⑩ 世の**しれもの**かな。かくあやふき枝の上にて、安き心ありて眠《ねぶ》るらんよ。（徒然草）
訳 世にもまれな（　）だなあ。こんな危なっかしい枝の上で、どうして安心して眠っているのだろう。

⑪ 帯**しどけなく**うち乱れたまへる御さまにて、（源氏物語）
訳 （源氏は）帯も（　）着くずされたご様子で、

⑫ いみじく**しどけなく**、かたくなしく、直衣《なほし》・狩衣《かりぎぬ》などゆがめたりとも、（枕草子）
訳 たいそう（　）、みっともなく、直衣や狩衣などを形をくずして着ていても、

73 ☐ **衵《あこめ》・汗衫《かざみ》【　　　　・　　　　】**

衵は女性や童女が肌近く着た、袿の丈や袖《そで》を短くした衣服。汗衫は内裏に奉公する童女が用いた上着。

74 ☐ **壺装束《つぼさうぞく》【　　　　　　　　】**女性が物詣《ものもう》でや旅に徒歩で外出するときの服装。

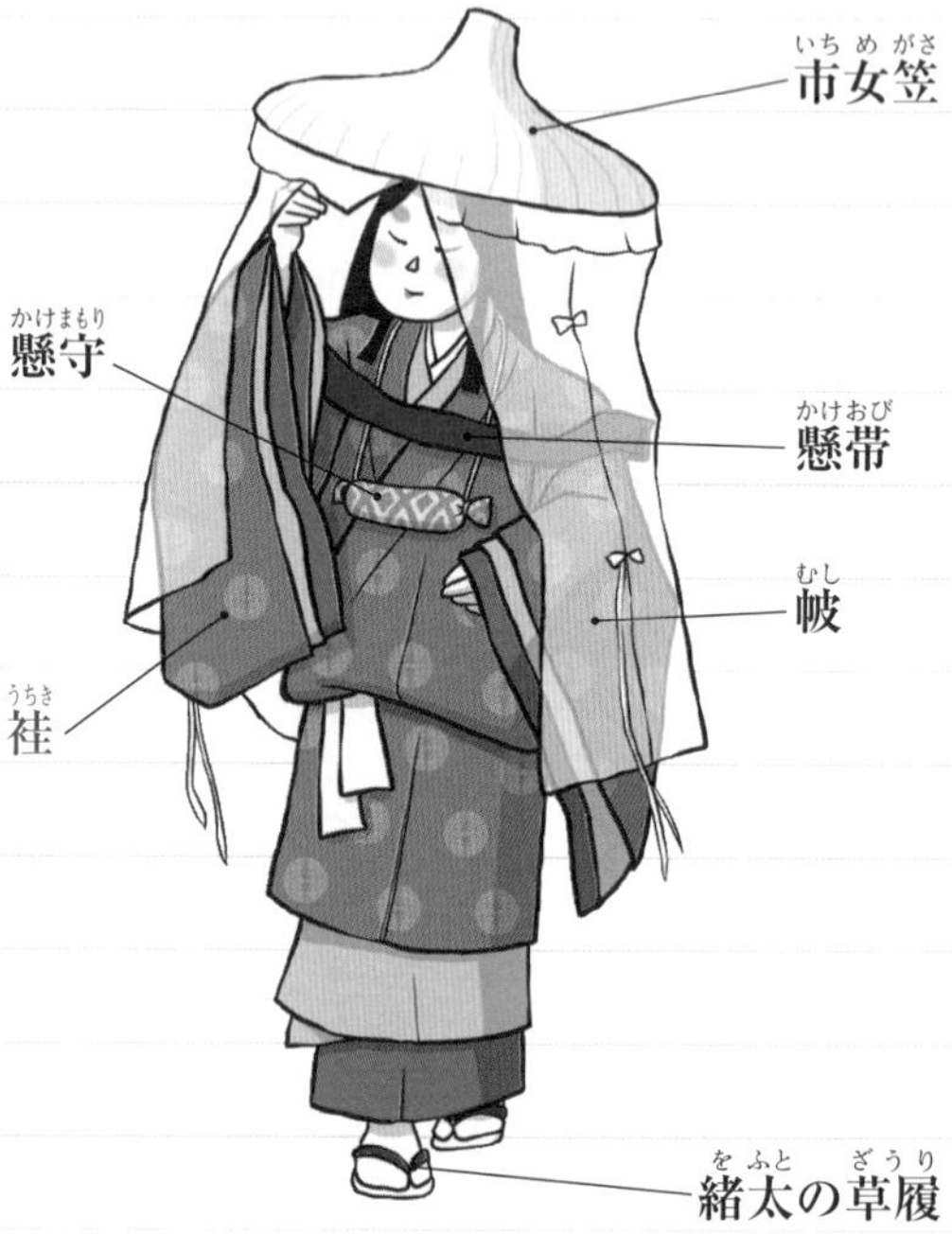

75 ☐ **白拍子《しらびやうし》【　　　　　　　　】**

遊女が男装して舞うときの姿。

古典常識の読み方 6 女性の服装

次の68～75の語の読み方を現代仮名遣いで書きなさい。 ▶解答・解説は別冊 56・57 ページ

68 ☐ 十二単《じふにひとへ》【　　　　　　　　】平安時代の女官・女房の正装。

69 ☐ 小袿【　　　　　】貴族の女性の準正装および平常服。

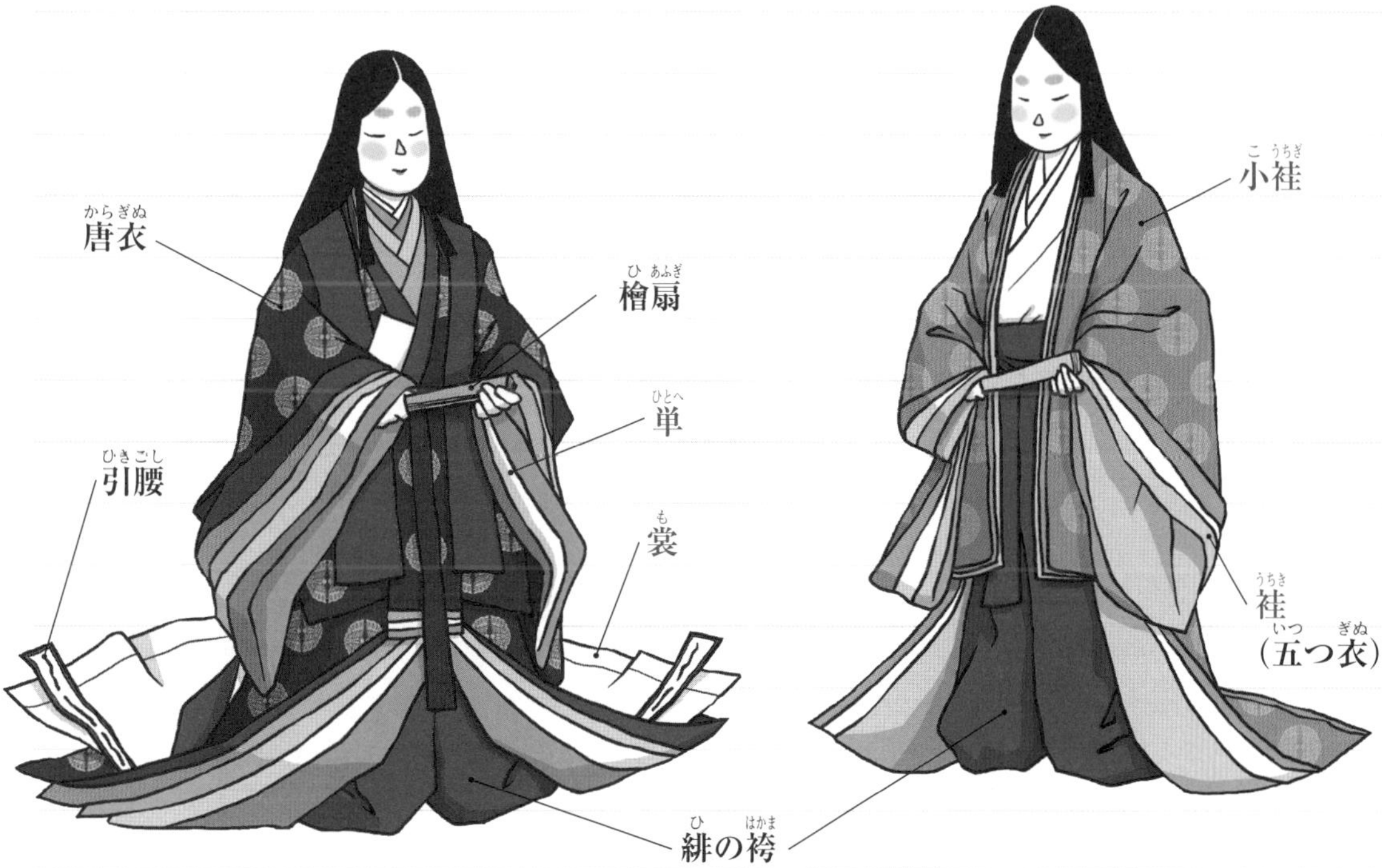

70 ☐ 単【　　　　】装束の下に肌着として用いた、裏地のない衣。

71 ☐ 裳【　】女性が正装するとき、袴《はかま》の上に、腰から下の後方につけてまとった裾《すそ》の長い飾り。

72 ☐ 袿【　　　　】単《ひとえ》と表着の間に着た「内着」の衣。

40 時にかかわる語①

「年ごろ・月ごろ・日ごろ」は訳し方が同じですから、まとめて覚えましょう。「日ねもす」「夕さる」も関連語も含めて覚えたい語です。

解答は別冊58ページ

227 ▢▢ としごろ 【年比・年頃】 ▼名詞・副詞

① **長年の間。ここ数年。数年来。**

➡下に「の・に・も・より」などがある形は**名詞**、動詞を修飾していれば**副詞**と言えます。
➡名詞**月ごろ**は「**数か月の間。ここ数か月**」の意です。

228 ▢▢ ひごろ 【日比・日頃】 ▼名詞・副詞

① **数日の間。数日来。何日か。**
② **ふだん。**平生《へいぜい》。いつも。
③ **ここ数日。このごろ。**

229 ▢▢ こしかた 【来し方】 ▼名詞

① **過去。過ぎ去った時。**
② **通ってきた場所。通り過ぎてきた方向。**

傍線部の太字の部分を現代語訳しなさい。

① **年ごろ**思ひつること果たしはべりぬ。（徒然草）
訳（　　　　）願ってきたこと（＝石清水八幡宮《いわしみずはちまんぐう》に参詣すること）を果たしました。

② **年ごろ**よく比べつる人々なむ別れがたく思ひて、（土佐日記）
訳（四年の土佐滞在中）（　　　　）親しくつきあってきた人々が別れづらく思って、

③ **月ごろ**、しるきことありて、なやみわたるがおこたりぬるもうれし。（枕草子）
訳（　　　　）、（病状が）ひどくなることがあって、患《わずら》い続けてきたのが快方に向かったのもうれしい。

④ **日ごろ**経て、宮に帰りたまうけり。（伊勢物語）
訳（親王《みこ》は）（　　　　）たって、御殿にお帰りになった。

⑤ **日ごろ**は何とも覚えぬ鎧《よろひ》が、今日は重うなつたるぞや。（平家物語）
訳（　　　　）は何とも感じない鎧が、今日は重くなったようだなあ。

↓カ変動詞「来《く》」の未然形「こ」に、過去の助動詞「き」の連体形「し」がつき、名詞「方」がついてできた語です。

↓対義語は名詞**ゆくすゑ【行く末】**です。

230 □□ **ひねもす** **【終日】** ▼副詞

① **一日中。**朝から晩まで。

↓副詞**日もすがら**・**日ぐらし**は同義語です。

↓副詞**夜もすがら**は「**一晩中**」で、対義語です。

231 □□ **つとめて** ▼名詞

① **早朝。**（前夜に何か出来事があった）**翌朝。**

232 □□ **ゆふさる** **【夕さる】** ▼動詞・四段活用

① **夕方になる。**夕方がくる。

↓名詞**夕さり**は「**夕方**。夕方になること」です。

↓動詞**夜《よ》さる**（四段）は「**夜になる**」で、名詞**夜さり**は「**夜**。**夜になる時分**。**今夜**」の意味です。

⑥ **こしかた** **ゆくすゑ**の事ども思ひ続けたまふに、（平家物語）

訳（　　　）と（　　　）のことなどを（あれこれと）考え続けなさるにつけて、

⑦ うちかへり見たまへるに、**こしかた**の山はかすみはるかにて、（源氏物語）

訳 ふりかえってご覧になると、（　　　）の山は霞が遠くまでかかっていて、

⑧ **ひねもす**に波風たたず。（土佐日記）

訳（　　　）波風はたたない。

⑨ つれづれなるままに、**日ぐらし**硯《すずり》に向かひて、（徒然草）

訳 手もちぶさたなのにまかせて、（　　　）硯に向かって、

⑩ **夜もすがら**雨ぞいみじく降る。（更級日記）

訳（　　　）雨がひどく降る。

⑪ 冬は**つとめて**。（枕草子）

訳 冬は（　　　）（が趣《おもむき》深い）。

⑫ **夕されば**小倉《をぐら》の山に鳴く鹿は今夜《こよひ》は鳴かず寝《い》ねにけらしも（万葉集）

訳（　　　）といつも小倉の山で鳴く鹿は今夜は鳴かない。もう寝てしまったらしいなあ。

⑬ さらに**夜さり**、この寮《つかさ》にまうで来《こ》。（竹取物語）

訳 あらためて（　　　）、この役所にやってまいれ。

41 時にかかわる語②

時にかかわる語で大切なのは、ほとんど副詞ですが、訳し方は複雑でなく単一なものが多くラッキーです。連体詞「ありし・ありつる」も重要語です！

233 □□ いつしか 【何時しか】 ▼副詞

① **早く**。さっそく。
② **いつの間にか**。早くも。すでに。

↓①は、下に**願望**・**意志**の語を伴う形の場合の訳し方です。
↓②は、すでに起きた事柄について言う場合の訳し方です。

234 □□ とし 【疾し】 ▼形容詞・ク活用

① **速い**。**早い**。
② 激しい。強い。

↓副詞**とく**は「**すぐに**。**早く**。**すでに**。**とっくに**」の意です。

235 □□ とみなり 【頓なり】 ▼形容動詞

① **突然だ**。**急だ**。にわかだ。

解答は別冊58ページ

傍線部の太字の部分を現代語訳しなさい。

① **いつしか**梅咲かなむ。（更級日記）
訳（　　　　）梅が咲いてほしい。

② **いつしか**その日にならなむ。（枕草子）
訳（　　　　）その（＝祭りの）日になってほしい。

③ うぐひすばかりぞ**いつしか**音したるを、あはれと聞く。（蜻蛉日記）
訳 うぐいすだけが（　　　　）鳴いているのを、しみじみと聞く。

④ 船**とく**漕《こ》げ、日のよきに。（土佐日記）
訳 船を（　　　　）漕げ、天気がよいから。

⑤ 息は**とく**絶え果てにけり。（源氏物語）
訳 息は（　　　　）すっかり絶えてしまった。

⑥ **とみなる**召使の来合ひたりつればなむ。（蜻蛉日記）
訳（　　　　）（用事を伝える）召使が来合わせたので。

⑦ 母君も**とみに**えものたまはず。（源氏物語）
訳 母君も（悲しみのあまり）（　　　　）お話をなさることもできない。

➡副詞**とみに**は、多く下に打消を伴って、「**すぐには…(ない)。急には…(ない)**」の意を表します。

236 □□ やがて

▼副詞

① **そのまま**。引き続いて。
② **すぐに**。すぐさま。ただちに。

237 □□ やうやう【漸う】

▼副詞

① **だんだんと**。**しだいに**。
② そろそろと。ゆっくりと。しずしずと。
③ やっと。かろうじて。

238 □□ ありし【有りし】

▼連体詞

① **以前の**。**昔の**。いつぞやの。**生前の**。

➡動詞「あり」に過去の助動詞「き」の連体形がついてできた語です。
➡**ありつる**は、「あり」に完了の助動詞「つ」の連体形がついたもので、「**先ほどの**。**先刻の**。**さっきの**。**例の**」の意です。

⑧ 薬も食はず、**やがて**起きも上がらで病み伏せり。(竹取物語)
訳 (竹取の翁《おきな》は)薬も飲まず、(　　　　)起き上がりもしないで病み伏せってしまった。

⑨ 名を聞くより**やがて**面影は推《お》しはからるる心地《ここち》するを、(徒然草)
訳 名を聞くやいなや(　　　　)(その人の)顔つきが推量される気がするのに、

⑩ 春はあけぼの。**やうやう**白くなりゆく山ぎは少し明かりて、紫だちたる雲の細くたなびきたる。(枕草子)
訳 春は夜明け(がよい)。(　　　　)白くなってゆく山際の空が少し明るくなって、紫がかった雲が細くたなびいている(のは趣深い)。

⑪ 象《ざう》に乗りて、**やうやう**おはして、(宇治拾遺物語)
訳 (普賢菩薩《ふげんぼさつ》が)象《ぞう》に乗って、(　　　　)おいでになって、

⑫ 大人になりたまひて後は、**ありし**やうに御簾《みす》の内にも入れたまはず。(源氏物語)
訳 (源氏が元服して)大人におなりになって後は、(帝は)(　　　　)ように(源氏を、藤壺《ふじつぼ》の女御《にょうご》の部屋の)御簾の中にもお入れにならない。

⑬ 御前《おまへ》に参りて、**ありつる**やう啓すれば、(枕草子)
訳 (中宮様の)御前に参上して、(　　　　)様子を申し上げると、

42 程度に関する語①

程度に関する語も重要なものは副詞が多いのですが、プラスイメージか、マイナスイメージか、どちらにも用いるのかの感覚でつかんでおきましょう。

解答は別冊60ページ

239 □□ あまた 【数多】 ▼副詞

① **数多く。たくさん。大勢。多く。**

240 □□ ここら 【幾許】 ▼副詞
241 □□ そこら ▼副詞

① **数多く。たくさん。大勢。多く。**
② **たいへん。ひどく。**非常に。こんなにも。

➡「ここら」は**ここだ**という上代語から変化したものです。

242 □□ そこばく 【若干・許多】 ▼副詞

① **たくさん。多く。**
② たいそう。ひどく。たいへん。
③ 若干《じゃっかん》。いくらか。

傍線部の太字の部分を現代語訳しなさい。

① いづれの御時《おほんとき》にか、女御《にょうご》・更衣《かうい》**あまた**さぶらひたまひける中に、（源氏物語）

訳 どの帝の御代《みよ》であったか、女御や更衣が（　　　）お仕え申し上げていらっしゃった中に、

② **ここら**のおほやけ人に見せて、恥を見せむ。（竹取物語）

訳（　　　）の役人に見せて、恥をかかせてやろう。

③ **そこら**の年ごろ、**そこら**の金《こがね》たまひて、身を変へたるがごとなりにたり。（竹取物語）

訳（　　　）の年月の間、（　　　）の黄金をくださって（＝いただいて）、（竹取の翁《おきな》は）生まれ変わったように（裕福に）なった。

④ 何そこの子の**ここだ**かなしき。（万葉集）

訳 どうしてこの子のことが（　　　）いとしいのだろう。

⑤ **そこばく**の蜂《はち》、盗人ごとにみな付いて、みな刺し殺してけり。（今昔物語集）

訳（　　　）の蜂が、盗人の一人一人に皆くっつ

243 □□ いと ▼副詞

① **たいそう。たいへん。非常に。とても。**
② **それほど…(ない)。たいして…(ない)。**

⬇②は**下に打消語**を伴った場合の、**陳述(呼応)の副詞**としての用法です。

244 □□ いとど ▼副詞

① **ますます。いっそう。いよいよ。**
② その上さらに。ただでさえ。

⬇形容詞**いとどし**は「いとど」の形容詞形で、「ますます甚だしい。いっそう増す」の意です。

245 □□ いみじ ▼形容詞・シク活用

① **並々でない。甚だしい。たいへんだ。**
② **すばらしい。**よい。すぐれている。立派だ。
③ **ひどい。**恐ろしい。悲しい。

⬇よい面にも悪い面にも、程度が甚だしいことに用います。

いて、全員を刺し殺してしまった。

⑥ かきつばた、**いと**おもしろく咲きたり。（伊勢物語）
訳 かきつばたが（　　　）きれいに咲いていた。

⑦ 雪の**いと**高うはあらで、薄らかに降りたるなどは、**いと**こそをかしけれ。（枕草子）
訳 雪が（　　　）高くはなくて、うっすらと降った様子などは、（　　　）趣《おもむき》がある。

⑧ ところどころ語るを聞くに、**いとど**ゆかしさまされど、（更級日記）
訳 （姉たちが、物語の）ところどころを語るのを聞くと、（　　　）読みたい気持ちがつのるけれど、

⑨ **いとどしき**御思ひのほど限りなし。（源氏物語）
訳 （　　　）ご寵愛《ちょうあい》の様子はこの上ない。

⑩ **いみじう**うつくしき児《ちご》の苺《いちご》など食ひたる。（枕草子）
訳 （　　　）かわいらしい幼児がいちごなどを食べている（のはとても品がある）。

⑪ 世は定めなきこそ**いみじけれ**。（徒然草）
訳 この世は無常であるからこそ（　　　）。

⑫ あな**いみじ**。犬を蔵人《くらうど》二人して打ちたまふ。死ぬべし。（枕草子）
訳 ああ（　　　）。犬を蔵人が二人でお打ちになっている。（あれでは）死んでしまうでしょう。

43 程度に関する語②

程度に関する語の中の、「よい」のか「わるい」のか、「ふつう」なのかといったレベルを表す語のグループです。

解答は別冊60ページ

246 むげなり 【無下なり】 ▼形容動詞

① **まったくひどい。最低だ。最悪だ。あんまりだ。**
② 身分が極めて低い。教養がない。
③ 哀れだ。悲惨だ。不運だ。
④ 甚だしい。むやみだ。(程度が)極端だ。

↓連用形から生じた**副詞**「むげに」も重要単語です。

むげに
① (＋動詞で) **むやみに**。**やたらに**。
② (＋形容詞で) ひどく。たいそう。非常に。
③ (＋打消で) **まったく(…ない)**。**全然…(ない)**。

247 いたし 【甚し】 ▼形容詞・ク活用

① **並々でない。甚だしい。ひどい。**激しい。
② すばらしい。すぐれている。立派だ。感に堪えない。

↓連用形から生じた**副詞**「いたく」も重要語です。

いたく
① **ひどく**。たいそう。甚だしく。
② (＋打消で) **それほど(…ない)**。**あまり(…ない)**。

傍線部の太字の部分を現代語訳しなさい。

① いかに殿《との》ばら、殊勝のことは御覧じとがめずや。**むげなり**。(徒然草)
訳 ちょっと皆さん、このすばらしいことをご覧になってお気づきにならないのか。(　　　　)。

② よろづにへつらひ、望み深きを見て、**むげに**思ひくたすは僻事《ひがこと》なり。(徒然草)
訳 (係累《けいるい》の多い人が)何事にも人にへつらい、欲が深いのを見て、(　　　　)軽蔑するのはまちがいである。

③ 法師の**むげに**能なきは、檀那《だんな》すさまじく思ふべし。(徒然草)
訳 法師が(法事に呼ばれた時に)(　　　　)芸がないのは、施主《せしゅ》が興ざめに思うにちがいない。

④ かぐや姫いと**いたく**泣きたまふ。(竹取物語)
訳 かぐや姫はたいそう(　　　　)お泣きになる。

⑤ よき細工は少し鈍き刀を使ふといふ。妙観《めうくわん》が刀は**いたく**立たず。(徒然草)
訳 すぐれた細工師は少し切れ味の鈍い刀を使うという。(名人の)妙観の刀は(　　　　)切れない。

248 おぼろけなり ▼形容動詞

① 並だ。ありきたりだ。普通だ。通りいっぺんだ。
② 格別だ。並ひととおりでない。

249 なべて【並べて】 ▼副詞

① 総じて。すべて。一般に。
② 並。普通。ひととおり。あたりまえ。
③ (あたり)一面に。

⬇ ②は、「なべての＋名詞」の形で用いられます。
⬇ 連語 **なべてならず** は「格別だ。並々でない」の意です。

250 あし【悪し】 ▼形容詞・シク活用

① わるい。

⬇「悪い」にはさまざまな意味がありますが、ここでは「よしあし」を表す次の対比を覚えましょう。
あし《わるい》——**わろし**《よくない》(ク活用)——**よろし**《わるくない》(シク活用)——**よし**《よい》(ク活用)

⑥ 泣くさま**おぼろけならず**。(宇治拾遺物語)
訳 泣く様子は(　　　)ない。

⑦ **おぼろけ**の願《ぐわん》によりてにやあらむ、風も吹かず、よき日出《い》で来て、漕《こ》ぎ行く。(土佐日記)
訳 (　　　)祈願のかいがあってのことだろうか、風も吹かず、すばらしい太陽も出て来て、(船を)漕いで行く。

⑧ この法師のみにもあらず、世間の人**なべて**このことあり。(徒然草)
訳 この法師だけではなく、世間の人は(　　　)このようなことがある。

⑨ いと若うをかしげなる声の、**なべて**の人とは聞こえぬ、(源氏物語)
訳 たいそう若く魅力的な声で、(　　　)の人とは思われない(声が)、

⑩ やむごとなき御思ひ**なべてならず**。(源氏物語)
訳 (帝の)ありがたいご寵愛《ちょうあい》は(　　　)。

⑪ いづれを**よし** **あし**と知るにかは。(枕草子)
訳 どちらを(　　　)(　　　)と判断するのであろうか(いやわかりはしない)。

⑫ **よから**ねど、**むげに**書かぬこそ**わろけれ**。(源氏物語)
訳 (字が)(　　　)なくても、(　　　)書かないのは(　　　)。

44 意味の大切な副詞

様々なグループの中にもたくさん重要な副詞がありましたが、副詞には、意味が簡単で重要単語と言えるものがまだまだあります！

解答は別冊62ページ

251 □□ **おのづから** 【自ら】 ▼副詞

① **自然に。ひとりでに。**
② いつの間にか。知らないうちに。
③ **偶然に。たまたま。**まれに。
④ **もしも。万が一。**ひょっとして。

⬇④の場合、下に「未然形＋ば」などの仮定表現を伴います。

252 □□ **かたみに** 【互に】 ▼副詞

① **互いに。かわるがわる。**

253 □□ **げに** 【実に】 ▼副詞

① 現に。**本当に。**実際に。
② **なるほど。いかにも。**その通り。
③ **まったく。**実に。まことに。本当にまあ。

傍線部の太字の部分を現代語訳しなさい。

① **おのづから**人の上《うへ》などうち言ひそしりたるに、幼き子どもの聞き取りて、その人のあるに言ひ出《い》でたる。（枕草子）

訳（　　　　）ある人の話などをしてけなしていたのを、幼い子供が聞き覚えて、その人がいる所で言い出した（のはきまりがわるい）。

② **おのづから**後まで忘れぬ御事ならば、（平家物語）

訳（　　　　）後々まで（私のことを）忘れないお考えならば、

③ **かたみに**打ちて、男をさへぞ打つめる。（枕草子）

訳（女同士が、小さな杖で）（　　　　）（尻を）打ち合って、男（の尻）までも打つようだ。

④ **げに**いとあはれなりなど聞きながら、涙のつと出で来《こ》ぬ、いとはしたなし。（枕草子）

訳（人の悲しい話を）（　　　　）たいそう気の毒だなどと聞きながら、（そのくせ）涙がさっと出てこないのは、とてもきまりがわるい。

⑤ **げに**え堪ふまじく泣いたまふ。（源氏物語）

254 さながら 【然ながら】 ▼副詞

① **そのまま。もとのまま。**
② **すべて。ことごとく。全部。**すっかり。
③ まったく(…ない)。全然(…ない)。
④ まるで(…のようだ)。あたかも(…のようだ)。

➡③は、**下に打消**を伴って、**陳述の副詞**になります。
➡④は、**下に「ごとし」**など、**比況表現**を伴います。

255 やをら ▼副詞

① **ゆっくり。静かに。そっと。おもむろに。**

256 わざと 【態と】 ▼副詞

① **わざわざ。**意図的に。
② 格別に。とりわけ。とりたてて。ことさら。

➡自然にでなく、意識的にすることを表しますが、現代語のように悪意をもって故意にやるような感覚はありません。

訳 （　　）我慢できそうになくお泣きになる。

⑥ 帰り入りて探《さぐ》りたまへば、女君《をんなぎみ》は**さながら**臥《ふ》して、（源氏物語）
訳 （源氏が、部屋に）戻って来て（寝床を）手探りなさると、女君は（　　）横になっていて、

⑦ 七珍万宝《しっちんまんぼう》**さながら**灰燼《くわいじん》となりにき。（方丈記）
訳 （大火事で）多くの金銀財宝が（　　）灰になってしまった。

⑧ 人に交はれば、言葉よその聞きに従ひて、**さながら**心にあらず。（徒然草）
訳 人と交際すると、（自分の）言葉が他人の思惑に左右されて、（　　）（自分の）本心でなくなる。

⑨ 廊《らう》の戸の開きたるに、**やをら**寄りてのぞきけり。（源氏物語）
訳 廊下の戸が開いていたので、（　　）近寄ってのぞいた。

⑩ 荒れたる庭の露しげきに、**わざと**ならぬにほひ、しめやかにうちかをりて、（徒然草）
訳 荒れた庭で露が一面におりている所に、（　　）焚《た》いたとも思われない香のかおりが、しんみりと薫《かお》って、

⑪ 人のもとに**わざと**清げに書きてやりつる文の返り事、（枕草子）
訳 ある人の所に（　　）きちんと書いて送った手紙の返事を、

45 陳述（呼応）の副詞①

副詞には、状態の副詞、程度の副詞、陳述の副詞があり、陳述の副詞は、ある特定の語と呼応するものをいいます。まずは打消と呼応するグループ。

解答は別冊62ページ

257 え……打消

① …できない。（不可能）

➡**打消語**は、**打消の助動詞「ず」**、**打消推量の助動詞「じ・まじ」**、**打消の接続助詞「で」**、**形容詞「なし」**などいろいろです。

➡「え…打消」からできた慣用的な連語は覚えておきましょう。

えさらず…避けることができない。やむを得ない。

えならず（31ページ**61**）…言いようもなくすばらしい。並々でない。

えもいはず（31ページ**62**）…表現のしようがない。言いようがない。

258 つゆ　259 さらに　260 よに　261 絶えて　262 おほかた　……打消

① **まったく・少しも・決して／いっこうに・全然　…ない。**

➡この形になる副詞は非常に多く、すでに紹介した、**さながら**（105ペー

傍線部の太字の部分を現代語訳しなさい。

① たれもいまだ都慣れぬほどにて、**え見つけず**。（更級日記）

訳 誰もまだ都での生活に慣れていないころで、（『源氏物語』を）（　　　）。

② **え追ひつかで**、清水のある所に臥しにけり。（伊勢物語）

訳（　　　）、清水のある所に倒れ臥してしまった。

③ **えさらぬ**ことのみいとど重なりて、（徒然草）

訳（　　　）用事ばかりがますます重なって、

④ 知らぬ人の中にうち臥して、**つゆまどろまれず**。（更級日記）

訳 知らない人の中で寝て、（　　　）。

⑤ **さらにまだ見ぬ**骨のさまなり。（枕草子）

訳（　　　）（扇の）骨の様子だ。

⑥ 暑きこと、**よに知らぬ**ほどなり。（枕草子）

訳 暑いことといったら、（　　　）ほどだ。

⑦ 世の中に**絶えて桜のなかり**せば春の心はのどけからまし（伊勢物語）

ジ**254**）や、**むげに**（102ページ）なども、下に打消を伴うと陳述の副詞になります。

263 □□ よも……打消推量（じ・まじ）

① **よもや**（…ないだろう）。**まさか**（…ないだろう）。
いくらなんでも（…ないだろう）。決して（…ないだろう）。

➡ ほとんど「**じ**」を伴って用いられますが、中世以降は**反語表現**を伴う形でも用いられています。

264 □□ をさをさ……打消

① **ほとんど**（…ない）。**めったに**（…ない）。
なかなか（…ない）。あまり（…ない）。

265 □□ いと……打消

① **それほど**（…ない）。**たいして**（…ない）。
あまり（…ない）。

➡ **いたく**（102ページ）も同じように用います。

訳 この世の中に（　　）たならば、人々の春の心はもっとのどかであろうに。

⑧ **おほかた回《めぐ》らざり**ければ、とかく直しけれども、（徒然草）

訳 （水車は）（　　）たので、いろいろと直してみたけれど。

⑨ **よも起きさせたまはじ**。（枕草子）

訳 （　　）。

⑩ かの国の人来《き》なば、猛《たけ》き心つかふ人も、**よもあらじ**。（竹取物語）

訳 あの月の国の人が来てしまったら、勇猛な心を奮う人も、（　　）。

⑪ 冬枯れの気色《けしき》こそ、秋には**をさをさ劣るまじけれ**。（徒然草）

訳 冬枯れの景色は、秋には（　　）。

⑫ ここにはかしこまりて、自らも**をさをさ参らず**、（源氏物語）

訳 （明石の入道は）ここ（＝源氏のいる部屋）には遠慮して、自分でも（　　）、

⑬ **いとやむごとなき際《きは》にはあらぬ**が、すぐれて時めきたまふありけり。（源氏物語）

訳 （　　）方で、たいそう帝の寵愛《ちょうあい》を受けていらっしゃる方があった。

46 陳述(呼応)の副詞②

打消と呼応する以外の陳述のグループです。陳述の副詞は解釈の問題によく出ますし、呼応のしかたの空欄補充問題も多いので注意しましょう！

解答は別冊64ページ

266 □□ な……そ

① …しないでくれ。…してくれるな。…するな。（禁止）

➡ **禁止の終助詞な**よりも、幾分**穏やかな制止・禁止**の感覚で、懇願するような訳し方をすることが基本です。

➡ 「**な…そ**」の「…」の部分は、動詞（あるいは、＋敬語の補助動詞や、使役・受身の助動詞）の連用形（カ変・サ変は未然形）です。

➡ 中古末期からは、「な」を省いて、「**そ**」**だけで禁止する言い方**が生じます。

➡ **禁止の終助詞な**は、ほかにも、**詠嘆・念を押す**などの用法のものもありますから、混同しないように注意しましょう。

267 □□ ゆめ　268 □□ ゆめゆめ ……禁止（な／な…そ／べからず）

① **決して**（…するな）。**断じて**（…するな）。

➡ 「**ゆめ**」「**ゆめゆめ**」とも、**下が打消**であれば、**つゆ**（106ページ**258**）などと同じように、「少しも（…ない）。まったく（…ない）」と訳します。

傍線部の太字の部分を現代語訳しなさい。

① 声高《こわだか》に**なのたまひそ**。（竹取物語）

訳 大声で（　　　　）。

② 能登殿《のとどの》、いたう罪**なつくりたまひそ**。（平家物語）

訳 能登殿、そんなに（殺生をして）罪を（　　　　）。

③ **な起こしたてまつりそ**。幼き人は寝入りたまひにけり。（宇治拾遺物語）

訳 （　　　　）。幼い人は寝入ってしまわれた（ようだから）。

④ **ゆめこの雪落とすな**と使ひに言ひてなむ奉りける。（大和物語）

訳 （　　　　）と使いの者に命じて（雪のつもった松の枝に歌をそえて）差し上げたのであった。

⑤ この山に我ありといふことを、**ゆめゆめ人に語るべからず**。（宇治拾遺物語）

訳 この山に私がいるということを、（　　　　）。

269 さだめて……推量

① きっと（…だろう）。必ず（…だろう）。

↓下に「**む・むず・けむ**（過去推量）・**らむ**（現在推量）」などを伴う形で用いられます。

↓「**さだめて**」も、**下に打消**を伴うと、「決して…ない」のような意味になります。

270 いかで……　①推量　②願望・意志

① **どうして**。どういうわけで。どうやって。
② **なんとかして**。**どうにかして**。**ぜひとも**。

↓下に**推量の助動詞**（む・けむ・らむ・べし・まし）を伴った場合は①のようになり、**疑問**・**反語**を表します。
↓下に**意志の助動詞**（む・じ）や**願望の終助詞**（ばや・もがな・てしがな・にしがな）などを伴った場合は②のようになり、**願望**を表します。
↓係助詞「か」がついた**いかでか**の形になっても同じです。

⑥ この御社《みやしろ》の獅子《しし》の立てられやう、**さだめて習ひあることにはべらん**。（徒然草）
（習ひ＝由緒）
訳（背中を向けて立っている）このお社の獅子の立てられ方は、（　　　　）。

⑦ この児《ちご》、**さだめておどろかさんずらん**と待ち居たるに、（宇治拾遺物語）
訳（寝たふりをしていた）この稚児《ちご》は、（誰かが）（　　　　）と（思って）待っていたところ、

⑧ **いかで過ぐすらん**と、いと心苦し。（徒然草）
訳（　　　　）と、とても気の毒だ。

⑨ **いかで月を見ではあらむ**。（竹取物語）
訳（　　　　）。

⑩ 「**いかで見ばや**」と思ひつつ、（更級日記）
訳「（『源氏物語』を）（　　　　）」と思いながら、

⑪ **いかでとく都へもがな**。（土佐日記）
訳（　　　　）。

⑫ **いかでこのかぐや姫を得てしがな、見てしがな**。（竹取物語）
訳（　　　　）。

B 時刻・方位

83 ☐ 乾《いぬゐ》【　　　】　　80 ☐ 艮《うしとら》【　　　】

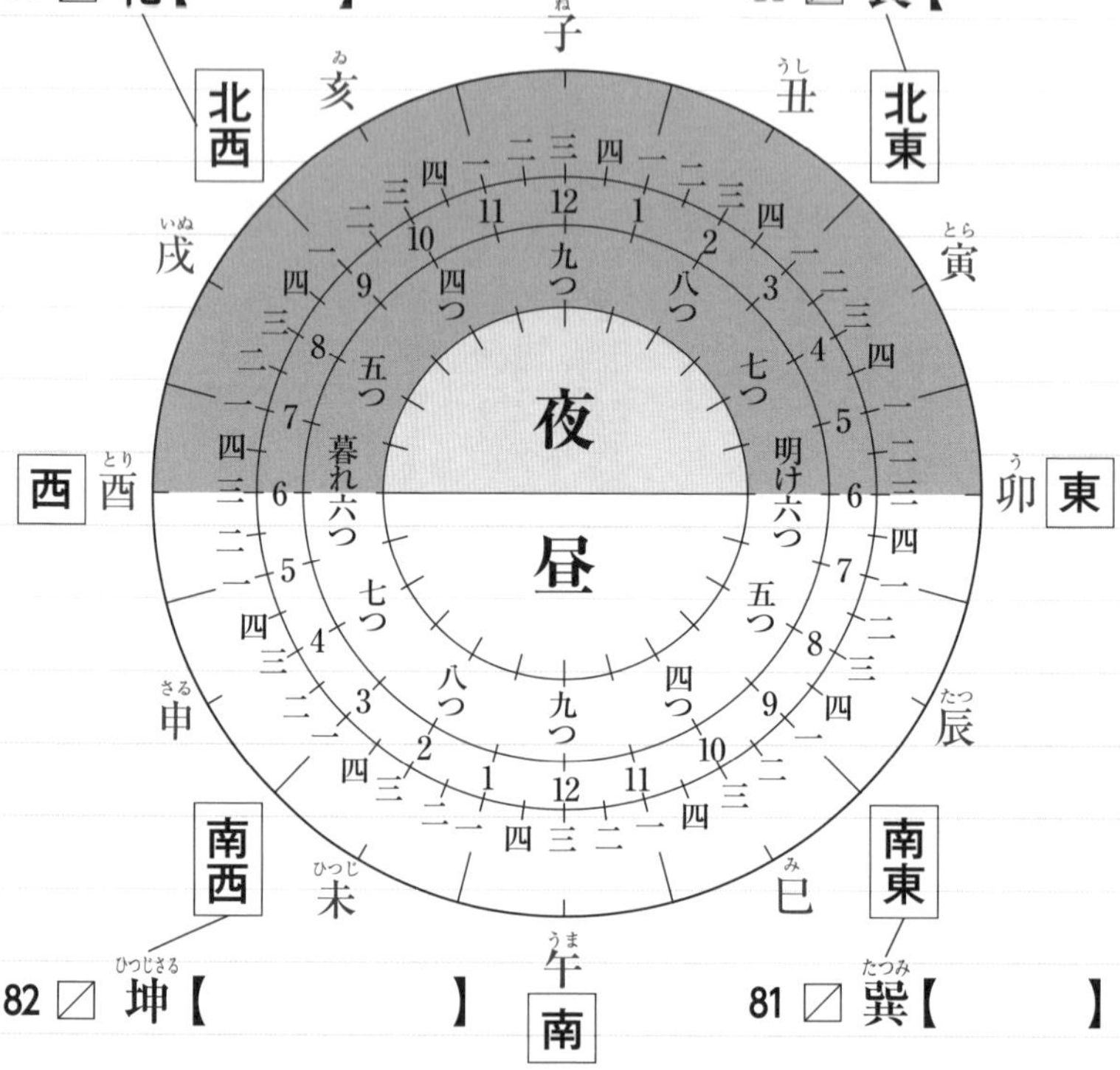

82 ☐ 坤《ひつじさる》【　　　】　　81 ☐ 巽《たつみ》【　　　】

84 ☐ 子【　　】　85 ☐ 丑【　　】　86 ☐ 寅【　　】　87 ☐ 卯【　　】
88 ☐ 辰【　　】　89 ☐ 巳【　　】　90 ☐ 午【　　】　91 ☐ 未【　　】
92 ☐ 申【　　】　93 ☐ 酉【　　】　94 ☐ 戌【　　】　95 ☐ 亥【　　】

時刻　午前0時(前後1時間ずつの計2時間)を「子《ね》」の刻とし、24時間を十二支で12等分して時刻を数える。実際には季節によるずれがあるのだが、受験では「子の刻(時)」=「午前0時」でよい。また、この一時《いっとき》(2時間)を30分ずつに4等分して、「一つ、二つ、三つ、四つ」と数える。たとえば、「丑三《うしみ》つ」といえば、真夜中の2時のことになる。

方位　北が「子」の方角、南が「午《うま》」の方角のようになるが、方位については、北東の艮《うしとら》、南東の巽《たつみ》、南西の坤《ひつじさる》、北西の乾《いぬい》の読みの出題が多い。艮(北東)は鬼門《きもん》(不吉な方角)とされる。

古典常識の読み方 7 月名・時刻・方位

次の76～95の語の読み方を現代仮名遣いで書きなさい。 ▶解答・解説は別冊66・67ページ

A 月名(月の入りの形)

夕月夜《ゆふづくよ》

1 朔《さく》(新月《しんげつ》)
月と太陽が同方向にあるため、地球から月は見えない。

3 三日月《みかづき》
細い弓形の月。太陽を追うように地平線に沈む。

7 七日月《なのかづき》
朔から7日目ごろの、右半分が光って見える月。

上弦《じやうげん》の月

11 十日《とをか》余《あま》りの月《つき》
朔から11日目ごろの月。上弦の月よりやや膨らんで見える。

13 十三夜月《じふさんやのつき》・小《こ》望月《もちづき》
朔から13日目ごろの月。満月より1時間半あまり早く昇る。

15 望月《もちづき》(満月《まんげつ》)
朔から15日目ごろの月。日の入りのころ昇りはじめ、日の出のころ沈む。

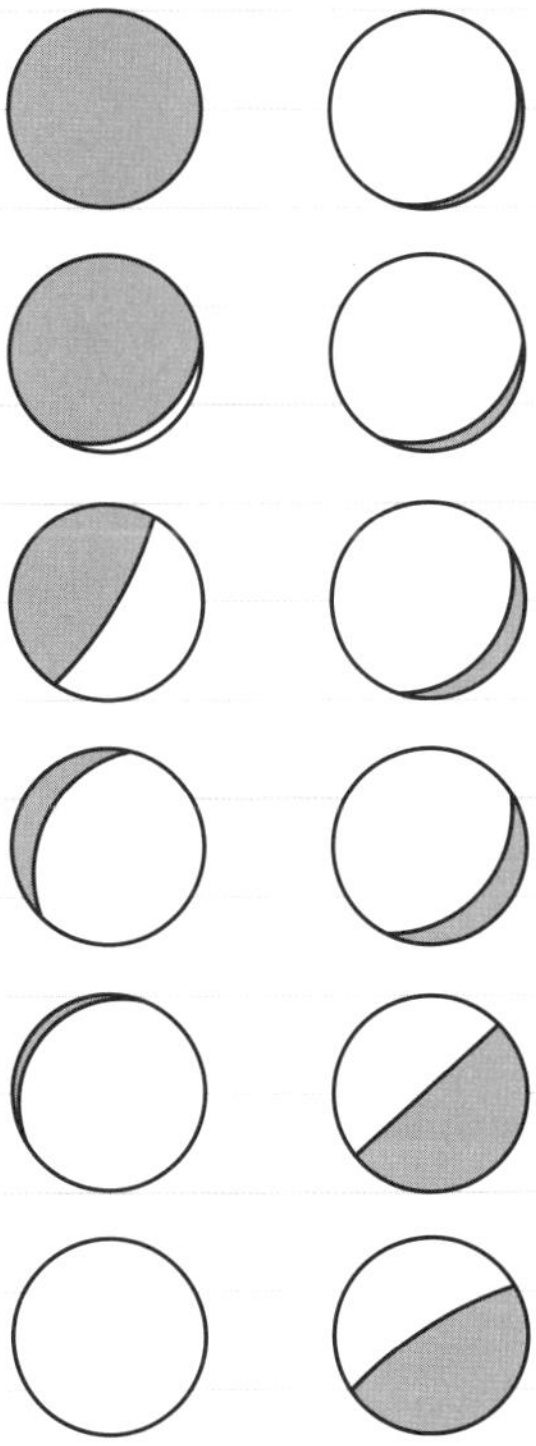

16 十六夜月《いざよひのつき》
朔から16日目ごろの月。満月の出より50分ほど遅れ、ためらうように姿を現す意から。

17 立待月《たちまちづき》
朔から17日目ごろの月。満月の出より1時間半あまり遅れて出る月を立って待つ意から。

18 居《ゐ》待月《まちづき》
前日より遅い月の出を立って待つのは疲れるので座って待つという意から。

下弦《かげん》の月

19 寝《ね》待月《まちづき》・臥待月《ふしまちづき》
前日よりさらに50分ほど遅れて出てくる月を寝て待つという意から。

22 二十日《はつか》余《あま》りの月《つき》
朔から22日目ごろの、左半分が光って見える月。

有明月《ありあけのつき》

23 二十三《にじふさん》夜《や》月《つき》
前日より50分ほど遅れて出る。月の入りは昼間なので見えない。

76 ☐ 弓張月《ゆみはりづき》【　　　　】弦を張った弓の形に似ているところから、半月をいう。月の上旬の7・8日ごろの半月は上弦《じょうげん》の月、下旬の22・23日ごろの半月は下弦《かげん》の月と呼ぶ。

77 ☐ 夕月夜【　　　　】月の出の早い、月の上旬の月をいう。月の出が早いと、夕方すでに月が高く昇っているため。夕方の月、また、月の出ている夕方をいうこともある。

78 ☐ 有明月【　　　　】月の出の遅い、月の下旬の月をいう。月の出が遅いと月の入りも遅く、朝になってもまだ白い月が出ているため。

79 ☐ 望月【　　　　】陰暦では必ず15日が満月。「もち」とも。

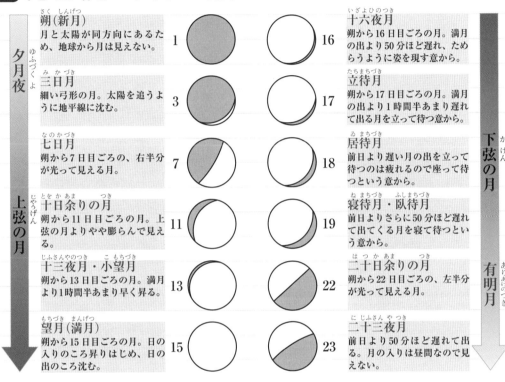

基礎からの ジャンプアップノート

古文単語

暗記ドリル

別冊解答

旺文社

別冊解答 もくじ

1 身分が高く尊い語

問題は本冊 6~7 ページ

● 傍線部の太字の部分を現代語訳しなさい。

① 世界の男、**あてなる**も卑しきも、（竹取物語）

訳 世の中の男は、（身分が高い）者も身分が低い者も、

高貴な

② **あてなる**もの、…水晶の数珠《ずず》。藤の花。（枕草子）

訳 （優雅な）ものは、…水晶の数珠《じゅず》。藤の花。

優美な

③ いと**やむごとなき**際《きは》にはあらぬが、すぐれて時めきたまふありけり。（源氏物語）

訳 それほど（高貴な）家柄ではない人で、たいそう帝《みかど》の寵愛《ちょうあい》を受けている人があった。

尊い・格別な

④ **やむごとなき**ほまれありて、人の口にある歌多し。（徒然草）

訳 （格別な）和歌の名声があって、人々に愛誦《あいしょう》されている歌が多い。

この上ない・並々でない

⑤「内裏《うち》にしも**やむごとなき**ことあり」とて、出《い》でむとするに、（蜻蛉日記）

訳「宮中に（捨ておけない）用事がある」と言って、（夫が）出かけようとすると、

やむを得ない・のっぴきならない

2 両刀使いをする敬語①

問題は本冊 8~9 ページ

1 傍線部の太字の部分を現代語訳しなさい。

① 大御酒《おほみき》**たまひ**、禄《ろく》**たまは**むとて、つかはさざりけり。（伊勢物語）

訳 （親王《みこ》は、男に）お酒を（くださり）、ほうびの品を（くださろ）うとして、帰して下さらなかった。

お与えになり　お与えになろ

② いとかしこく**愛《め》でたまう**て、かづけ物**たまふ**。（大和物語）

訳 （帝は歌を）ほんとうにとても（おほめになっ）て、ほうびの品を（くださる）。

感心なさっ　お与えになる

③ 八月十五日ばかりの月に出《い》でゐて、かぐや姫、いといたく**泣きたまふ**。（竹取物語）

訳 八月十五日ごろの月の出ている時に（縁側に）出て座って、かぐや姫は、たいそうひどく（お泣きになる）。

④ いとよう**似たまへり**。（源氏物語）

訳 とてもよく（似ていらっしゃる）。

似ておいでになる

⑤「娘を我に**たべ**」と伏し拝み、（竹取物語）

訳「娘を私に（ください）」と伏し拝んで、

⑥ **たまはせ**たる物、おのおの分けつつ取る。（竹取物語）

訳 （くださっ）た物を、めいめい分け合って取る。

お与えになっ

⑥ 帝《みかど》の御位《おほむくらゐ》はいとも**かしこし**。（徒然草）
訳 帝の御位はとても（ 尊い ）。
おそれ多い

⑦ 大海の波は**かしこし**。（万葉集）
訳 大海の波は（ 恐ろしい ）。

⑧ 竜顔《りようがん》より御涙を流させたまふぞ**かたじけなき**。（平家物語）
訳 帝のお顔から涙をお流しになるのは（ もったいない ）。
おそれ多い

⑨ 御諚《ごぢやう》まことに**かたじけなう**候《さうら》ふ。（平家物語）
訳 お言葉はまことに（ ありがとう ）ございます。
うれしゅう

⑩ 我ながら**かたじけなく**、屈《く》しにける心のほど思ひ知らる。（源氏物語）
訳 自分でも（ はずかしく ）、意気地のなくなってしまった心中を思い知らずにいられない。
面目なく

⑪ わが心ながらも、**おほけなく**いかで立ち出でしにかと、（枕草子）
訳 自分の心からではあるが、（ 身のほどをわきまえず ）どうして宮仕えに出てしまったのかと、
分不相応に

⑫ 腹なる児《ちご》は**おほけなく**も琉球《りうきう》国王の世継《よつ》ぎの御子《みこ》と仰がれ、（椿説弓張月）
訳 おなかの子は（ おそれ多く ）も琉球国王の王位をつぐ王子と尊敬されて、
もったいなく

⑦ 年ごろいぶかしく**思ひたまへ**しことを、（無名抄）
訳 長年の間疑問に（ 思っておりまし ）たことを、
思っていまし

⑧ 六十にあまる年、めづらかなる物を**見たまへ**つる。（源氏物語）
訳 六十もすぎて、珍しい物を（ 見させていただい ）た。
見まし

2 訳を参考にして、【　】の中に、「たまふ」を適当な形に活用させて入れなさい。

① 唐土《もろこし》にある火鼠《ひねずみ》の皮衣《かはごろも》を【 たまへ 】といふ。（竹取物語）
訳 中国にある火鼠の皮衣を**ください**と言う。

② え起きあがり【 たまは 】で、舟底《ふなぞこ》に伏し【 たまへ 】り。（竹取物語）
訳 （大納言は）起きあがり**なさる**ことができずに、舟底に横たわって**いらっしゃっ**た。

③ 昨日の夕暮れまではべりしは、いとかしこしとなむ思ひ【 たまふる 】。（枕草子）
訳 （雪が）昨日の夕暮れまで（残って）ありましたのは、とても大したものだと存じ**ます**。

④ 盗人《ぬすびと》つかまつりけるをも知り【 たまへ 】ず、（今昔物語集）
訳 盗人をいたしていたことも存じ**ませ**んで、

問題は本冊 10~11 ページ

3 両刀使いをする敬語②

傍線部の太字の部分を現代語訳しなさい。

① 月日経《へ》て、若宮**まゐり**たまひぬ。（源氏物語）

訳 月日がたって、若宮は（宮中に）（ 参内し ／ 参上し ）なさった。

② 人より先に**まゐり**たまひて、やむごとなき御思ひなべてならず、（源氏物語）

訳 （弘徽殿《こきでんの》女御《にょうご》は）他のお后方《きさき》より先に（ 入内し ）なさって、帝の格別な御愛情は一通りでなく、

③ 掃部司《かもんづかさ》**まゐり**て、御格子《みかうし》**まゐる**。（枕草子）

訳 （朝方）掃部司（＝清掃などの雑役をする人）が（中宮の御殿に）（ 参上し ）て、格子蔀《こうしじとみ》を（ 上げてさしあげる ）。

④ 親王《みこ》にむまの頭《かみ》、大御酒《おほみき》**まゐる**。（伊勢物語）

訳 親王《みこ》に右馬《うま》の頭が、お酒を（ さしあげる ）。

⑤ 御心地《ここち》もまことに苦しければ、物もつゆばかり**まゐら**ず。（源氏物語）

訳 ご気分も本当につらいので、食事もほんの少しばかりも（ めしあがら ）ない。

⑥ 御文《ふみ》**たてまつり**たまふ。（竹取物語）

訳 （かぐや姫は帝に）お手紙を（ さしあげ ）なさる。

問題は本冊 12~13 ページ

4 そもそもの最高敬語

傍線部の太字の部分を現代語訳しなさい。

① 上《うへ》おはしますに、**御覧じ**て、いみじうおどろかせたまふ。（枕草子）

訳 帝がおられて、（ ご覧になっ ／ ご覧あそばし ）て、たいそう驚きなさる。

② 少し涼しき水の流れも**御覧ぜさせ**む。（源氏物語）

訳 少し涼しい泉水の流れでも（ ご覧に入れ ／ お目にかけ ）よう。

③ はづかしく心づきなきことは、いかでか**御覧ぜられ**じ。（枕草子）

訳 きまりがわるく気にくわないことは、なんとかして（中宮様には）（ お目にかけ ／ ご覧に入れ・ご覧いただか ）ないようにしよう。

④ 親王《みこ》、**大殿籠ら**で明かしたまうてけり。（伊勢物語）

訳 親王は、（ お休みになら ／ お休みなさら・お休みあそばさ ）ないで、夜をお明かしになってしまった。

⑤ 夜々はひと所に**御殿籠り**、（源氏物語）

訳 夜々は同じ部屋で（ お休みになり ／ お休みなさり ）、

⑥ あはれなりつること、しのびやかに**奏す**。（源氏物語）

訳 （亡き桐壺《きりつぼ》の更衣《こうい》の里から帰った、使者の命婦《みょうぶ》は）しみじみとしていたことを、ひそやかに（ （帝に）申し上げる ）。

⑦ 天《あま》の羽衣**うち着せたてまつり**つ。（竹取物語）

訳（かぐや姫に）天の羽衣を（お着せ申し上げ〔お着せし〕）た。

⑧ 白き御衣《おんぞ》どもに、紅《くれなゐ》の唐綾《からあや》をぞ上《うへ》に**たてまつり**たる。（枕草子）

訳（中宮様は）白いお召し物の上に、紅色の唐綾の上着を（おめしになっ）ている。

⑨「壺《つぼ》なる御薬《みくすり》**たてまつれ**」。（竹取物語）

訳「壺に入っているお薬を（めしあがれ〔お飲みなさい〕）」。

⑩ 宿直人《とのゐびと》にて**はべら**む。（源氏物語）

訳（今夜は私が）宿直係として（お仕え申し上げ〔お側に控え〕）よう。

⑪ いづれの御時《おほんとき》にか、女御《にようご》・更衣《かうい》あまた**さぶらひたまひ**ける中に、（源氏物語）

訳 どの帝の御代《みよ》であったか、女御や更衣（といったお后）が大勢（お仕え申し上げていらっしゃっ〔お仕えしなさってい〕）た中に、

⑫ 武蔵《むさし》と上野《かうづけ》の境に、利根川《とねがは》と申し**さうらふ**大河**さうらふ**。（平家物語）

訳 武蔵の国と上野の国との間に、利根川と申し（ます）大河が（ございます〔あります〕）。

⑬ かの白く咲けるをなむ夕顔と申し**はべる**。（源氏物語）

訳 あの白く咲いている花を夕顔と申し（ます）。

⑭ 物語の多く**さぶらふ**なる、ある限り見せたまへ。（更級日記）

訳 物語がたくさん（あります〔ございます〕）とかいうのを、あるだけ全部見せて下さい。

⑦ うちうちに思ひたまふるさまを**奏し**たまへ。（源氏物語）

訳 内々《ないない》に（私が）思っております様子を（帝に申し上げ）てください。

⑧ よきに**奏したまへ**、**啓したまへ**。（枕草子）

訳（私の昇進について、どうか）よろしく（帝に申し上げてください）、（中宮様にも申し上げてください）。

※⑧の場合は訳し分けのため、「帝に・中宮様に」を加えたい。

⑨ 和歌などこそ、いとをかしく**あそばし**しか。（大鏡）

訳 和歌などを、たいそう趣深く（詠みなさっ〔お作りになっ〕）た。

⑩ 御書《ふみ》を**あそばい**て、給《た》うだりけり。（平家物語）

訳（帝は）御書状を（したためなさっ〔お書きになっ〕）て、下さった。

問題は本冊 14~15 ページ

5 主な尊敬語①

傍線部の太字の部分を現代語訳しなさい。

① 我朝ごと夕ごとに見る竹の中に**おはする**にて知りぬ。（竹取物語）

訳 私が毎朝毎晩見る竹の中に（いらっしゃる・おいでになる）のでわかった。

② 昔、惟喬親王《これたかのみこ》と申す親王**おはしまし**けり。（伊勢物語）

訳 昔、惟喬の親王と申し上げる親王が（いらっしゃっ・おいでになっ）た。

③ 右中将《うちゆうじやう》**おはし**て、物語したまふ。（枕草子）

訳 右中将が（おいでになっ・いらっしゃっ）て、お話をなさる。

④ 丈六《ぢやうろく》の仏《ほとけ》九体、いと尊くて並び**おはします**。（徒然草）

訳 （高さが）一丈六尺の仏様が九体、たいそう尊いお姿で並ん（でいらっしゃる・でおいでになる）。

⑤ 聞きしにもすぎて、尊くこそ**おはし**けれ。（徒然草）

訳 （石清水八幡宮《いわしみずはちまんぐう》は）聞いていた以上に、尊く（ていらっしゃっ）たなあ。

⑥ かぐや姫、少しあはれと**おぼし**けり。（竹取物語）

訳 かぐや姫は、（求婚していた石上《いそのかみ》中納言の死を聞いて）少し気の毒だと（お思いになっ・思いなさっ）た。

問題は本冊 16~17 ページ

6 主な尊敬語②

傍線部の太字の部分を現代語訳しなさい。

① 遠々《とほとほ》し高志《こし》の国に…麗《くは》し女《め》をありと**聞こし**て、（古事記）

訳 遠い遠い越の国に…美しい女がいると（お聞きになっ）て、

② 上《うへ》も**聞こしめし**て、興《きよう》ぜさせおはしましつ。（枕草子）

訳 帝も（お聞きになっ）て、面白がっていらっしゃった。

③ ここにせちに申さむことは、**聞こしめさ**ぬやうあらざらまし。（源氏物語）

訳 私が（あなたの入内《じゅだい》を）いちずにお願い申し上げたら、そのことは（帝も）（お聞き入れになら・お許しになら・お聞きあそばし）ないことはないだろう。

④ 汚き所のもの**聞こしめし**たれば、御心地《ここち》悪しからむものぞ。（竹取物語）

訳 汚い人間の世界のものを（めしあがっ）たので、ご気分も悪いでしょう。

⑤ 例の人々多く**召し**て、文《ふみ》など作らせたまふ。（源氏物語）

訳 いつもの人々を大勢（お呼びになっ・お呼び寄せになっ）て、漢詩などを作らせなさる。

⑥ 紙燭《しそく》**召し**て、御返り見たまへば、（源氏物語）

⑦ 何によつてか一両の御着背長《きせなが》を重うは**おぼしめし**候ふべき。（平家物語）

訳 なぜ一着の御大鎧《おおよろい》を重く（お思いになる／お思いなさる）のでしょうか。

⑧ いよいよあかずあはれなるものに**おもほし**て、（源氏物語）

訳 （帝は病気がちな桐壺《きりつぼ》の更衣《こうい》を）ますます名残り惜しくいとしいものと（お思いになっ／思いなさっ）て、

⑨ もの知らぬこと、な**のたまひ**そ。（竹取物語）

訳 ものわかりの悪いことを、（おっしゃる／おっしゃいます）な。

⑩ 「燕《つばくらめ》の持《も》たる子安貝《こやすがひ》を取らむ料《れう》なり」と**のたまふ**。（竹取物語）

訳 「つばめが持っている（と言われる）子安貝を取るためだ」と（おっしゃる）。

⑪ よろづのことを、泣く泣く契《ちぎ》り**のたまはすれ**ど、（源氏物語）

訳 （帝は病床の桐壺の更衣に）さまざまなことを、泣く泣く約束して（おっしゃる）けれど、

⑫ 法皇、「あれはいかに」と**仰せ**ければ、（平家物語）

訳 法皇が、（袖が触れて倒れた瓶子《へいじ》を見て）「あれはどうしたのか」と（おっしゃっ）たところ、

⑬ 大井の土民に**仰せ**て、水車を造らせられけり。（徒然草）

訳 大井の土地の者たちに（命じ／命令し・言いつけ）て、水車を造らせなさった。

訳 紙燭を（お取り寄せになっ）て、（女三の宮からの）お返事の手紙をご覧になると、

⑦ 杯《さかづき》取りたまひて、あまたたび**召し**、（大鏡）

訳 杯をお取りになって、何杯も（めしあがり／お飲みになり）、

⑧ 帝ばかりは御衣《ぎょい》を**召す**。（沙石集）

訳 帝だけはお召しものを（おめしになる）。

⑨ 御輿《みこし》に**召し**て、福原へ入らせおはします。（平家物語）

訳 （上皇は）お車に（お乗りになっ）て、福原へお入りになる。

⑩ 靫負《ゆげひ》の命婦《みやうぶ》といふを**つかはす**。（源氏物語）

訳 （帝は桐壺《きりつぼ》の更衣《こうい》の実家への使者として）靫負の命婦という女官を（おやりになる／行かせなさる）。

⑪ この翁丸《おきなまろ》打ち調《てう》じて、犬島へ**つかはせ**。（枕草子）

訳 この翁丸（＝犬の名）を打ちこらしめて、犬島（＝犬を島流しにする所）へ（行かせろ／やってしまえ）。

⑫ ありつる御随身《みずいじん》して、**つかはす**。（源氏物語）

訳 先ほどの御随身に命じて、（歌を）（お与えになる／おやりになる）。

⑬ 人のそしりも**しろしめされず**、（源氏物語）

訳 人の非難も（ご存じなく／お知りでなく・お知りにならず）、

⑭ 今皇《いますべらき》の天《あめ》の下**しろしめす**こと、四《よ》つの時九返《ここのかへ》りになむなりぬる。（古今集仮名序）

訳 今上天皇（＝醍醐《だいご》天皇）が天下を（お治めになる／お治めあそばす・治めなさる）ことは、四季がめぐること九回になった。

7 主な謙譲語①

問題は本冊 18~19 ページ

傍線部の太字の部分を現代語訳しなさい。

① 昔のことなど思ひ出《い》で**聞こえ**けり。（伊勢物語）

訳 昔のことなどを思い出して（お話し申し上げ）た。

② 山井《やまのゐの》大納言と**聞こえさせ**けるなむ、かくありし。（栄花物語）

訳 山井大納言と（申し上げ）た方が、このようで（＝若くして亡くなったので）あった。

③ をかしと見れど、常はとて御返し**聞こえさせ**ず。（和泉式部日記）

訳 （親王からの恋文を）趣深いとは思うが、いつも（返事をするのは（どうか）と思って、お返事を（さしあげ〔申し上げ〕）ない。

④ 「とく」とそそのかし**聞こゆ**。（枕草子）

訳 「早く（参内なさいませ）」とおすすめ（申し上げる）。

⑤ 伊勢《いせ》大神宮に御いとま**申さ**せたまひ、（平家物語）

訳 （安徳《あんとく》天皇は）伊勢大神宮にお別れを（申し上げ）なさり、

⑥ 「生《いけ》ずきを**申さ**ばや」とは思へども、（平家物語）

訳 「（ほうびに）生ずき（＝馬の名）をと（お願い申し上げ〔お願いし・申し上げ〕）たい」とは思うけれども、

8 主な謙譲語②

問題は本冊 20~21 ページ

傍線部の太字の部分を現代語訳しなさい。

① 子は京に宮仕《みやづか》へしければ、**まうづ**としけれど、しばしばえ**まうで**ず。（伊勢物語）

訳 子は京の都で宮仕えしていたので、（長岡にいる母のもとに）（参上し〔おうかがいし・うかがう〕）ようとしたけれど、たびたびは（参上する）ことができない。

② ただ一人、徒歩《かち》より**まうで**けり。（徒然草）

訳 ただ一人で歩いて（石清水《いわしみず》八幡宮に）（参詣し〔参拝し・お参りし〕）たのであった。

③ 憶良《おくら》らはいまは**まから**む。（万葉集）

訳 私、憶良めは、今はもう（おいとまし〔退出し〕）よう。

④ 花見に**まかれ**りけるに、はやく散りすぎにければ、（徒然草）

訳 花見に（出かけ〔参っ・参りまし〕）たところ、もう（花が）散ってしまっていたので、

⑤ 成経《なりつね》、まづ**まかり上つ**て、人々にも申し合はせ、（平家物語）

訳 成経が、まず（都へ）（上りまし〔上り申し上げ〕）て、人々にもご相談申し上げ、

⑦ 女、「**言《こと》づけ申さ**むと思ふは、聞き給ひてむや」と言ひければ、遠助《とほすけ》、「**申し**はべりなむ」と答ふ。（今昔物語集）

訳 女が「（ご伝言申し上げ）ようと思うことは、お聞き入れくださいますか」と言ったので、遠助は、「きっと（ご伝言を）（致し〔お伝えし・お伝え申し上げ〕）ましょう」と答える。

⑧ 二条の后《きさき》に**つかうまつる**男ありけり。（伊勢物語）

訳 二条の后に（お仕え申し上げる〔お仕えする〕）男がいた。

⑨ 笛**つかうまつり**たまふ、いとおもしろし。（源氏物語）

訳 笛を（吹いてさしあげ）なさる様子は、たいそう趣が深い。

⑩ さがなきわらはべどもの**つかまつり**ける、奇怪に候ふことなり。（徒然草）

訳 いたずらな子供たちが（致し）たことで、けしからんことでございます。

⑪ 真言《しんごん》の深き道をだに、隠しとどむることなく**広めつかうまつり**はべり。（源氏物語）

訳 真実のことばの奥深い道をさえ、（私は）隠しとどめることなく（お広め申し上げ〔お広めし〕）ております。

⑫ 忠岑《ただみね》も禄《ろく》**たまはり**などしけり。（大和物語）

訳 忠岑もほうびの品を（いただい〔頂戴し〕）たりした。

⑬ 備前《びぜん》の児島《こじま》を佐々木に**たまはり**ける。（平家物語）

訳 （源頼朝《よりとも》は）備前の国の児島を（ほうびとして）佐々木盛綱《もりつな》に（お与えになっ〔くださっ〕）た。

⑥ **まかで**なむとしたまふを、（源氏物語）

訳 （桐壺《きりつぼ》の更衣《こうい》は実家に）（退出し〔おいとまし〕）ようとなさるのに、

⑦ 老いかがまりて、室《むろ》の外《と》にも**まかで**ず。（源氏物語）

訳 年老いて腰がまがり、庵室《あんしつ》の外にも（出ませ）ん。

⑧ 古体《こたい》の御絵どもの侍《はべ》る、**まゐらせ**む。（源氏物語）

訳 古風な御絵などがありますのを、（さしあげ〔献上し〕）よう。

⑨ 薬の壺に御文《ふみ》そへ、**まゐらす**。（竹取物語）

訳 （不死の）薬の壺に（かぐや姫からの）お手紙を添えて、（帝に）（さしあげる）。

⑩ 行幸《みゆき》ののち、また**見まゐらせ**ばやと、ゆかしく**思ひまゐらする**に、（讃岐典侍日記）

訳 行幸の後、もう一度（お会い申し上げ〔拝見し〕）たいと、なつかしく（お思い申し上げ）ていると、

⑪ かしこき仰せ言をたびたび**うけたまはり**ながら、（源氏物語）

訳 （帝の）おそれ多いお言葉をたびたび（いただき〔頂戴し〕）ながら、

⑫ 御琴の音《ね》をだに**うけたまはら**で、久しくなりはべりにけり。（源氏物語）

訳 御琴の音色さえも（お聞きし〔うかがわ〕）ないで、久しくなってしまいました。

⑬ 難《かた》かるべきことなりとも、**うけたまはら**む。（宇津保物語）

訳 （あなたのおっしゃることは）難しいにちがいないことであっても、（おひきうけし）よう。

B 清涼殿

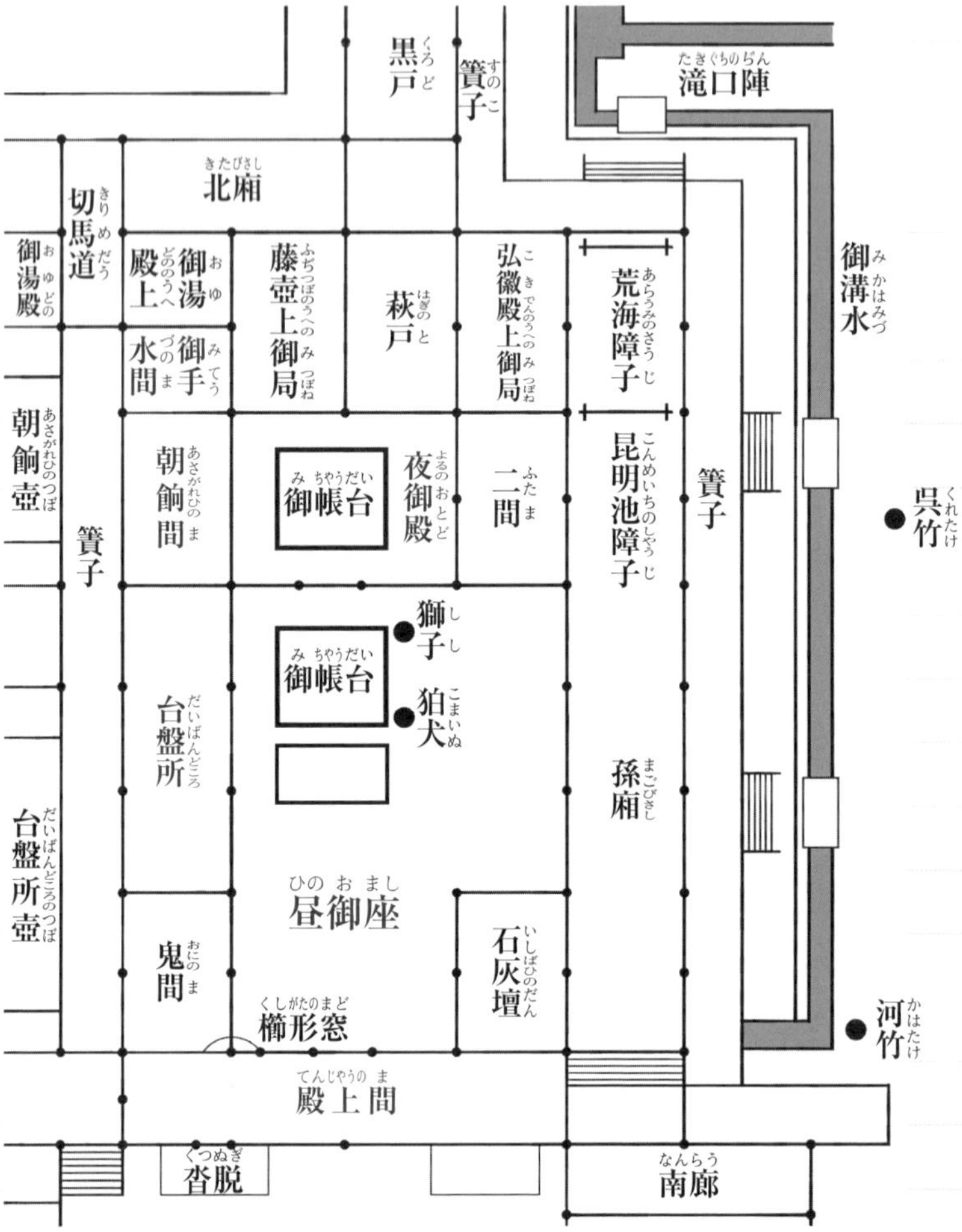

4 ☑ **昼御座【ひのおまし】** 天皇の日中の御座所《ござしょ》。執務室でもある。

5 ☑ **夜御殿【よるのおとど】** 天皇の寝室。周囲の部屋はお妃の控室。「よんのおとど」とも読み、また「夜御座(よるのおまし)」ともいう。

6 ☑ **朝餉間【あさがれいのま】** 天皇が食事をする部屋。朝餉は、天皇の日常略式の食事をいい、朝食とは限らない。

7 ☑ **御手水間【みちょうずのま】** 天皇が手を洗ったり整髪したりする部屋。

8 ☑ **殿上間【てんじょうのま】** 貴族の控室。この部屋に入れる身分の人を殿上人《てんじょうびと》という。櫛形窓《くしがたのまど》は昼御座からののぞき窓。

9 ☑ **台盤所【だいばんどころ】** 天皇に仕える女官の詰所。一般の貴族の家では台所のこと。

古典常識の読み方 1 内裏・清涼殿

次の１～９の語の読み方を現代仮名遣いで書きなさい。 ▶問題は本冊 22・23 ページ

A 内裏

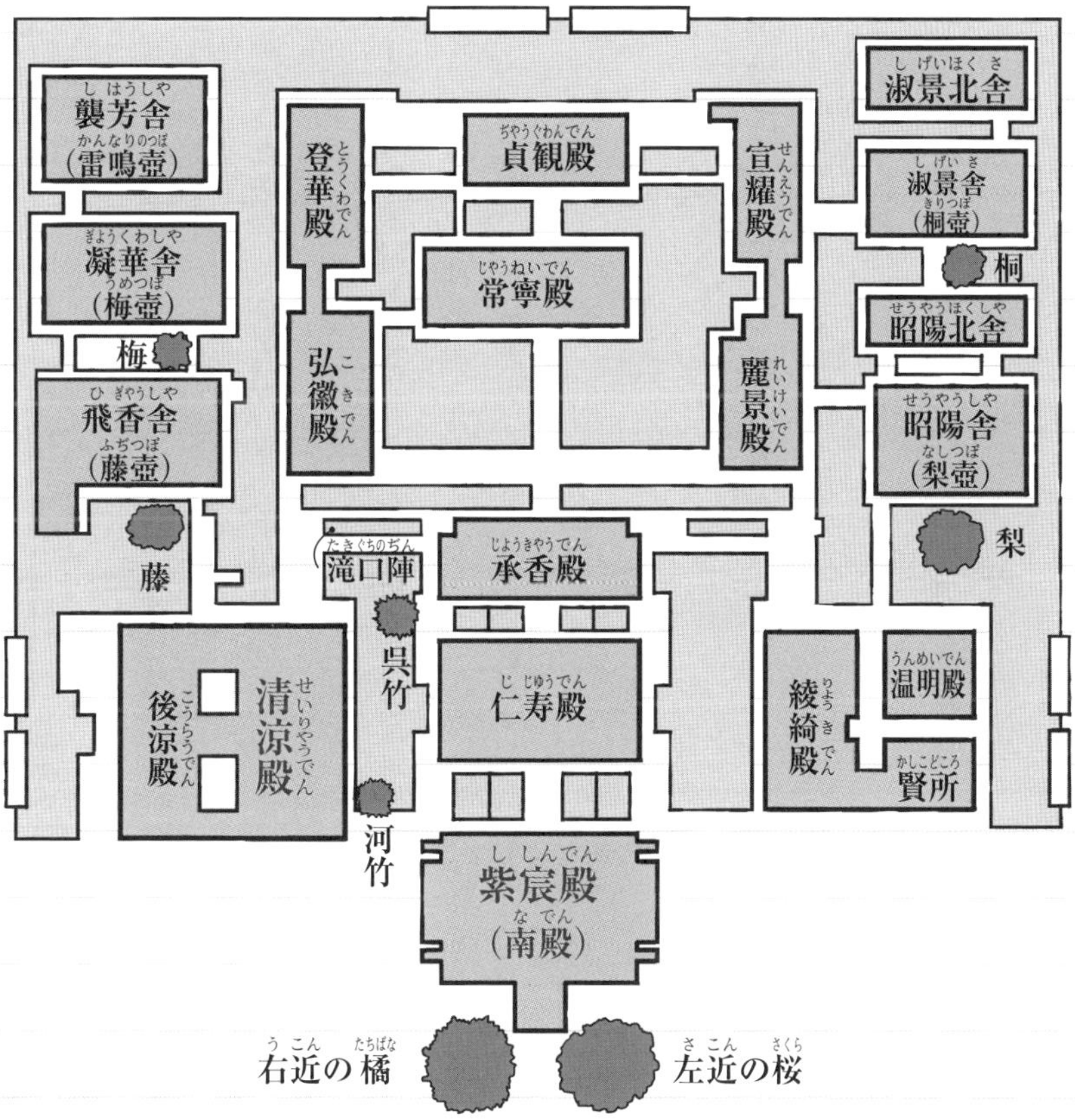

1 ☑ **紫宸殿【ししんでん】**内裏《だいり》の正殿で、重要な儀式などを行うところ。「南《な》殿《でん》」ともいう。即位・朝賀などの公式の儀式を行う。

2 ☑ **清涼殿【せいりょうでん】**天皇が日常の生活をする住まいにあたるところ。平安初期は仁寿殿《じじゅうでん》が天皇の日常生活の御殿であったが、平安中期ごろに清涼殿に移った。

3 ☑ **後宮【こうきゅう】**内裏の北半分の七殿(承香殿《じょうきょうでん》・常寧殿《じょうねいでん》・貞観殿《じょうがんでん》・弘徽殿《こきでん》・登華殿《とうかでん》・麗景殿《れいけいでん》・宣耀殿《せんようでん》)・五舎(飛香舎《ひぎょうしゃ》＝藤壺《ふじつぼ》・凝華舎《ぎょうかしゃ》＝梅壺《うめつぼ》・襲芳舎《しほうしゃ》＝雷鳴壺《かんなりのつぼ》・昭陽舎《しょうようしゃ》＝梨壺《なしつぼ》・淑景舎《しげいさ》＝桐壺《きりつぼ》)で、天皇のお妃《きさき》たちの住む御殿。天皇の住む正殿の後ろにある御殿の意。

問題は本冊24~25ページ

9 趣のある語

傍線部の太字の部分を現代語訳しなさい。

① 心なき身にも**あはれ**は知られけり鳴立《しぎ》つ沢の秋の夕暮れ　(新古今集)

訳 情趣を解さない私のような者にも(しみじみとした趣　情趣・風情)は自《おの》ずと感じられることだ。しぎが飛び立つ川辺の秋の夕暮れの情景は。

② 子ゆゑにこそ、よろづの**あはれ**は思ひ知らるれ。　(徒然草)

訳 子を持ってこそ、すべての(情愛　愛情・人情・なさけ)はしみじみと理解できるものだ。

③ 「**あはれ**、いと寒しや」。　(源氏物語)

訳 「(ああ)、ひどく寒いことだなあ」。

④ 折ふしの移り変はるこそ、ものごとに**あはれなれ**。　(徒然草)

訳 季節が移り変わるのは、何事につけても(趣深い　感慨深い・趣が深い)。

⑤ 折からの御文《ふみ》いと**あはれなれ**ば、　(源氏物語)

訳 (なつかしく思っていた)ちょうどその時の(その人からの)お手紙がたいそう(しみじみと心打たれる　感慨深い)ので、

⑥ 心のうちに恋しく**あはれなり**と思ひつつ、しのび音《ね》を

問題は本冊26~27ページ

10 優美な語

傍線部の太字の部分を現代語訳しなさい。

① かぐや姫のかたち**優に**おはすなり。　(竹取物語)

訳 かぐや姫の容貌《ようぼう》が(優美で　上品で・すばらしくて・すぐれて)いらっしゃるということだ。

② あそばしたる和歌は、いづれも人の口に乗らぬなく、**優に**こそ承《うけたまは》れな。　(大鏡)

訳 (花山院《かざんいん》が)お詠みになった和歌は、いずれも人に知られないものはなく、(すぐれている　すばらしい・立派だ)とお聞きしていることですよ。

③ 浅緑《あさみどり》なる薄様《うすやう》に**えんなる**文《ふみ》を「これ」とて来たる、　(枕草子)

訳 浅緑色の薄様の紙で(風情がある　優美な)手紙を、(使いの者が)「これを」と言って持って来ているのを、

④ 舎人《とねり》どもさへ**えんなる**装束《さうぞく》を尽くして、　(源氏物語)

訳 舎人たちまでも(あでやかな　美しい)装束《しょうぞく》を着飾って、

⑤ **なまめかしき**もの、細やかに清げなる君達《きんだち》の直衣《なほし》姿。　(枕草子)

訳 (優美な　優雅な・美しい・上品な)もの、ほっそりとして美しい貴公子たちの直衣姿。

のみ泣きて、（更級日記）

訳 心のうちに（継母《ままはは》を）恋い慕い、（一緒に暮らせないことを）（寂しい・悲しい）と思いながら、声をたてずにこっそりと泣いてばかりいて、

⑦ **あはれなる**もの、孝ある人の子。（枕草子）

訳 （感心な・立派な・心打たれる）もの、親孝行な子供。

⑧ 五月《さつき》ばかりなどに山里にありく、いと**をかし**。（枕草子）

訳 五月ごろに山里に出歩くのは、たいそう（趣がある・おもしろい）。

⑨ けづることをうるさがりたまへど、**をかし**の御髪《みぐし》や。（源氏物語）

訳 髪をとかすことを面倒がりなさるけれど、（美しい・すばらしい・みごとな）お髪ですこと。

⑩ のたまふが**をかしけれ**ば、笑ひぬれば、（枕草子）

訳 （関白様が）おっしゃることが（こっけいな・おかしい）ので、（女房たちが）笑ったところ、

⑪ 雪の**おもしろう**降りたりし朝《あした》、（徒然草）

訳 雪が（趣が深く・美しく）降りつもった朝、

⑫ 今、参りつる道に、紅葉のいと**おもしろき**所のありつる。（更級日記）

訳 今、通ってきました途中に、紅葉がたいそう（美しい・趣が深い・すばらしい）所がありました。

⑬ 神楽《かぐら》こそ、なまめかしく**おもしろけれ**。（徒然草）

訳 （宮中で行われる）神楽は、優雅で（おもしろい・すばらしい・心楽しい）ものだ。

---

⑥ **なまめかしく**、人の親げなくおはします。（源氏物語）

訳 （源氏は）（若々しく美しくて・若々しくて・美しくて）、人の親という様子ではなくていらっしゃる。

⑦ その里に、いと**なまめいたる**女はらから住みけり。（伊勢物語）

訳 その里に、とても（若々しく美しい・優美な・上品な）姉妹が住んでいた。

⑧ 上臈《じやうらふ》はなほも**やさしかり**けり。（平家物語）

訳 身分の高い方はやはり（風流だ・上品だ・優雅だ）なあ。

⑨ あな**やさし**。…味方《みかた》の御勢《ごせい》はみな落ち候《さうら》ふに、ただ一騎残らせたまひたるこそ**優なれ**。（平家物語）

訳 なんと（感心な・殊勝な）ことよ。…味方の御軍勢がみな逃げましたのに、ただ一騎残っていらっしゃるのは（立派な・けなげな・すばらしい）ことだ。

⑩ 御誦経《みずきやう》などあまたせさせたまひて、そなたに向きてなむ念じ暮らしたまひける。**すきずきしう**あはれなることなり。（枕草子）

訳 （左大臣は、娘の女御の『古今集』暗誦が成功するようにと）読経をたくさんさせなさって、（ご自身は）そちら（＝内裏）の方に向かって一日中祈りなさった。（風流で）感動的な話である。

⑪ その初めのこと、**すきずきしく**とも申し侍らむ。（源氏物語）

訳 その（私の恋の）はじまりのことを、（好色めいている・ものずきだ）が申し上げましょう。

11 すばらしい語

傍線部の太字の部分を現代語訳しなさい。

① 藤の花は、しなひ長く、色濃く咲きたるいと**めでたし**。（枕草子）

訳 藤の花は、花房のしだれが長く、色が濃く咲いているのがとても（すばらしい）。（別解：美しい）

② うつぶしたるに、こぼれかかりたる髪、つやつやと**めでたう**見ゆ。（源氏物語）

訳 うつむいたときに、（顔の前へ）こぼれかかっている髪の毛が、つやつやと（美しく）見える。

③ 梢《こずゑ》も庭も**めづらしく**青みわたりたる卯月《うづき》ばかりの曙《あけぼの》、艶《えん》にをかしかりしを、（徒然草）

訳 （木々の）梢も庭も（すばらしく）一面に青々と茂っている四月ごろの明け方が、優美で美しかったのを、

④ 唐《から》の、大和《やまと》の、**めづらしく**えならぬ調度ども並べ置き、（徒然草）

訳 中国のや、日本のやの、（めずらしく）言いようもなくすばらしい道具類を並べて置いて、

⑤ 光る君といふ名は、高麗人《こまうど》の**めで**聞こえて、付けたてまつりける。（源氏物語）

12 格別な語

傍線部の太字の部分を現代語訳しなさい。

① **ありがたき**もの、舅《しうと》にほめらるる婿《むこ》。また、姑《しうとめ》に思はるる嫁の君。（枕草子）

訳 （めったにない）もの、舅にほめられる婿。また、姑にかわいがられるお嫁さん。（別解：めずらしい）

② 徒歩《かち》より住吉《すみよし》へ月詣《つきまうで》したる、いと**ありがたき**ことなり。（無名抄）

訳 （道因《どういん》法師が、七、八十歳という老齢になっても、秀歌を詠む祈願のために）歩いて住吉神社に毎月参詣したのは、たいそう（立派な）ことである。（別解：尊い）

③ つくづくと一年《ひととせ》を暮らすほどだにも、**こよなう**のどけしや。（徒然草）

訳 しみじみと一年を暮らす間だけでも、（この上もなく）ゆったりとしているものであるよ。（別解：格別に）

④ 園《その》の別当《べつたう》入道は、**さうなき**庖丁者《はうちやうじや》なり。（徒然草）

訳 園の別当入道は、（比べるものがない）料理人である。（別解：すぐれた）

⑤ 男、身はいやしくて、いと**になき**人を思ひかけたりけり。（伊勢物語）

訳 ある男が、身分が低いのに、たいそう（格別に）（別解：この上もなく）

訳「光る君」という名前は、高麗の人が（ほめ）［賞賛し］申し上げて、おつけしたのである。

⑥ 蝶《てふ》**めづる**姫君の住みたまふ傍らに、（堤中納言物語）

訳 蝶《ちょう》を（かわいがる）［愛する・好む］姫君が住んでいらっしゃる（お邸《やしき》の）そばに、

⑦ 人は、かたち・ありさまのすぐれたらんこそ**あらまほしかる**べけれ。（徒然草）

訳 人は（誰でも）、容貌《ようぼう》や容姿がすぐれているようなのこそが（理想的で）［好ましいで］あろう。

⑧ 少しのことにも先達《せんだち》は**あらまほしき**ことなり。（徒然草）

訳 ちょっとしたことにも（その道の）案内（＝指導）者（というもの）は（あってほしい）ものである。

⑨ 髪ゆるるかにいと長く、**めやすき**人なめり。（源氏物語）

訳 髪がゆったりとしてとても長く、（感じがよい）［見た目がよい］人のようだ。

⑩ なかなか長きよりもこよなう**今めかしき**ものかなと、あはれに見たまふ。（源氏物語）

訳（尼君の、肩でそろえた短い髪が）かえって長いのよりも格別に（現代風な）［当世風な・しゃれた］ものだなあと、（源氏は）感慨深くご覧になる。

高貴な人を恋しく思ったのであった。

⑥ 衣《きぬ》着せつる人は心**ことに**なるなりといふ。（竹取物語）

訳 天の羽衣を着せ（られ）てしまった人は、心が（ふつうの人間とは）（違っている）［異なっている・違う］ようになるのだという。

⑦ たとへば、白き色の**ことなる**匂《にほ》ひもなけれど、諸々《もろもろ》の色にすぐれたるがごとし。（無名抄）

訳 たとえば、白い色が（格別な）［特別な］色つやもないけれども、多くの色よりもすぐれているようなものである。

⑧ 唐《から》の、大和《やまと》の、めづらしく**えならぬ**調度ども並べ置き、（徒然草）

訳 中国のや、日本のやの、めずらしく（言いようもなくすばらしい）［すばらしい］道具類を並べて置いて、

⑨ **えもいはぬ**匂ひの、さとかをりたるこそをかしけれ。（徒然草）

訳（言いようもなくすばらしい）［何とも言えないほどの］匂いが、さっと香ってきたのは趣深い。

⑩ 人に猛《たけ》く見えむと思ひて、**えもいはず**兵《つはもの》だちける者ありけり。（今昔物語集）

訳 人に勇ましく見られようと思って、（言いようもなくひどく）［ひどく］勇者ぶったふるまいをした者がいた。

⑪ 京中の上下《かみしも》、もてなすこと**なのめならず**。（平家物語）

訳 都中の身分の高い者も低い者も、（仏御前《ほとけごぜん》の舞を）もてはやすことは（並々でない）。

13 うつくしい語

問題は本冊32~33ページ

傍線部の太字の部分を現代語訳しなさい。

① ぬばたまの夜のふけゆけば久木《ひさき》生《お》ふる**清き**川原に千鳥《ちどり》しば鳴く （万葉集）

訳 夜がしだいにふけてゆくと、久木の生える（清らかな・美しい）河原に千鳥がしきりに鳴いている。

② 川速み瀬《せ》の音《ね》ぞ**清き**。（万葉集）

訳 川の流れが速いので、瀬の音《おと》が（さわやかである・心地よい）。

③ 世になく**清らなる**玉の男御子《をのこみこ》さへ生まれたまひぬ。（源氏物語）

訳 世にまたとなく（清らかで美しい・気品があって美しい）玉のような皇子までもお生まれになった。

④ 立てる人どもは、装束《さうぞく》の**清らなる**こと、物にも似ず。（竹取物語）

訳 （雲の上に）立っている（月からの）天人たちは、（着ている）衣装の（華麗な・美しい）ことは、物にたとえようもない。

⑤ 人のもとにわざと**清げに**書きてやりつる文《ふみ》の返りごと、（枕草子）

訳 ある人の所にわざわざ（きれいに・きちんと・美しく）書いて送った手紙の返事を、

14 かわいい語

問題は本冊34~35ページ

傍線部の太字の部分を現代語訳しなさい。

① **うつくしき**もの、瓜《うり》にかきたるちごの顔。（枕草子）

訳 （かわいらしい・かわいい・愛らしい）もの、瓜に描いた子供の顔。

② なにもなにも小さきものはみな**うつくし**。（枕草子）

訳 何もかも小さいものはみんな（かわいらしい・かわいい・愛らしい）。

③ かへでの色**うつくしう**もみぢたるを植ゑさせて、（平家物語）

訳 かえでの（葉の）色が（美しく・みごとに・きれいに）紅葉したのを植えさせて、

④ **をかしげなる**ちごの、あからさまに抱《いだ》きて遊ばし**うつくしむ**ほどに、かいつきて寝たる、いと**らうたし**。（枕草子）

訳 （かわいらしい感じの・かわいらしい）赤ん坊が、ほんのちょっと抱いて遊ばせ（あやす・かわいがる）うちに、抱きついて寝てしまったのは、たいそう（かわいい・かわいらしい・愛らしい）。

⑤ 御目のしりの少し下がりたまへるが、いと**らうたく**おはするを、（大鏡）

訳 （宣耀殿《せんようでん》の女御《にょうご》は）お目尻が少し下がっていらっしゃったのが、いっそう（かわいらしく・愛らしく・かわいく）ていらっしゃるので、

⑥ **清げなる**大人二人ばかり、さては童《わらは》べぞ出《い》で入り遊ぶ。（源氏物語）

訳（さっぱりとして美しい／美しい・きれいな）女房が二人ほどと、それに子供たちが出たり入ったりして遊んでいる。

⑦ いと**清げに**、消息文《せうそこぶみ》にも仮名《かんな》といふものを書きまぜず、（源氏物語）

訳 たいそう（きちんとしていて／整っていて・美しく）、手紙にも仮名というものをまぜずに書いていて、

⑧ くさぐさの**うるはしき**貝・石など多かり。（土佐日記）

訳 いろいろな形の（美しい）貝や石などがたくさんある。

⑨ 同じ小柴《こしば》なれど、**うるはしく**し渡して、（源氏物語）

訳（この僧の住む僧坊は、他の僧坊の垣根と）同じ小柴垣ではあるが、（きちんと整って）（坊の）周囲にめぐらして、

⑩ 昔、男、いと**うるはしき**友ありけり。（伊勢物語）

訳 昔、男が、たいそう（親しい／誠実な・親密な）友人を持っていた。

⑪ 秋来《き》ぬと目には**さやかに**見えねども風の音にぞおどろかれぬる（古今集）

訳 秋が来たと目には（はっきりと／明瞭には）見えないけれど、風の音によって秋の訪れをはっと気づかされたことだ。

⑫ 細谷川の音**さやかに**流れて、（狭衣物語）

訳 細い谷川の音が（澄みきって）流れて、

---

⑥ 限りなく**かなし**と思ひて、河内《かはち》へも行かずなりにけり。（伊勢物語）

訳（男は、妻が、出かける自分の身を案ずる歌を詠んだのを見て）この上なく（いとおしい／いとしい・かわいい）と思って、河内（の女のもと）へは行かなくなった。

⑦ 宮は、いと**いとほし**と思《おぼ》す中にも、男君の御**かなし**さはすぐれたまふにやあらむ。（源氏物語）

訳（祖母の）大宮は、たいそう（かわいい／いじらしい）とお思いになる（孫たちの）中でも、（この）男君（＝夕霧）に感じる御（かわいさ／いとおしさ・かわいらしさ）はほかよりまさっていらっしゃるのであろうか。

⑧ いと**をかしげなる**およびにとらへて、大人などに見せたる、いと**うつくし**。（枕草子）

訳（幼児が、落ちていた塵《ちり》を）たいそう（かわいらしい感じの／かわいらしい）指でつまんで、大人などに見せている（ようすは）、とても（かわいらしい／かわいい・愛らしい）。

⑨ **いはけなく**かいやりたる額つき、髪《かん》ざし、いみじう**うつくし**。（源氏物語）

訳（あどけなく／子供っぽく）（髪を）かき上げた額のようす、髪の生えぐあいが、たいそう（かわいらしい／愛らしい）。

⑩ **いとけなき**子のなほ乳《ち》を吸ひつつ臥《ふ》せるなどもありけり。（方丈記）

訳（幼い／あどけない）子供がなお（死んだ母親の）乳を吸いながら横たわっているようなこともあった。

問題は本冊 36~37 ページ

15 男女が結ばれる語

傍線部の太字の部分を現代語訳しなさい。

① まだ**世**になれぬは、五、六の君ならむかし。（源氏物語）

訳 まだ（　男女の仲　）になれないのは、（若い）五番目か六番目の姫君なのであろうよ。

② 夢よりもはかなき**世の中**を嘆きわびつつ明かし暮らすほどに、（和泉式部日記）

訳 夢よりもはかない（亡き為尊《ためたか》親王との）（　男女の仲　）を嘆き悲しみながら毎日を過ごしている間に、

③ 千年万年と**契れ**ども、やがて離るる仲もあり。（平家物語）

訳 千年も万年も（添い遂げよう）と（　約束する・愛を誓う　）としても、すぐに別れる男女の仲もある。

④ **昔の契り**ありけるによりなむ、この世界にはまうで来たりける。（竹取物語）

訳 （　前世からの約束・前世からの宿縁　）があったので、（月の世界から）この人間の世界にやって参ったのです。

⑤ 女どちも、**契り**深くて**かたらふ**人の、末まで仲よき人かたし。（枕草子）

訳 女同士でも、深く（　約束　）して（　親しくつきあう　）

問題は本冊 38~39 ページ

16 心がわりの語

傍線部の太字の部分を現代語訳しなさい。

① **あだなり**と名にこそ立てれ桜花《さくらばな》年にまれなる人も待ちけり（古今集）

訳 （　誠実でない・浮気だ・はかない・いいかげんだ　）とうわさには立っているけれども、桜の花は（あなたのような）一年のうちにめったに来ない人をも待って（咲いて）いたのだなあ。

② 逢《あ》はでやみにし憂《う》さを思ひ、**あだなる**契《ちぎ》りをかこち、長き夜を一人明かし、（徒然草）

訳 逢わずに終わってしまった辛《つら》さを思い、（　はかない・もろい・いいかげんな　）約束を恨み嘆き、長い夜を一人で明かして、

③ 桜ははかなきものにて、かくほどなく**うつろひ**さぶらふなり。（宇治拾遺物語）

訳 桜はあっけないもので、こうしてすぐに（　散る・色あせる　）ものです。

④ なのめに**うつろふ**方《かた》あらむ人を恨みて、気色《けしき》ばみそむかむ、はたをこがましかりなむ。（源氏物語）

訳 少しばかり（ほかの女に）（　心がわりする・心移りする　）ことのあるような夫を恨んで、むきになって別れるとしたら、それもまたばかげたことであろう。

人で、最後まで仲のよい人はめったにいない。

⑥ 同じ宮人《みやびと》をなむ、忍びて**かたらふ**。（枕草子）

訳 同じ宮に仕える女と、ひそかに（関係をもつ）。［深い仲になる］

⑦ この世の人は、男は女に**あふ**ことをす。（竹取物語）

訳 この世の人は、男は女と（結婚する）ことをする。

⑧ 親の**あはすれ**ども、聞かでなむありける。（伊勢物語）

訳 親が（結婚させ）（ようとし）ても、（女はほかに好きな男がいて）聞き入れないでいたのだった。

⑨ いとねむごろに**言ひ**ける人に、「今宵《こよひ》**あはむ**」と**契り**たりけるに、（伊勢物語）

訳 たいそう心を込めて（言い寄っ）［求婚し］てきた男に、「今夜（結婚し）よう」と（約束し）ていたところに、

⑩ それを**よばふ**男二人なむありける。（大和物語）

訳 その女に（言い寄る）［求婚する］男が二人いた。

⑪ さやうならむ人をこそ**見**め。（源氏物語）

訳 そのような女をこそ（妻にし）［妻とし］よう。

⑫ いかならむ人にも**見え**て、…幼き者どもをもはぐくみたまふべし。（平家物語）

訳 どのような男とでも（結婚し）て、…幼い子供たちをも大切に育てなさるがよい。

⑬ 親王《みこ》たちにこそは**見せ**たてまつらめ。（源氏物語）

訳 （大事にしている女の子は）親王たちに（嫁がせ）申し上げたいものだ。

---

⑤ 昔、男、**つれなかり**ける女に言ひやりける。（伊勢物語）

訳 昔、男が、（冷淡だっ）［薄情だっ・冷ややかだっ］た女に詠んで送った（歌）。

⑥ 上手の中に交じりて、そしり笑はるるにも恥ぢず、**つれなく**過ぎてたしなむ人、（徒然草）

訳 上手な人々の中に交って、（未熟な芸を）けなされ笑われても恥ずかしがらず、（平然と）［さりげなく・そ知らぬ顔で］押し通して励む人、

⑦ 相思《あひ》はで**かれ**ぬる人をとどめかねわが身は今ぞ消え果てぬめる（伊勢物語）

訳 愛しあうことなく（疎遠になっ）［うとくなっ・はなれ］てしまった人を引きとめることができず、私の身は今にも消え果ててしまうようだ。

⑧ 山里は冬ぞさびしさまさりける人めも草も**かれ**ぬと思へば（古今集）

訳 山里は冬がいっそう寂しさがまさることだ。人の訪れも（絶え）［とだえ］、草も（枯れ）てしまうと思うと。

⑨ 五六日《いつかむいか》ばかりになりぬるに、**音もせず**。（蜻蛉日記）

訳 （夫が出て行ってからすでに）五、六日ほどになってしまったのに、（何の音沙汰もない）［便りも来ない］。

⑩ 花もみな咲きぬれど、**音もせず**。（更級日記）

訳 花もみな咲いたけれど、（花が咲いたら来ると言っていた継母からは）（便りも来ない）［何の音沙汰もない］。

B 母屋

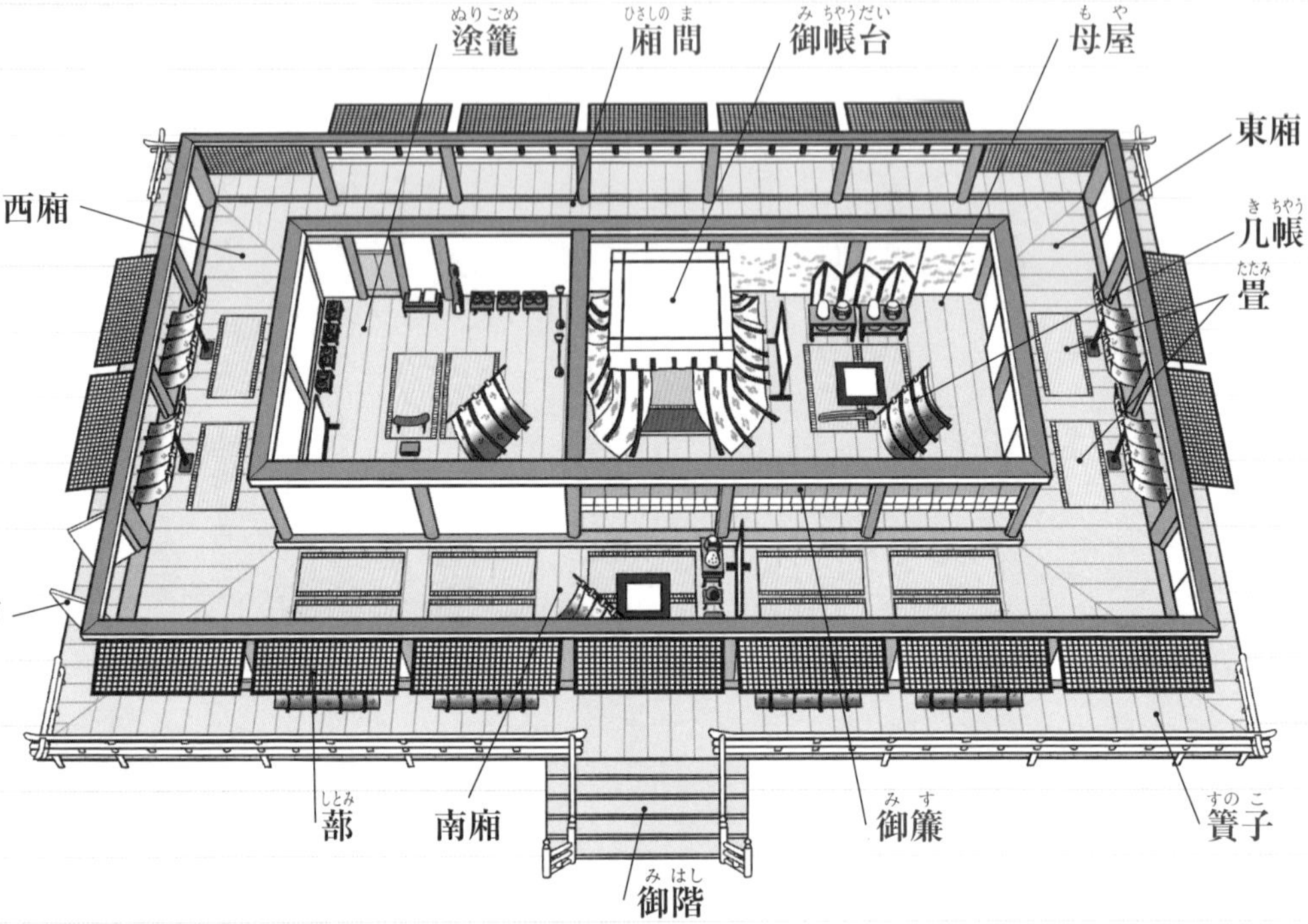

16 ☐ **母屋【もや】**家屋の中心になる部屋。板敷で、必要な部分に畳を置いた。

17 ☐ **廂間【ひさしのま】**母屋の周囲の細長い部屋。今日のように間仕切りの壁やふすまはなく、衝立《ついたて》や几帳《きちょう》などで仕切って、女房たちが控えた。

18 ☐ **塗籠【ぬりごめ】**周囲を壁で塗りこめた部屋。納戸《なんど》(物置き)や寝室として用いた。

19 ☐ **御帳台【みちょうだい】**貴人の座所・寝所で、周りを帳《とばり》(＝幕)で囲んだ台。床を一段高く作り四隅に柱を立てて、四方に帳を垂らして天井をつけたもの。畳二畳くらいの広さ。

20 ☐ **御簾【みす】**貴人のいる部屋の簾《すだれ》のこと。母屋と廂間、廂間と簀子(縁側)を仕切り、廂間と簀子の間には、御簾の外側に、さらに格子《こうし》や蔀《しとみ》(格子の内側に板を張ったもの)をはめこんで仕切った。

21 ☐ **簀子【すのこ】**廂間の外周りの板敷の縁側。雨露がはけるように間を少し透《す》かしてあり、今の濡《ぬ》れ縁《えん》にあたる。

古典常識の読み方 2 寝殿造り・母屋

次の 10 ～ 21 の語の読み方を現代仮名遣いで書きなさい。 ▶問題は本冊 40・41 ページ

A 寝殿造り

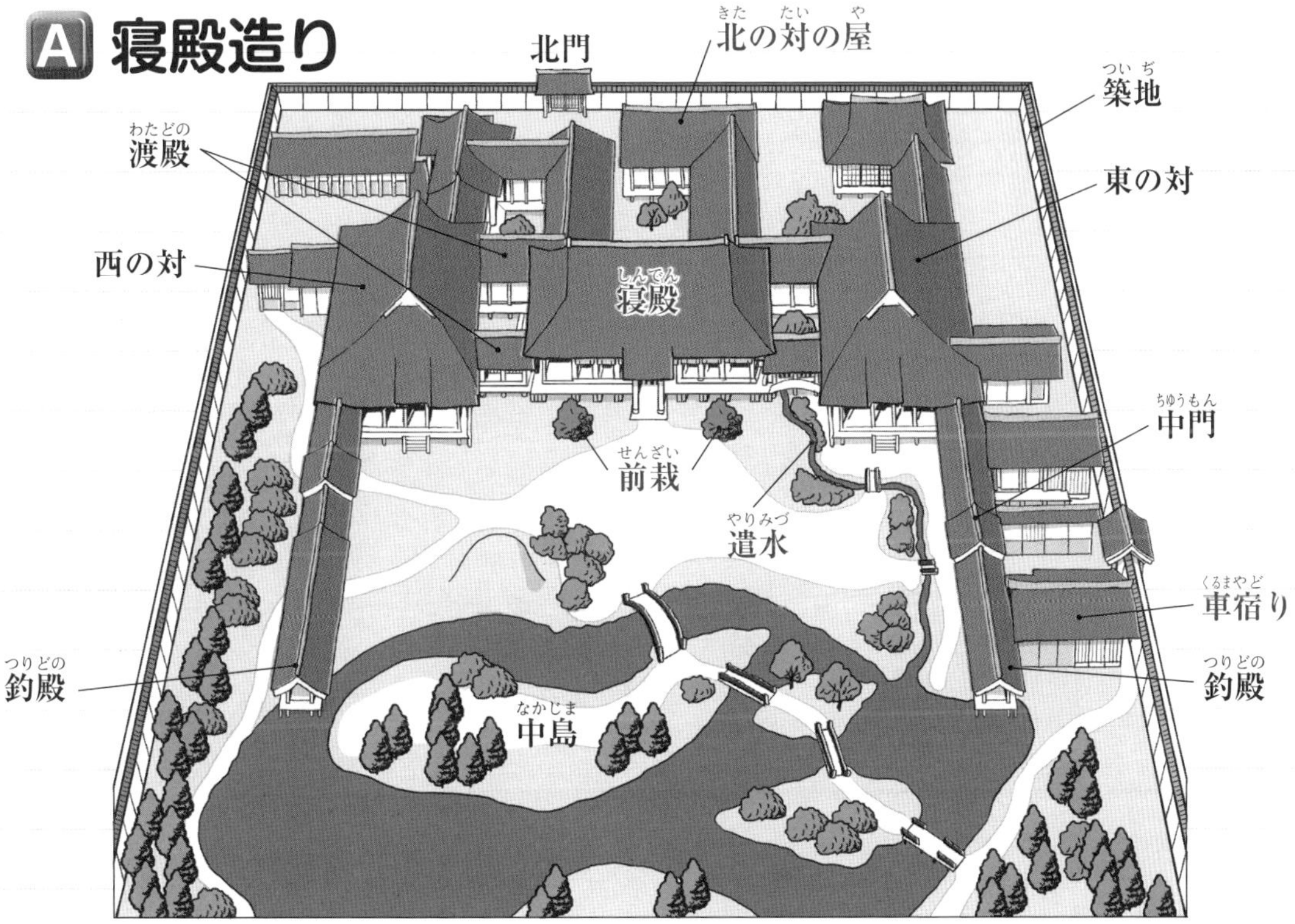

10 ☐ **寝殿造り【しんでんづくり】**平安時代の貴族の邸宅に用いられた建築様式。平安京の碁盤の目の一つ分にあたる、1町（約109ｍ四方）の敷地を標準とする。

11 ☐ **寝殿【しんでん】**寝殿造りの中央南面の建物で、主人が起居し、表座敷としたところ。単なる寝室ではない。

12 ☐ **対の屋【たいのや】**寝殿と渡殿《わたどの》（渡り廊下）でつながった左右や背後にある御殿。「北の対の屋」は正妻（北の方）の部屋、「西の対」「東の対」は家族の部屋。寝殿から見た位置によって「北の対」「西の対」「東の対」と呼んだ。

13 ☐ **車宿り【くるまやどり】**牛車《ぎっしゃ》などを入れておく所。今のガレージにあたり、中門の外にある。

14 ☐ **前栽【せんざい】**庭先に植えた草木。

15 ☐ **遣水【やりみず】**外の川から自邸の庭の池に引いた細い流れ。遣水の注ぐ池には中島を設け、橋を架けた。

問題は本冊 42~43 ページ

17 つらくて苦しい語

傍線部の太字の部分を現代語訳しなさい。

① 「うきよ」は、**憂き**世といふことにて、**憂き**ことのあるにつきていふ詞《ことば》なり。（玉勝間）

訳 「うきよ」とは、（つらい・わずらわしい）この世ということで、（つらい・わずらわしい）ことのあるのについて言う言葉である。

② 古代《こだい》の親は、宮仕へ人はいと**憂き**ことなりと思ひて過ぐさするを、（更級日記）

訳 昔かたぎの親は、宮仕え人はとても（つらい・わずらわしい）ことだと思って、（私を家で）過ごさせていたが、

③ 京や**住みうかり**けむ、（伊勢物語）

訳 京の都が（住みづらかっ・住むのにたえられなかっ）たのであろうか、

④ 女は、いと**つらし**と思へり。（源氏物語）

訳 女は、（なかなか訪ねて来てくれない男の態度を）たいそう（薄情だ・冷淡だ・恨めしい）と思っている。

⑤ 命長さのいと**つらう**思ひたまへ知らるるに、（源氏物語）

訳 命を長らえているのがたいそう（つらく・たえがたく）存ぜられますにつけても、

問題は本冊 44~45 ページ

18 つまらなくて寂しい語

傍線部の太字の部分を現代語訳しなさい。

① **つれづれなる**ままに、日暮らし硯《すずり》に向かひて、（徒然草）

訳 （することもなく手持ちぶさた・たいくつ）なのにまかせて、一日中硯に向かって、

② そこはかとなく、**つれづれに**心細うのみ覚ゆるを、（源氏物語）

訳 何となく、（しんみりともの寂しく）心細いとばかり思われるので、

③ よろづにいみじくとも、色好まざらん男は、いと**さうざうしく**、玉の杯《さかづき》の底なき心地《ここち》ぞすべき。（徒然草）

訳 すべてのことにすばらしくても、恋の情趣を理解しないような男は、たいそう（もの足りなく・つまらなく）、美しい杯の底がないような気持ちがするに違いない。

④ この酒を一人たうべんが**さうざうしけれ**ば、申しつるなり。（徒然草）

訳 この酒を一人で飲むのも（つまらない・もの足りない・心寂しい）ので、お呼びしたのだ。

⑤ 広うもの古《ふ》りたる所の、いとど人少なに**さびしけれ**ば、（源氏物語）

⑥ 明くる日まで頭《かしら》**いたく**、物食はず。（徒然草）

訳 翌日まで頭が（痛く）て、物も食べない。

⑦ 胸**いたき**こと、なのたまひそ。（竹取物語）

訳 胸が（苦しく・痛く）なるようなことを、おっしゃいますな。

⑧ まめやかにさいなむに、いと**からし**。（枕草子）

訳 （中将が、口止めされているあなたの居場所について）本気で詰問するので、実に（つらい）。

⑨ 恨めしく我をば煮《に》て、**からき**目を見するものかな。（徒然草）

訳 恨めしくも私（＝豆）を煮て、（ひどい・むごい・つらい）目にあわせることだなあ。

⑩ **からし**や。眉《まゆ》はしも、かは虫だちためり。（堤中納言物語）

訳 （いやだ・不快だ）なあ。眉は、毛虫みたいに見える。

⑪ 世の中を**憂し**と**やさし**と思へども飛び立ちかねつ鳥にしあらねば（万葉集）

訳 この世の中を、（つらい・いやだ）（たえがたい・つらい）と思っても、飛び立ってどこかへ行ってしまうこともできない。鳥ではないので。

⑫ 御門《みかど》ののたまはむことにつかむ、人聞き**やさし**。（竹取物語）

訳 （多くの人の求婚を断ってきたのに）帝《みかど》の仰せに（すぐに）従うようなのは、世間の聞こえが（はずかしい・きまりがわるい・つらい）。

訳 広々として古びた感じの屋敷が、いちだんと人も少なくて（ひっそりとして寂しい・心細い・もの悲しい）ので、

⑥ 世の中**さびしく**、思はずなることありとも、忍びて過ぐしたまへ。（源氏物語）

訳 夫婦仲が（もの足りなく・満たされなく）、心外なことがあっても、我慢してお過ごしなさい。

⑦ 前栽《せんざい》の草木まで心のままならず造りなせるは、見る目も苦しく、いと**わびし**。（徒然草）

訳 植え込みの草木まで自然のままでなく人工的に造り立ててあるのは、見た目も不快で、たいそう（興ざめだ・がっかりだ）。

⑧ わらはべの名は例のやうなるは**わびし**とて、虫の名をなむつけたまひたりける。（堤中納言物語）

訳 召使の少年の名前はありふれたのは（つまらない・もの足りない）と言って、虫の名をおつけになっていた。

⑨ **あぢきなき**ことに心をしめて、（源氏物語）

訳 （父親の最愛の人を愛するという）（道理にはずれた）恋に心を奪われて、

⑩ **あぢきなき**もの、…養子《とりこ》の顔にくげなる。（枕草子）

訳 （どうしようもない・苦々しい・おもしろくない）もの、…（せっかく迎えた）養子の顔がかわいげがないこと。

⑪ **あぢきなき**すさびにて、…人の見るべきにもあらず。（徒然草）

訳 （私の書いているものは）（つまらない）なぐさみ書きであって、…人が見るはずのものではない。

問題は本冊 46~47 ページ

19 物思いや悲しみにくれる語

傍線部の太字の部分を現代語訳しなさい。

① 年ごろ、つれづれに**ながめ**明かし暮らしつつ、（紫式部日記）

訳 長年、することもなくたいくつで（物思いにふけって）明け暮れ過ごしながら、
（ぼんやりと）

② 暮れがたき夏の日暮らし**ながむれ**ばそのこととなくものぞ悲しき（伊勢物語）

訳 なかなか暮れきらない夏の日を、一日中（物思いにふけっ）ている（物思いにふけってぼんやりしている）と、何ということもなくすべてがもの悲しく思われる。

③ 「こぼれて匂《にほ》ふ花桜かな」と**ながめ**ければ、（今昔物語集）

訳 「咲きこぼれて美しい桜の花よ」と（古歌を）（口ずさん）だところ、

④ 木の間《こま》よりもりくる月の影見れば**心づくしの**秋は来にけり（古今集）

訳 木の間からもれてくる月の光を見ると、（さまざまに物を思う）（物思いをする）秋が来たのだなあ。

⑤ 物思ふ人の魂は、げに**あくがるる**ものになむありける。（源氏物語）

問題は本冊 48~49 ページ

20 病気になる語

傍線部の太字の部分を現代語訳しなさい。

① 御目の**なやみ**さへ、この頃重くならせたまひて、（源氏物語）

訳 お目の（病気）までも、この頃は重くおなりになって、

② 御息所《みやすどころ》はかなき**心地**に**わづらひ**て、まかでなむとしたまふを、（源氏物語）

訳 御息所（＝桐壺《きりつぼ》の更衣《こうい》）はちょっとした（病気）で（苦しん）で、（実家に）退出しようとなさるのに、

③ 藤壺《ふじつぼ》の宮、**なやみたまふ**ことありて、まかでたまへり。（源氏物語）

訳 藤壺の宮は、（ご病気になる）（わずらいなさる）ことがあって、（宮中から）退出なさった。

④ わらは病《や》みに久しう**なやみたまひ**て、（源氏物語）

訳 おこり（＝熱病）で長い間（お苦しみになっ）（お困りになっ）て、

⑤ 折ふし**いたはる**ことさうらひて、承《うけたまは》らずさうらふ。（平家物語）

訳 ちょうど（病気で苦しむ）（病気になる・わずらう）ことがございまして（うかがえず）、お聞きしておりません。

訳 思い悩む人の魂は、なるほど（体から離れてさまよう／さまよい歩く）ものであったのだなあ。

⑥ いさよふ月にゆくりなく**あくがれ**むことを、女は思ひやすらひ、（源氏物語）

訳 沈みそうでなかなか沈まない月に（誘われて）思いがけず（出歩く）ようなことを、女はためらい、

⑦ **かきくらす**心の闇《やみ》にまどひにき（古今集）

訳（悲しみにくれる）心の迷いに途方にくれてしまった。

⑧ **かきくもり**、もの見えぬ心地《ここち》したまへば、（源氏物語）

訳（涙で目の前が暗くなって）、ものも見えない気持ちがなさるので、

⑨ 契《ちぎ》りきなかたみに**袖をしぼり**つつ末《すゑ》の松山波越さじとは（後拾遺集）

訳 約束しましたね。お互いに（涙でぬれた袖をしぼっ／ひどく涙を流し）ては、末の松山を決して波が越えること（がないように、私たちも決して心変わり）をするまいと。

⑩ みな**袖ぬらし**てぞ帰りたまひける。（源氏物語）

訳 みな（泣き／涙を流し）ながらお帰りになった。

⑪ 押し当てさせたまへる**袖のしづく**、ことわりに、（狭衣物語）

訳（顔に）押しあてなさる（袖の涙）も、もっともなことで、

⑫ いとかなしうて、人知れず**しほたれ**けり。（源氏物語）

訳 たいそう悲しくて、ひそかに（涙を流し）た。

---

⑥ **なやましう**て、咳《しはぶき》などいたうせらるるを、（蜻蛉日記）

訳（具合が悪く）て、ひどく咳《せき》などが出たりするので、

⑦ 宮は、ならひたまはぬ御ありきに、**なやましく**思されて、（源氏物語）

訳 匂《におう》の宮《みや》は、慣れていらっしゃらない（遠出の）御外出のために、（疲れて苦しく／つらく・大儀に）お思いになって、

⑧ はかなき物も聞こしめさず、**なやましげに**せさせたまふ。（源氏物語）

訳 ちょっとしたものもめしあがらず、（気分が悪そうに／だるそうに）していらっしゃる。

⑨ このごろ物《もの》の怪《け》にあづかりて**こうじ**にけるにや、ゐるままにすなはちねぶり声なる、いとにくし。（枕草子）

訳（修験者《しゅげんじゃ》は）近ごろ（あちこちで）物の怪（の調伏《ちょうぶく》）にかかわって、（疲れ／疲れきっ・くたびれ）ていたのであろうか、座るとすぐに（お祈りが）眠り声になるのは、まことににくらしい。

⑩ 面影《おもかげ》に覚えて悲しければ、月の興《きょう》も覚えず、**くんじ**臥《ふ》しぬ。（更級日記）

訳（別れた乳母のことが）面影に浮かんで悲しいので、月の興趣も感じられず、（ふさぎ込み）寝てしまった。

⑪ 恨みを負ふ積もりにやありけむ、いと**あつしく**なりゆき、（源氏物語）

訳（桐壺の更衣は、ほかのお妃《きさき》たちの）恨みを受けることが積もり重なったせいであろうか、ひどく（病気がちに／病気が重く・病弱に）なってゆき、

21 病気が治る語

傍線部の太字の部分を現代語訳しなさい。

① なやみわたるが、**おこたり**ぬるもうれし。（枕草子）

訳 ずっと病気で苦しんでいたのが、（（病気が）治っ／快方に向かっ）たのもうれしい。

② そこにて日ごろ過ぐるほどにぞ、やうやう**おこたる**。（更級日記）

訳（具合が悪かったが）そこで数日を過ごすうちに、だんだん（快方に向かう）。

③ 御心地《ここち》**おこたり果て**たまはぬを、心もとなくおぼせど、（源氏物語）

訳（父大臣は葵《あおい》の上《うえ》の）ご病気が（すっかり治り／全快し）なさらないのを、気がかりにお思いになるが、

④ あふひならでは**やむ**薬なし。（拾遺集）

訳 逢う日がなくては（この恋の病が）（治る）薬はない。

⑤ いたはり**やめ**たてまつりたまへ。（源氏物語）

訳 病気をお（治し）申し上げてください。

⑥ 脚病《かくびやう》**いたはら**む。（宇津保物語）

訳 かっけ（＝脚の病気）を（治療し）よう。

22 仏道にかかわる語

傍線部の太字の部分を現代語訳しなさい。

① この聖《ひじり》の**おこなふ**山の中に飛び行きて、（宇治拾遺物語）

訳 この聖が（仏道の修行をする）山の中に飛んで行って、

② ただ一人、礼堂《らいだう》の片隅に蓑《みの》を打ち敷きて**おこなひ**ゐたるほどに、（今昔物語集）

訳 たった一人で、礼拝堂の隅っこで蓑を敷いて（勤行し／読経し）て座っているうちに、

③ このごろの世の人は、十七、八よりこそ経読み、**おこなひ**もすれ、（更級日記）

訳 近ごろの人は、十七、八歳（のころ）からお経を読み、（勤行）もするけれど、

④ 御**おこなひ**のほどにも、同じ道をこそは**つとめ**たまふらめなど、思《おぼ》しやりて、（源氏物語）

訳（朱雀院は）御（勤行）の時にも、（女三の宮も）同じ仏の道の（修行をし）ていらっしゃるだろうなどと、ご想像になって、

⑤ **先の世**にも御契《ちぎ》りや深かりけむ、（源氏物語）

訳（前世）でも御宿縁が深かったのであろうか、

⑥ **後の世**のこと心に忘れず、仏の道うとからぬ、ここ

⑦ このほどあまりに乗り損じてさうらひつる間《あひだ》、しばらく**いたはら**せさうらはん。（平家物語）

訳 （この馬は）近ごろあまりにも乗り過ぎて疲れさせてしまいましたので、しばらく（　休養　）させましょう。

⑧ つねの使ひよりは、この人よく**いたはれ**。（伊勢物語）

訳 （大事な使者なので）いつもの使者よりも、この人をよく（　世話しなさい　）。　大事にしなさい

⑨ 近づき**あつかふ**人はあるべからず。（発心集）

訳 （この卑しい病人に）近づいて（　看病する　）人はきっとないであろう。　世話をする・面倒をみる

⑩ まことに親めきて**あつかひ**たまふ。（源氏物語）

訳 （源氏は小君《こぎみ》を）本当に親らしく（　世話　）なさる。　面倒を見

⑪ 大弐《だいに》の乳母《めのと》のいたくわづらひて尼になりにける、**とぶらは**むとて、（源氏物語）

訳 （源氏は）大弐の乳母がひどく病気をわずらって尼になってしまったのを、（　見舞お　）うと思って、　訪ねよ

⑫ 契《ちぎ》りおかぬ思ひのほかの人も**とふ**なり。（更級日記）

訳 約束もしていない思いがけない人も（　訪れる　）ということだ。

⑬ 父母の後世《ごせ》を**とぶらひ**たまふぞあはれなる。（平家物語）

訳 父母の死後の（　冥福を祈り　）なさる姿は気の毒なことである。

ろにくし。（徒然草）

訳 （　死後の世　）のことを常に心に忘れず、仏の道をよく知る人は、奥ゆかしい。　死んだ後・あの世

⑦ 念仏して、ひとへに**後世**をぞ願ひける。（平家物語）

訳 念仏して、いちずに（　極楽往生　）を願った。

⑧ これも**先の世**に、この国に跡を垂るべき**すくせ**こそありけめ。（更級日記）

訳 こうなったのも（　前世　）で、この国に住むはずの（　宿縁　）があったのであろう。　因縁・宿命

⑨ あさましきことかな。**もの**のつきたまへるか。（宇治拾遺物語）

訳 あきれたことだなあ。（　物の怪　）がとりつきなさったのか。　怨霊

⑩ かの**もの**に襲はれし折思《おぼ》し出《い》でられて、（源氏物語）

訳 あの（夕顔と一夜を過ごした邸《やしき》で）（　怨霊　）に襲われた時（のこと）を思い出しなさって、　生き霊・もののけ

⑪ **験**《げん》あらん僧たち、祈り試みられよ。（徒然草）

訳 （　霊験　）あらたかな坊さんたち、試しに祈ってごらんなさい。　効験・ききめの

⑫ よろづにまじなひ、加持《かぢ》などまゐらせたまへど、**しるし**なくて、あまたたびおこりたまへば、（源氏物語）

訳 （熱病にかかった源氏は）あれこれとまじないをさせ、加持祈禱などをおさせになるが、（　ききめ　）がなくて、何度も発作《ほっさ》をおこしなさるので、　効験・効果

23 世を捨てて出家する語

問題は本冊 54~55 ページ

傍線部の太字の部分を現代語訳しなさい。

① 五十《いそぢ》の春を迎へて家を出で、**世を背け**り。（方丈記）
訳 五十歳の春を迎えて家を出て、（ 出家し ）た。

② かう**世を捨つる**やうにて明かし暮らすほどに、（源氏物語）
訳 このように（ 出家した・俗世をはなれた・世を捨てた ）ようにして日々を過ごすうちに、

③ **世をのがれ**て山林にまじはるは、心を修めて道を行はんとなり。（方丈記）
訳 （ 俗世をはなれ・出家し ）て山林の中に入るのは、心を修養して仏道の修行をしようとしてのことである。

④ 比叡《ひえ》の山に登りて、**かしらおろし**てけり。（古今集）
訳 比叡山に登って、（ 出家し・剃髪し ）てしまった。

⑤ 思ひのほかに、**みぐしおろしたまう**てけり。（伊勢物語）
訳 （惟喬《これたか》の親王《みこ》は）思いがけなく、（ 出家なさっ・剃髪なさっ ）てしまった。

⑥ もとの妻も**さまを変へ**、尼になりて、（発心集）
訳 もとの妻も（ 出家し ）、尼になって、

⑦ **かたちを変へ**、**世を背き**にきとおぼえたれど、

24 死にまつわる語

問題は本冊 56~57 ページ

傍線部の太字の部分を現代語訳しなさい。

① 三月二十日、つひにいと**あさましくなら**せたまひぬ。（増鏡）
訳 三月二十日、とうとうほんとうにお（ 亡くなり ）になってしまった。

② そこに**いたづらになり**にけり。（伊勢物語）
訳 （女は）そこで（ 死ん ）でしまった。

③ 五月のつごもりごろに、**はかなくなり**にけり。（住吉物語）
訳 五月の末ごろに、（ 亡くなっ ）てしまった。

④ その人ほどなく**失せ**にけりと聞き侍りし。（徒然草）
訳 その人はまもなく（ 亡くなっ ）たと聞きました。

⑤ やむごとなき人の**かくれ**たまへるもあまた聞こゆ。（方丈記）
訳 高貴な方がお（ 亡くなり ）になったこともたくさん聞こえてくる。

⑥ 姉の**みまかり**にける時に詠める。（古今集）
訳 姉が（ 亡くなっ ）た時に詠んだ（歌）。

⑦ 夜中うち過ぐるほどになむ**絶え果て**たまひぬる。（源氏物語）

訳（出家し／髪をおろし）（尼になり）、（俗世をはなれ／出家し）てしまったと思われたけれど、（源氏物語）

⑧ **まことの道に入ら**せたまへども、御嘆きはさらに尽きせず。（平家物語）

訳（建礼門院《けんれいもんいん》は）（出家し）なさったけれども、お嘆きはまったく尽きることがない。

⑨ 御車もいたく**やつし**たまへり。（源氏物語）

訳（お忍びなので）お車もたいそう（目立たないようにし）ていらっしゃる。

⑩「心もなくたちまちに形を**やつし**てけること」と胸つぶれて、（源氏物語）

訳「なんの考えもなく早々と（浮舟《うきふね》の）姿を（尼の姿に変え／出家させ）てしまったことよ」と心が乱れて、

⑪ 旅立つ暁、髪を剃りて、**墨染め**にさまを変へ、（奥の細道）

訳 旅に出発する日の朝、髪を剃り、（僧衣）に姿を変えて、

⑫ みな人は花の衣になりぬなり**苔の袂**よ乾きだにせよ（古今集）

訳 世間の人は皆（喪服をぬいで）はなやかな衣服になったようだ。（涙にぬれた私の）（粗末な僧衣）よ、せめて乾くだけでもしておくれ。

訳 夜中を過ぎたころにお（亡くなり）になってしまった。

⑧ 親子ある者は、定まれることにて、親ぞ**先立ち**ける。（方丈記）

訳 親子でいっしょにいる場合は、決まったように、親のほうが（先に死ん）だ。

⑨ **見捨て**はべりなば、波の中にもまじり**失せ**ね。（源氏物語）

訳（私が）（先に死に）ましたならば、波の中に身を投げて（死ん）でしまえ。

⑩ 十ばかりにて殿に**おくれ**たまひしほど、（源氏物語）

訳 十歳ぐらいで父君に（先立たれ）なさったころ、

⑪ 思ふ人々に**おくれ**なば、尼にもなりなむ。（源氏物語）

訳 愛する人たちに（先立たれ／死におくれ）たならば、尼にでもなってしまおう。

⑫ からは、けうとき山の中に**をさめ**て、（徒然草）

訳 亡きがらは、人けのない山の中に（埋葬し／葬っ）て、

⑬ **のちのわざ**ども営み合へる、心あわたたし。（徒然草）

訳（不便な狭い山寺で、四十九日の）（法事／仏事）などを営み合っているのは、気ぜわしい。

⑭ **あととふわざ**も絶えぬれば、いづれの人と名をだに知らず、（徒然草）

訳（仏事／法事）も絶えてしまうと、（墓の主が）どこの誰か名前さえわからなくなり、

30 ☐ **透垣《すいがい》【すいがい】** 板や竹で間を少し透《す》かして作った垣。

31 ☐ **檜垣《ひがき》【ひがき】** ひのきの薄い板を網代《あじろ》のように斜めに編んで作った垣。身分の低い人の家の外構えなどに用いられた。

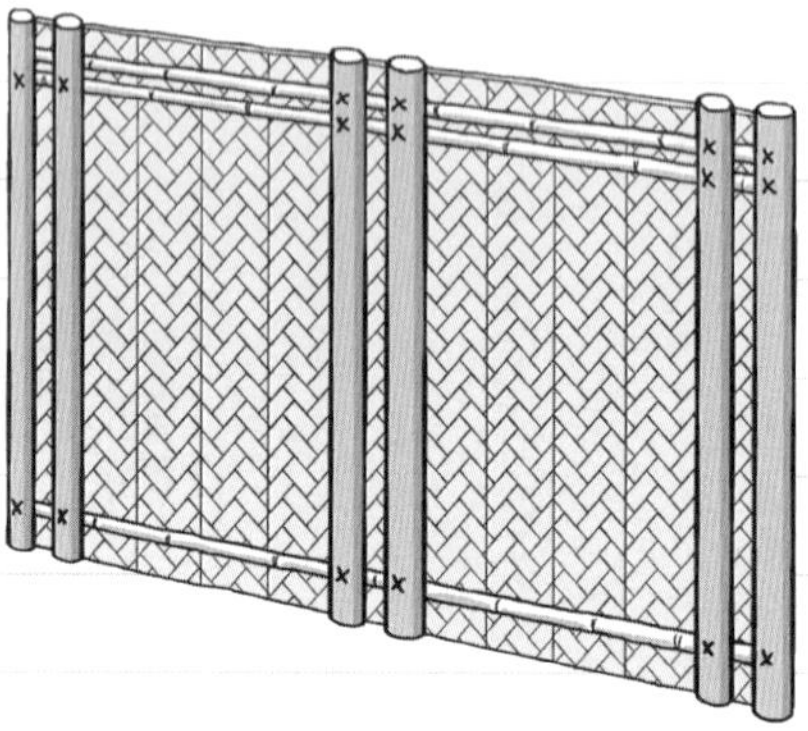

32 ☐ **小柴垣《こしばがき》【こしばがき】** 雑木の細い枝で作った丈《たけ》の低い垣。

33 ☐ **築地《ついぢ》【ついじ】** 邸《やしき》の周囲にめぐらす土塀《どべい》。泥で塗り固め、屋根を瓦《かわら》でふいた垣根。

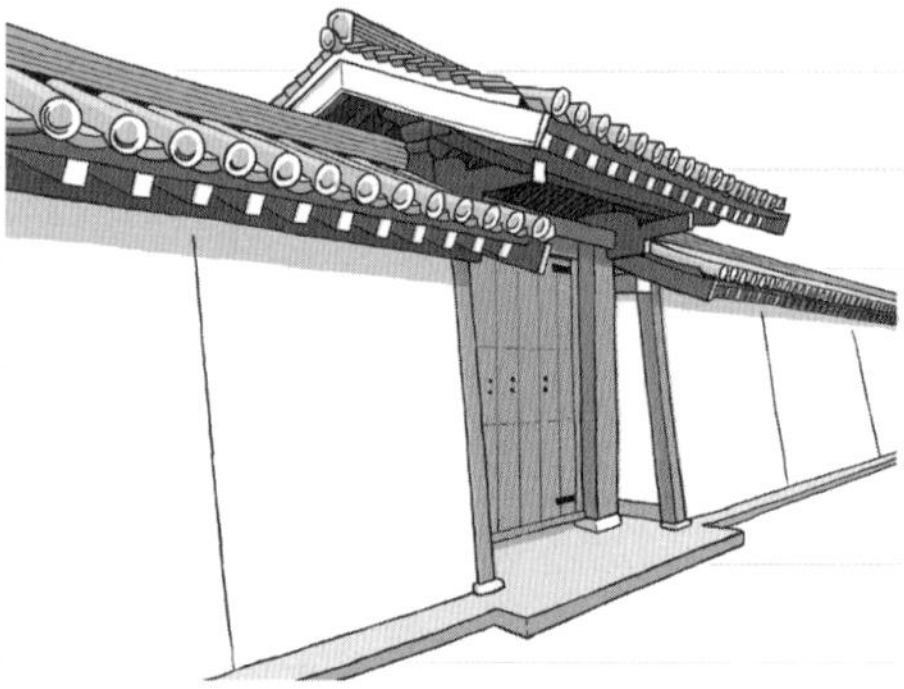

34 ☐ **閼伽棚《あかだな》【あかだな】**
仏前に供える水や花などを置く棚。
「閼伽」は、仏前に供えるものの意。

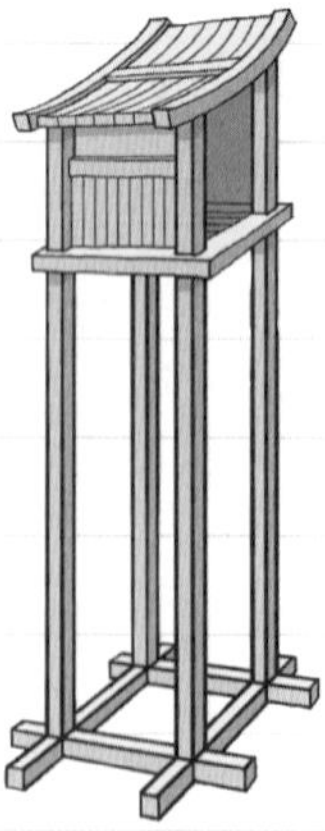

35 ☐ **筧《かけひ》【かけい】** 節《ふし》をぬいた竹や中をくりぬいた木を地上に掛け渡して水を導くためのとい。

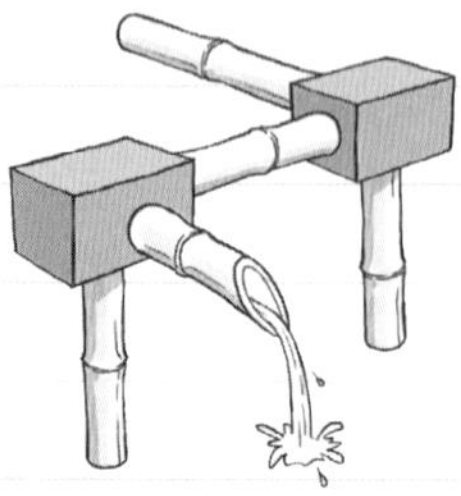

古典常識の読み方 3 住居の造作

次の 22 ～ 35 の語の読み方を現代仮名遣いで書きなさい。 ▶問題は本冊 58・59 ページ

22 ☐ **格子《かうし》【こうし】** 細い角材を縦・横に細かく直角に組み合わせて作った建具。部屋の内側と簀子との仕切りで、取り外しができ、窓や出入り口などに取りつける。

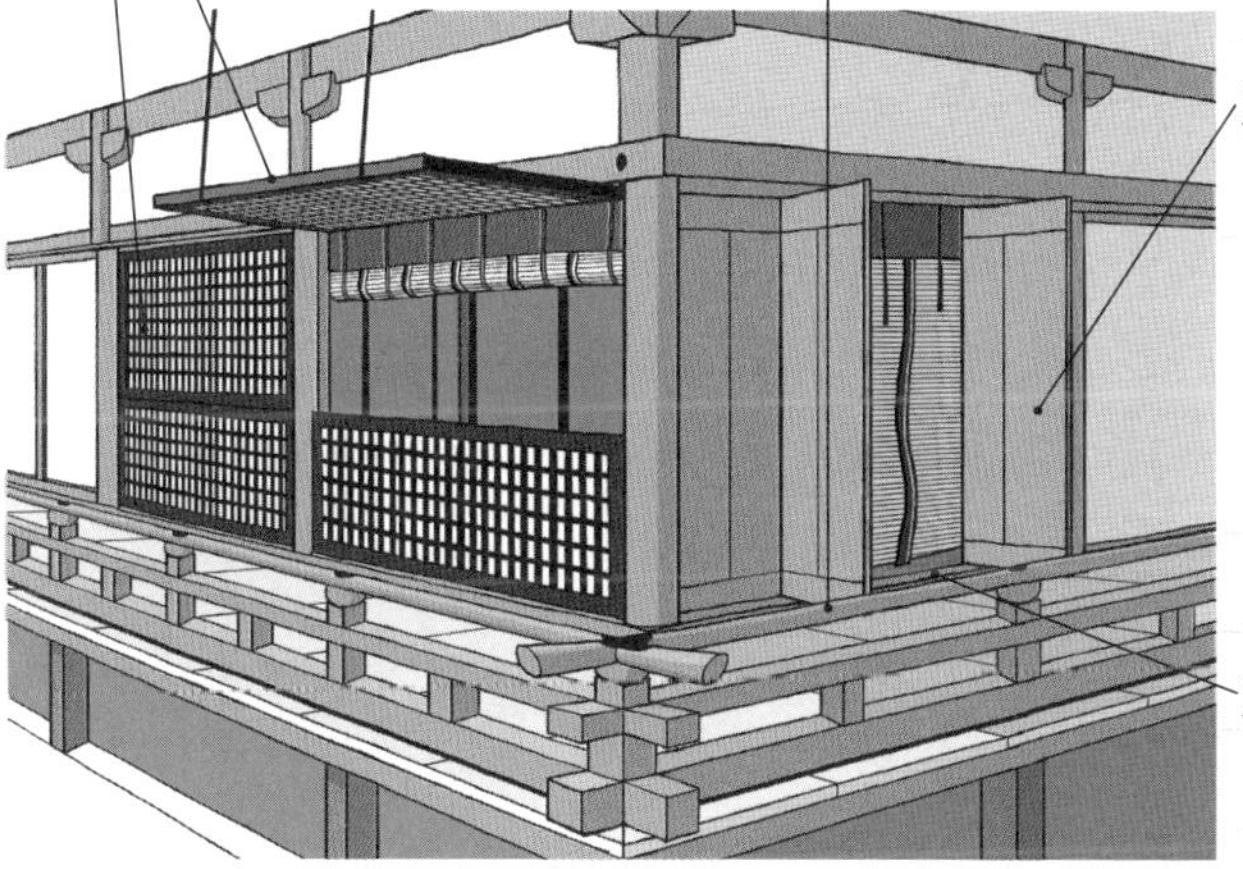

23 ☐ **高欄《かうらん》【こうらん】** 簀子《すのこ》の外側につけた欄干《らんかん》。

24 ☐ **妻戸《つまど》【つまど】** 外側へ両開きに開く板戸。寝殿や対の屋の四隅にある出入り口で、夜間は廂と簀子の境は蔀《しとみ》で閉ざしてしまうので、妻戸によって出入りした。

25 ☐ **長押《なげし》【なげし】** 簀子と廂《ひさし》、廂と母屋《もや》の境にある敷居。上部のものを上長押《かみなげし》、下部のものを下長押《しもなげし》という。

26 ☐ **蔀《しとみ》【しとみ】** 格子の内側に板を張ったもの。格子蔀ともいう。

27 ☐ **半蔀《はじとみ》【はじとみ】** 蔀が上下半分に分かれ、上半分を窓のように開けることができるようになっているもの。

28 ☐ **遣戸《やりど》【やりど】** 左右に引いて開閉する戸。引き戸。

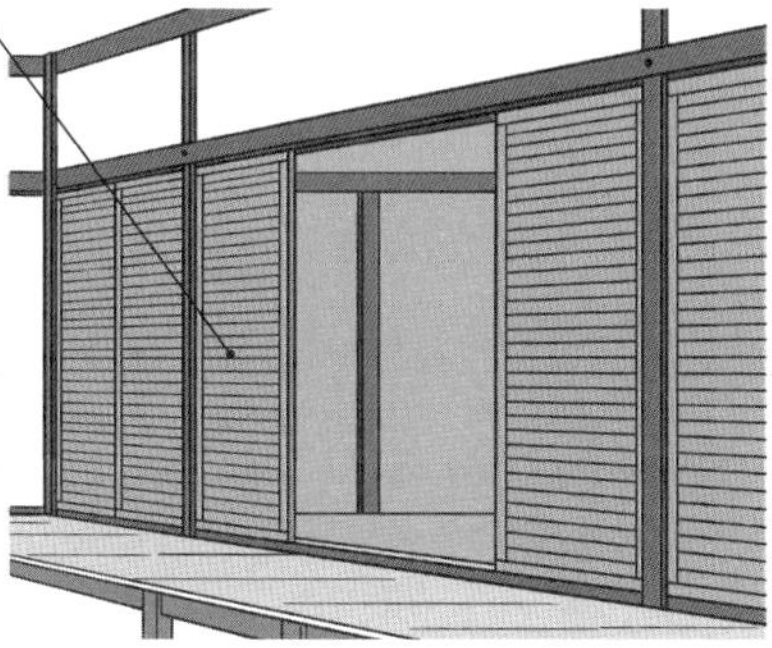

29 ☐ **打橋《うちはし》【うちはし】** 殿舎と殿舎との間に掛け渡した、取り外しのできる板の橋。殿舎と殿舎との間を馬が通るときには打橋を取り外し、その通り道を「馬道《めどう》」といった。

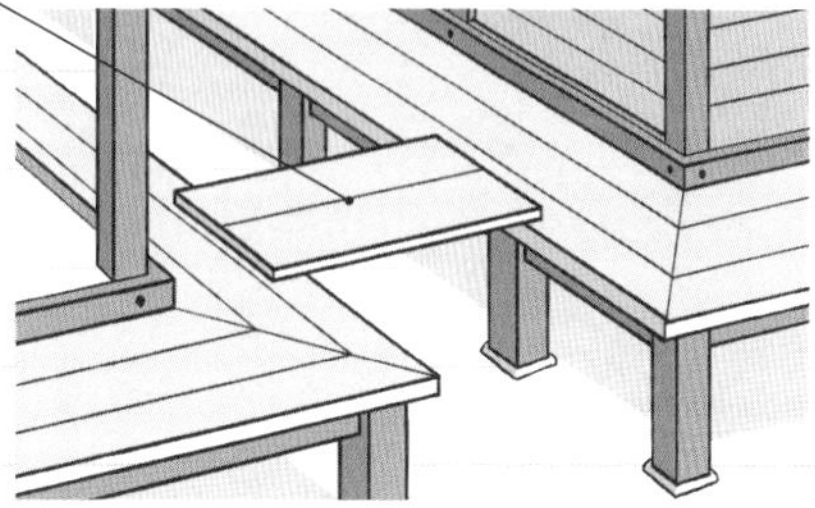

25 不快な語

傍線部の太字の部分を現代語訳しなさい。

①かばかりの中に何かはと、人の心はなほ**うたて**覚ゆれ。（徒然草）

訳 （近親者が亡くなった）これほどの（悲しみの）中でどうして（そんなことを言うのか）と、人の心というものはやはり（　情けなく　）思われる。
不快に・いやに

②**うたて**思《おぼ》さるれば、太刀《たち》を引き抜きて、（源氏物語）

訳 （源氏は薄暗い部屋の様子が）（　気味悪く　）お思いになるので、太刀を引き抜いて、
異様に・変に・怪しく

③勧賞《けんじやう》かうぶらんとて、尋ね求むるぞ**うたてき**。（平家物語）

訳 （捕えて）ほうびをいただこうと思って、（敗れた平家の人々を）捜し求めたとは（　嘆かわしい　）ことだ。
情けない

④久しうなやみたるも、男の心地《ここち》は**むつかしかる**べし。（枕草子）

訳 （あまり愛していない妻が）長く病気でいるのも、男の気持ちとしては（　うっとうしい　）であろう。
煩わしい・面倒

⑤用ありて行きたりとも、そのこと果てなば、とく帰るべし。久しくゐたる、いと**むつかし**。（徒然草）

26 気にくわない語

傍線部の太字の部分を現代語訳しなさい。

①上達部《かんだちめ》・上人《うへびと》なども、**あいなく**目をそばめつつ、（源氏物語）

訳 公卿《くぎょう》や殿上人《てんじょうびと》たちも、（帝の寵愛《ちょうあい》を一身に集める桐壺《きりつぼ》の更《こう》衣《い》を）（　感心しない　）ことと目をそむけては、
気に入らない・おもしろくない

②世に語り伝ふること、まことは**あいなき**にや、多くはみな空言《そらごと》なり。（徒然草）

訳 世間で語り伝えていることは、真実は（　おもしろくない　）のであろうか、多くは皆作り話である。
つまらない

③**心づきなき**ことあらん折は、なかなかその由《よし》をも言ひてん。（徒然草）

訳 （　気にくわない　）ことがあるような時は、かえってそのわけを言ってしまうのがよい。
気が進まない・不愉快な・いやな

④例の心なしの、かかるわざをしてさいなまるるこそ、いと**心づきなけれ**。（源氏物語）

訳 いつものように（あの）不注意者が、こんなことをしでかして叱られるのは、本当に（　不愉快だ　）。
いやだ

⑤初めより我はと思ひ上がりたまへる御方々、**めざましき**ものにおとしめそねみたまふ。（源氏物語）

訳 用事があって行ったとしても、その用事が済んだら、すぐ帰るのがよい。長居をするのは、非常に（煩わしい ／ 見苦しい）。

⑥ 一日《ひとひ》二日《ふつか》たまさかに隔《へだ》つるをりだに、あやしう**いぶせき**心地するものを。（源氏物語）

訳 一日二日たまに（あなたに）会わない時でさえ、ふしぎなほど（気が晴れない ／ 憂鬱な・気がかりな）思いがするのに。

⑦ 旅の宿りはつれづれにて、庭の草も**いぶせき**心地するに、（源氏物語）

訳 旅の宿はたいくつで、庭の草も（手入れされていなくて）（むさくるしい ／ 不快な）感じがする上に、

⑧ 歯黒め、「さらに**うるさし**、汚し」とて、つけたまはず。（堤中納言物語）

訳 （姫君は）お歯黒を、「まったく（煩わしい ／ 面倒だ）、汚い」と言って、おつけにならない。

⑨ 見苦しとて人に書かするは**うるさし**。（徒然草）

訳 （字の下手な人が、自分の字は）見苦しいからといって人に書かせるのは（わざとらしい ／ 嫌みだ）。

⑩ **所せき**御身にて、めづらしう思《おぼ》されけり。（源氏物語）

訳 （源氏は帝の皇子という）（きゅうくつな）ご身分であって、（見慣れない山のけしきを）新鮮にお思いになった。

⑪ この生絹《すずし》だにいと**所せく**暑かはしく、取り捨てまほしかりしに、（枕草子）

訳 この（夏服の）生絹でさえ実に（煩わしく ／ やっかいで）暑苦しく、取って捨てたかったのに、

訳 最初から私こそはと自負していらっしゃった（他の女御《にょうご》更衣などの）お后《きさき》の方々は、（帝の寵愛を独占する桐壺の更衣を）（気にくわない）者として蔑《さげす》み妬《ねた》んでいらっしゃる。

⑥ 髪のさがりば、**めざましく**もと見たまふ。（源氏物語）

訳 （源氏は、女の）髪のたれ具合を、（意外とすばらしく）もあるなあとごらんになる。

⑦ **にくき**もの、急ぐことある折に来て、長言《ながごと》する客人《まらうど》。（枕草子）

訳 （しゃくにさわる ／ 気にくわない・憎らしい）もの、急用のある時にやって来て、長話をする客。

⑧ 桜の花は、優《いう》なるに枝ざしのこはごはしく、もとのやうなども**にくし**。（大鏡）

訳 桜の花は、優美であるのに枝ぶりがごつごつしていて、幹の様子なども（見苦しい ／ 醜い・不格好だ）。

⑨ まいて、よき人などをさ申す者は、いみじう**ねたう**さへあり。（枕草子）

訳 まして、高貴な方のことなどを、そのように（無礼な言葉づかいで）申し上げる者は、実に（腹立たしく ／ 憎らしく・いまいましく）まで思われる。

⑩ さても**ねたく**見つけられにけるかな。さばかり戒《いまし》めつるものを。（枕草子）

訳 それにしても（残念な ／ くやしい・いまいましい）ことに見つけられてしまったなあ。あれほど注意したのに。

問題は本冊 64~65 ページ

27 うるさい語

傍線部の太字の部分を現代語訳しなさい。

① あやしき家の見所もなき梅の木などには、**かしかましき**までぞ鳴く。（枕草子）

訳（うぐいすは）みすぼらしい家の何の見所もない梅の木などには、（うるさい）ほどに鳴く。

やかましい・騒がしい

② もの言へば、「ひがみたり」と**かしかましう**言へば、聞きにくし。（落窪物語）

訳（私が）何か言うと、（あなたは）「ひねくれている」と（口うるさく）言うので、聞くのがつらい。

口やかましく

③ 耳**かましき**までの御祈りども験《しるし》見えず。（栄花物語）

訳 耳に（やかましい）ほどのご祈禱《きとう》も霊験が見えない。
うるさい

④ 人々、いとかたはらいたしと思ひて、「**あなかま**」と聞こゆ。（源氏物語）

訳 女房たちは、（源氏の訪れを喜んでいる若紫の様子を）たいそう間が悪いと思って、「（しっ、静かに）」と申し上げる。

⑤ **らうがはしき**大路《おほぢ》に立ちおはしまして、（源氏物語）

訳（源氏は）（むさくるしい）大路に（車を止め、門があくまで）立っておいでになって、
ごたごたしている・騒々しい

問題は本冊 66~67 ページ

28 不都合な語

傍線部の太字の部分を現代語訳しなさい。

① 人目多くて**びんなけれ**ば、（源氏物語）

訳 人目が多くて（具合が悪い）ので、
不都合な

② 左の大臣《おとど》の、一の人といひながら、美麗ことのほかにて参れる、**びんなき**ことなり。（大鏡）

訳（世の中に質素倹約を奨励している折に）左大臣が、第一の位《くらい》にある人とはいっても、格別に華美な衣服で参内したのは、（けしからぬ）ことである。

よくない・不都合な・感心しない

③ 声高《こわだか》になのたまひそ。屋の上にをる人どもの聞くに、いと**まさなし**。（竹取物語）

訳 大きな声でおっしゃいますな。建物の上にいる天人たちが聞くので、たいへん（不都合だ）。
具合が悪い

④ **まさなう**も敵に後ろを見せさせたまふものかな。（平家物語）

訳（見苦しく）も敵に後ろをお見せになるものですなあ。

みっともなく・卑怯に

⑤ 木霊《こだま》など、**けしからぬ**物ども、所を得てやうやう形をあらはし、（源氏物語）

訳（末摘花《すえつむはな》の荒れた邸《やしき》には）こだまなど、（異様な）
怪しい

⑥ いと**らうがはしく**泣きとよむ声、いかづちにも劣らず。（源氏物語）

訳 非常に（やかましく〔騒々しく・うるさく〕）泣きさわぐ声は、雷にも劣らないほどだ。

⑦ 皆同じく笑ひ**ののしる**、いと**らうがはし**。（徒然草）

訳 皆同じように笑い（さわぐ）さまは、たいそう（うるさい〔やかましい・騒々しい〕）。

⑧ 物食ひ、酒飲み、**ののしり**あへるに、（枕草子）

訳 ものを食い、酒を飲んで、（大声で騒ぎ〔声高に騒ぎ・わめき〕）合っていると、

⑨ この世に**ののしり**たまふ光源氏、かかるついでに見たてまつりたまはむや。（源氏物語）

訳 世間で（評判になっ〔うわさし〕）ていらっしゃる光源氏を、このような機会に拝見なさいませんか。

⑩ **おびたたしく**大地震《おほなゐ》ふることはべりき。（方丈記）

訳 （激しく〔ものすごい〕）大地震が（おこって、地面が）震動することがありました。

⑪ あまりに内裏《だいり》の**おびたたしき**を見て、（平家物語）

訳 あまりに内裏（の規模）が（非常に大きい〔けたはずれな・立派な〕）のを見て、

⑫ はと一度に笑ひたりし声こそ、いと**おびたたしかり**しか。（大鏡）

訳 はっはっと一度に笑った声は、たいそう（騒がしかっ〔うるさかっ〕）た。

物の怪どもが、わがもの顔でしだいに姿をあらわし、

⑥ よき人のおはしますありさまなどのいとゆかしきこそ、**けしからぬ**心にや。（枕草子）

訳 高貴なお方の（日ごろ）過ごしていらっしゃる様子などをひどく知りたいと思うのは、（よくない〔感心しない〕）心なのであろうか。

⑦ かく世の中のことをも思ほし捨てたるやうになりゆくは、いと**たいだいしき**わざなり。（源氏物語）

訳 （桐壺《きりつぼ》の帝が）このように政務をも顧みなさらないようになってゆくのは、まったく（不都合な〔もってのほかな・とんでもない〕）ことである。

⑧ 文《ふみ》ことば**なめき**人こそ、いとにくけれ。（枕草子）

訳 手紙の言葉づかいの（無礼な〔失礼な・ぶしつけな〕）人は、実にいやなものだ。

⑨ 心強く承《うけたまは》らずなりにしこと、**なめげなる**ものにおぼしめしとどめられぬるなむ、心にとどまりはべりぬる。（竹取物語）

訳 （宮仕えを）強情にお受けしなかったことを、（帝が）（無礼な）者だとお心に留めてしまわれたのが、心残りでございます。

⑩ 「悩ましくなむ」と、事なしびたまふを、強ひて言ふもいと**こちなし**。（源氏物語）

訳 「気分が悪いので」と、さりげなく断りなさるのを、（食べるように）無理に言うのもたいそう（失礼だ〔無礼だ・ぶしつけだ〕）。

問題は本冊 68~69 ページ

29 残念で不満な語

傍線部の太字の部分を現代語訳しなさい。

① **くちをしう**、男子《をのこご》にて持たらぬこそ幸ひなかりけれ。（紫式部日記）

訳（残念な）ことに、（おまえを）男子として持たなかったのは運が悪かったのだ。
　┗くやしい・惜しい

② まして、家の内をおこなひをさめたる女、いと**くちをし**。（徒然草）

訳 まして、家の中のことを切りもりし処理している女は、たいそう（つまらない）。
　┗おもしろくない

③ 過ぎ別れぬること、かへすがへす**ほいなく**こそおぼえはべれ。（竹取物語）

訳 お別れしてしまうことは、本当に（残念に）思われます。
　┗不本意に

④ 思ひしにはあらず、いと**ほいなく** **くちをし**。（更級日記）

訳 思っていたとおり（の任国への任官）ではなく、本当に（不本意で）（残念だ）。
　┗がっかりだ

⑤ つひに**本意**のごとく会ひにけり。（伊勢物語）

訳（女は）ついに（かねてからの希望）どおり（幼なじみの隣の男と）結婚したのであった。

重要な古文単語　名詞①

1 あそび【遊び】

①管弦（音楽の演奏）の遊び。
②詩や和歌を作る遊び。

例 月のおもしろきに、夜ふくるまで**遊び**をぞしたまふなる。（源氏物語）

訳 月が美しいので、夜がふけるまで**管弦の遊び**をなさっているようだ。

2 あらまし

①予定。計画。心づもり。
②あらすじ。一部始終。

例 かねての**あらまし**、みな違《たが》ひゆくかと思ふに、（徒然草）

訳 かねてからの**計画**が、すべて食い違ってゆくかと思うと、

3 うつつ【現】

①現実。
②正気。

例 **うつつ**にも夢にも人にあはぬなりけり（伊勢物語）

訳 **現実**でも夢の中でもあなたに会わないことだ。

4 おこたり【怠り】

①怠慢。無沙汰。②不運。
③過失。失敗。④謝罪。

例 泣く泣く**おこたり**を言へど、いらへだにせで、（堤中納言物語）

訳（男は）泣く泣く**謝罪の言葉**を言うが、（女は）返事もしないで、

5 おぼえ【覚え】

①評判。人望。
②寵愛を受けること。

⑥ 若くて失せにし、いといとほしく**あたらしく**なん。（増鏡）

訳（歌才に秀《ひい》でていた宮内卿《くないきょう》が）若くして亡くなったのは、たいそう気の毒で（　惜しい　残念な　）ことであった。

⑦ **あたら**、重りかにおはする人のものに情けおくれて、（源氏物語）

訳（　惜しいことに　残念なことに　）、重々しい様子でいらっしゃるお方が人情味に欠けて、

⑧ 酔《ゑ》ひに**かこち**て、苦しげにもてなして、（源氏物語）

訳 酒の酔いに（　かこつけ　）て、苦しそうなふりをして、

⑨ 前世の罪の報いをば知らで、観音《くわんおん》を**かこち**申して、かくて候ふこと、いと怪しきことなり。（宇治拾遺物語）

訳（自分の）前世の罪の報いを知らないで、観音様を（憎んで）（　ぐちをこぼし　不平を　）申し上げて、こうしておりますことは、まことに奇妙なことです。

⑩ **すさまじき**もの、昼吠《ほ》ゆる犬、春の網代《あじろ》。（枕草子）

訳（　興ざめな　不調和で面白くない　）もの、昼ほえる犬、春の網代。

⑪ **すさまじき**ものにして見る人もなき月の、寒けく澄める二十日余りの空こそ、心細きものなれ。（徒然草）

訳（　殺風景な　興ざめな　）ものとして見る人もない（冬の）月が、寒々と澄んでいる二十日過ぎの空こそ、もの寂しい（情緒がある）ものだ。

例 **覚え**、ことにすぐれたりけり。（徒然草）

訳 **評判**が、とくにまさっていた。

6 かげ【影】

①光。②姿。③面影。

例 木《こ》の間よりもりくる月の**かげ**見れば、（古今集）

訳 木々の間からもれてくる月の**光**をみると、

7 かたへ【片方】

①片方。②一部分。③そば。④傍らの人。仲間。

例 ある荒夷《あらえびす》のおそろしげなるが、**かたへ**に合ひて、（徒然草）

訳 ある荒々しい東国武士で恐ろしげな者が、**傍らの人**に向かって、

8 けしき【気色】

①ようす。②兆候。③機嫌。④意向。

例 切《せち》にもの思へる**けしき**なり。（竹取物語）

訳 深くもの思いに沈んでいる**ようす**である。

9 ことのは【言の葉】

①ことば。②歌。和歌。

例 やまと歌は人の心を種として、よろづの**言の葉**とぞなれりける。（古今集）

訳 和歌は人の心をもととして、いろいろな**歌**となったものである。

10 ことわり【理】

①物事の道理。②理由。わけ。

例 沙羅双樹《しやらさうじゆ》の花の色、盛者必衰《じやうしやひつすい》の**理**をあらはす。（平家物語）

訳 沙羅双樹の花の色は、盛者必衰の**道理**をあらわしている。

46 ☐ **炭櫃《すびつ》【すびつ】**床に切った囲炉《いろ》裏《り》。あるいは角火鉢。

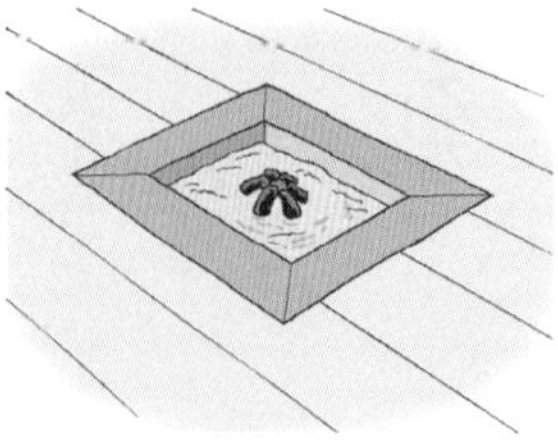

47 ☐ **火桶《ひをけ》【ひおけ】**木製の丸い火鉢。桐《きり》の木などをくりぬいて、内側に真鍮《しんちゅう》をはめた。

48 ☐ **牛車《ぎつしや》【ぎっしゃ】**牛にひかせた貴人の乗用車。屋形の長さ2.4 m、幅1 mが標準の大きさ。身分によって色々な種類がある。定員4名。単に「車」といえば、中古ではふつう牛車をさす。

49 ☐ **屋形《やかた》【やかた】**

50 ☐ **鵄尾《とびのを》【とびのお】**

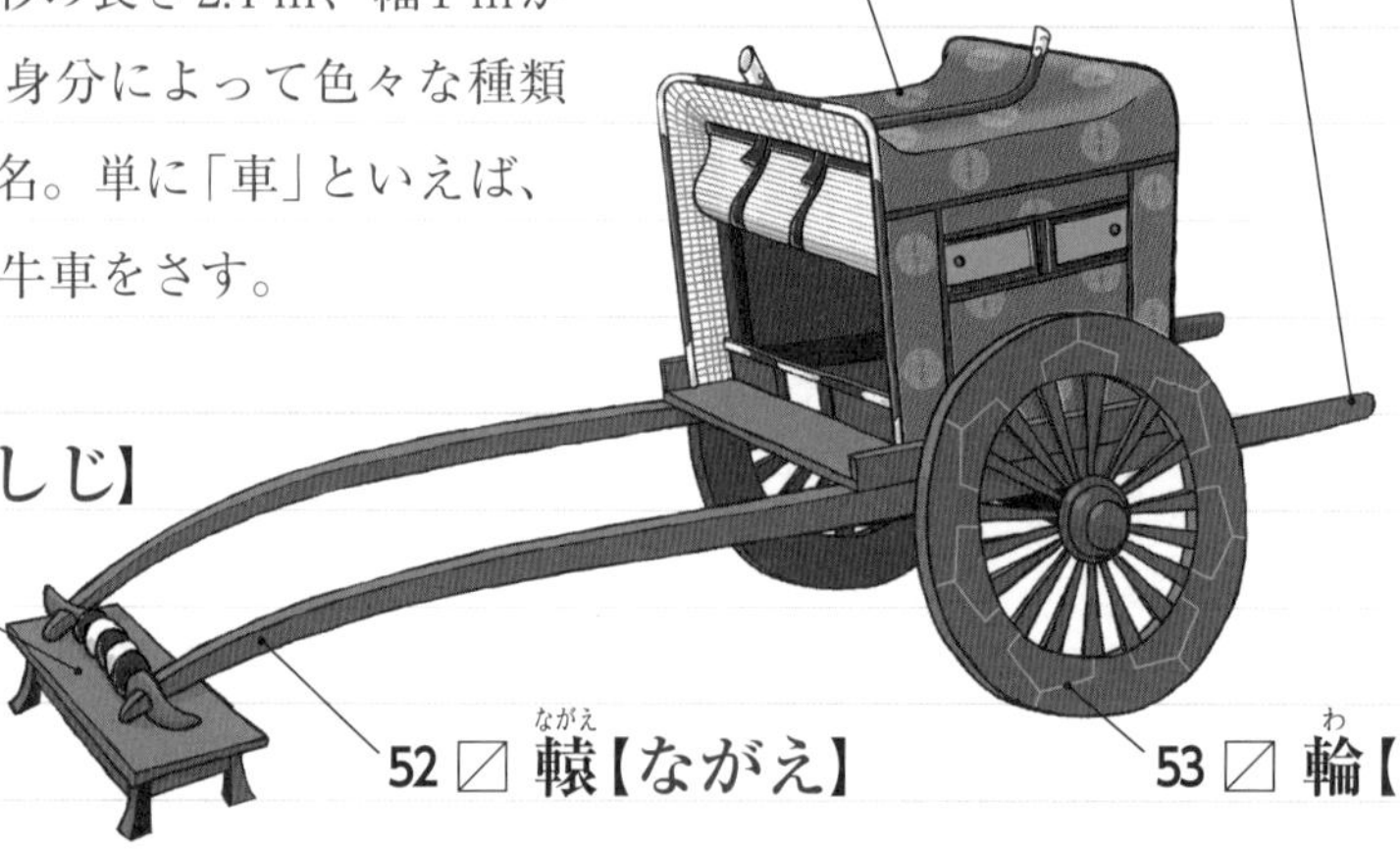

51 ☐ **榻《しぢ》【しじ】**

52 ☐ **轅《ながえ》【ながえ】**

53 ☐ **輪《わ》【わ】**

56 ☐ **箏《さう》【そう】**十三弦の琴《こと》。現在の琴のこと。

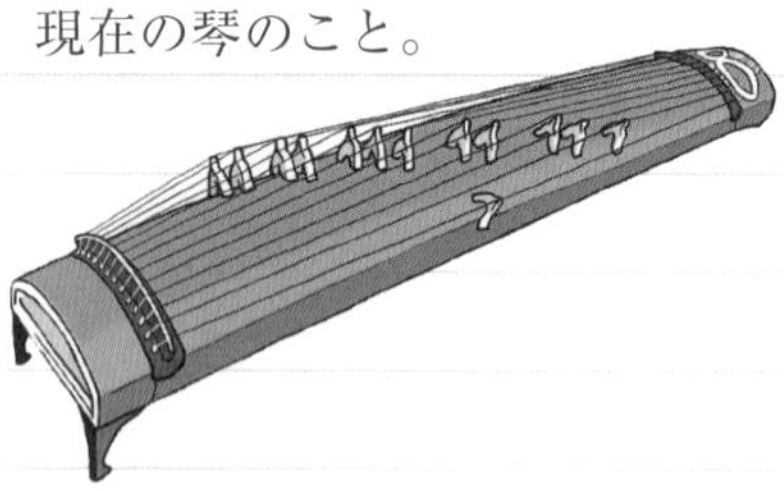

54 ☐ **琵琶《びは》【びわ】**

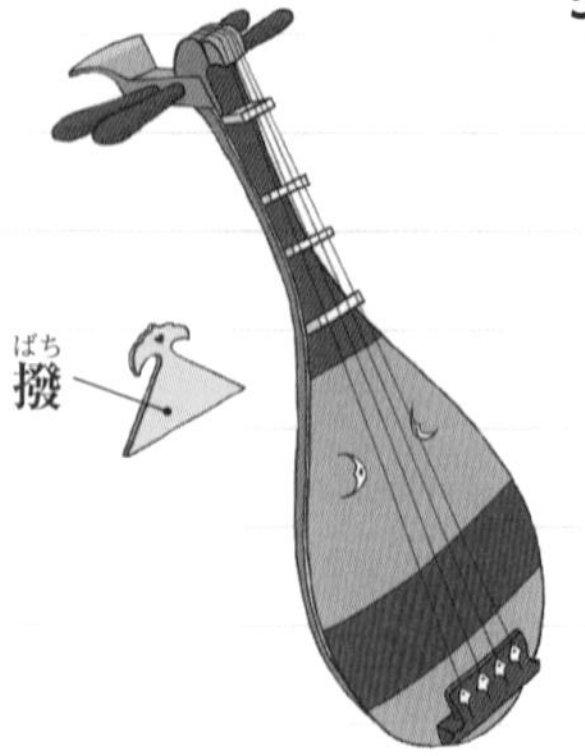

55 ☐ **笙《しやう》【しょう】**

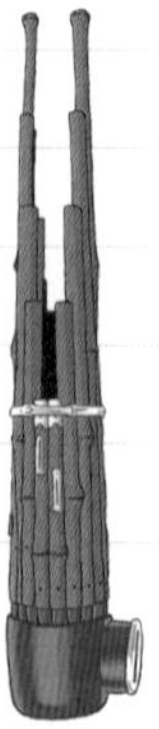

57 ☐ **横笛《よこぶえ》【よこぶえ】**

58 ☐ **篳篥《ひちりき》【ひちりき】**

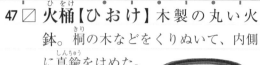

古典常識の読み方 4　調度・生活用品・楽器

次の36～58の語の読み方を現代仮名遣いで書きなさい。　▶問題は本冊 70・71 ページ

36 ☑ **几帳《きちやう》【きちょう】** 横木に帷子《かたびら》(垂れ衣)を垂らして用いる移動式のカーテン。三尺(約91cm)ないしは四尺(約121cm)の高さで、室内に立てて、仕切りや隔てとした道具。

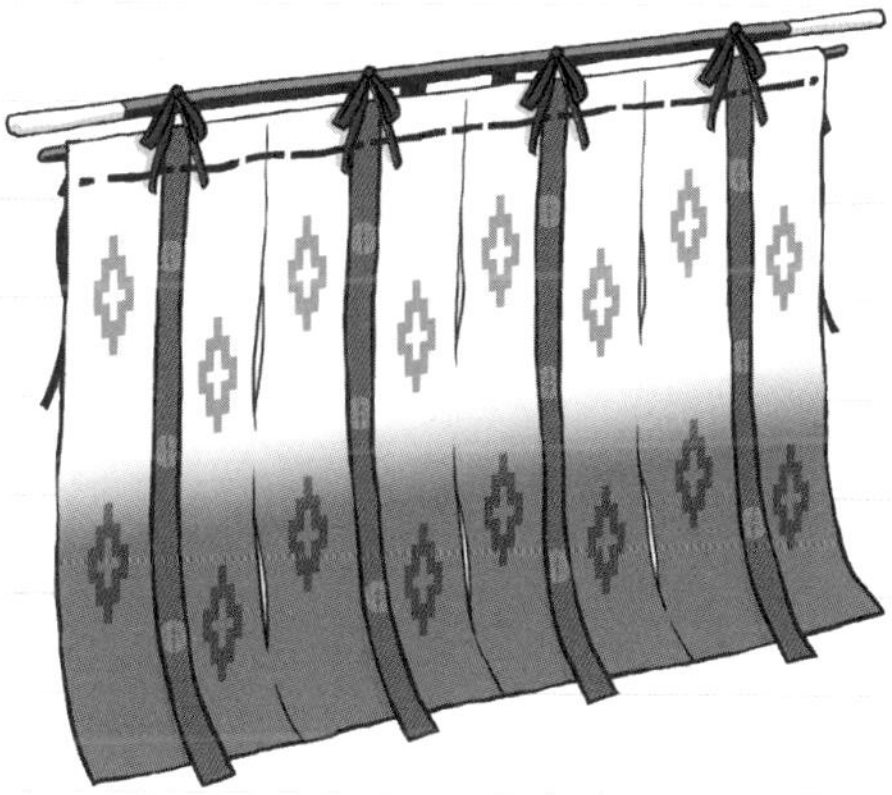

37 ☑ **折敷《をしき》【おしき】** 食器などをのせる四角い盆。

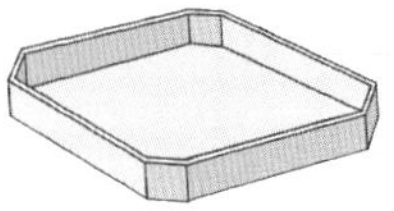

38 ☑ **破籠《わりご》【わりご】** 白木で作った食物を入れる折り箱。

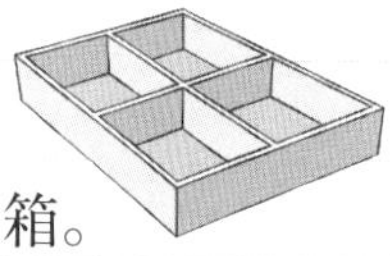

39 ☑ **泔坏《ゆするつき》【ゆするつき】** 整髪に用いる湯水(＝泔《ゆする》)を入れる器。古くは土器、のちに漆器・銀器などを用いた。

40 ☑ **伏籠《ふせご》【ふせご】** 伏せて、その上に衣服をかけるための籠《かご》。香炉や火桶を中に置いて、香の匂いをしみこませたり、衣服を乾かしたり暖めたりするのに使う。

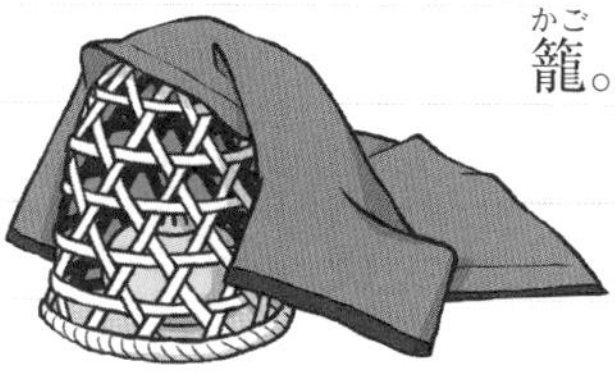

41 ☑ **銚子《てうし》【ちょうし】** 酒を入れて杯につぐための長い柄のついた器。

42 ☑ **円座《わらふだ》【わろうだ】** わらで編んだ丸い座ぶとん。

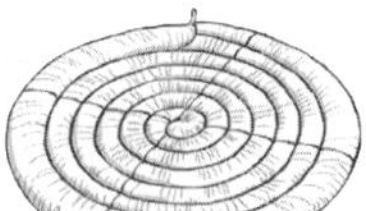

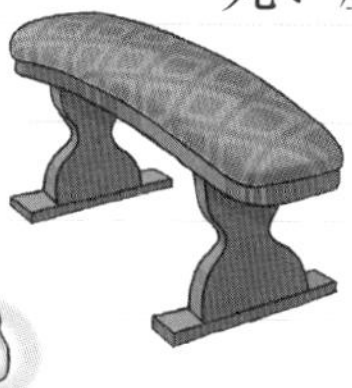

43 ☑ **脇息《けふそく》【きょうそく】** ひじ掛け。

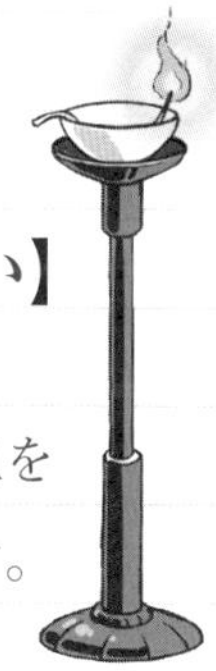

44 ☑ **灯台《とうだい》【とうだい】** 室内照明具。木製で、上に油皿を置き、火をともす。

45 ☑ **紙燭《しそく》【しそく】** 50cmほどの松の枝先に油をしみこませ、持ち手に紙を巻いた照明具。

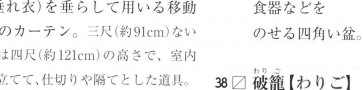

30 いいかげんな語

問題は本冊 72~73 ページ

傍線部の太字の部分を現代語訳しなさい。

① わづかに二つの矢、師の前にて一つを**おろかに**せんと思はんや。（徒然草）

訳 たった二本の矢で、（しかも）師匠の見ている前で、一本を（いいかげんに）しようと思うだろうか。

別解：なおざりに・おろそかに

② おほやけ事を**おろそかに**し、狩りのみせばこそは罪はあらめ、（大鏡）

訳 公務を（なおざりに）して、狩りばかりしているのならば罪はあるだろうが、

別解：おろそかに・いいかげんに

③ すべて**言ふもおろかなり**。（枕草子）

訳 （ほととぎすは）まったく（言葉では言い尽くせない）（ほどすばらしい）。

別解：言っても言い尽くせない・言葉では不十分な

④ おそろしなんども**おろかなり**。（平家物語）

訳 （髪をざんばらにして仁王立《におうだ》ちになった様子は）おそろしいなどという言い方では（言い尽くせない）。

別解：不十分だ

⑤ 文ことばなめき人こそいとにくけれ。世を**なのめに**書き流したることばのにくきこそ。（枕草子）

訳 手紙の言葉づかいが無礼な人はとてもいやなものだ。世の中を（いいかげんに）（見て）書き流している言葉は本

別解：なおざりに

31 気がかりな語

問題は本冊 74~75 ページ

傍線部の太字の部分を現代語訳しなさい。

① 夕月夜《ゆふづくよ》の**おぼつかなき**ほどに、忍びて訪ねおはしたるに、（徒然草）

訳 夕方の月が（ぼんやりとしている）ころに、ひそかに（女を）訪ねておいでになったところ、

別解：ぼんやりとかすんで見える

② かしこに患《わづら》ひはべる人も**おぼつかなし**。（源氏物語）

訳 あちらで病に苦しんでいる人のことも（気がかりだ）。

別解：心配だ

③ **心もとなき**もの、…子産むべき人の、そのほど過ぐるまでさる気色《けしき》もなき。（枕草子）

訳 （待ち遠しい）もの、…子を産む予定の人が、予定日を過ぎるまで生まれる兆《きざ》しがないの。

別解：心配な・気がかりな・じれったい

④ 後《のち》の世も思ふにかなはずぞあらむかしとぞ**うしろめたき**に、（更級日記）

訳 死んだ後の世でも、自分の思うようにはならないであろうなど（不安だ）けれど、

別解：気がかりだ・心配だ

⑤ いとはかなうものしたまふこそ、あはれに**うしろめたけれ**。（源氏物語）

訳 （あなたがまだ）とても幼くていらっしゃるのが、しみじみと悲しく（気がかりだ）。

別解：心配だ

当にいやだ。

⑥ 後の矢を頼みて、初めの矢に**なほざり**の心あり。（徒然草）

訳 （矢を二本持っていると）あとの矢をあてにして、一本目の矢に（いいかげんな）気持ちが生じる。

⑦ よき人は、ひとへに好《す》けるさまにも見えず、興ずるさまも**なほざりなり**。（徒然草）

訳 身分も高く教養のある人は、むやみに風流を愛するようにも見えず、面白がる様子も（あっさりしている〈ほどほどだ〉）。

⑧ 琴の端《はし》を知らせむかしと思ひしかど、**なかなかなる**ことは知らせじとて、（宇津保物語）

訳 琴の（技術の）一端でも分からせようと思ったが、（才能がない者に）（中途半端な〈なまじっかな〉）ことは教えまいと思って、

⑨ 髪の美しげにそがれたる末も、**なかなか**長きよりもこよなう今めかしきものかな。（源氏物語）

訳 （尼君の）髪が（肩のところで短く）きれいに切りそろえられている先も、（かえって〈むしろ・なまじっか〉）長いのよりもこの上なくしゃれているものであるよ。

⑩ 思ほえず、古里《ふるさと》にいと**はしたなく**てありければ、心地《ここち》惑ひにけり。（伊勢物語）

訳 思いがけなく、荒れた旧都にたいへん（不似合いな）様子で（美しい姉妹が）住んでいたので、（男は）心が乱れてしまった。

---

⑥ 人となして、**うしろやすから**む妻《め》などに預けてこそ、死にも**心やすから**むとは思ひしか。（蜻蛉日記）

訳 一人前にして、（将来の心配がない）ような妻などと結婚させてこそ、（私が）死ぬ時にも（安心）だろうと思っていたのに。

⑦ つとめて、**いぶかしけれ**ど、我が人をやるべきにしあらねば、いと**心もとなく**て待ちをれば、（伊勢物語）

訳 （伊勢の斎宮《さいぐう》と過ごした）翌朝、（気がかりだ）が、自分のほうから使いをやってよい人ではないので、（男は）たいそう（じれったく〈待ち遠しく〉）（思って斎宮からの使いを）待っていると、

⑧ ねびゆかむさま**ゆかしき**人かなと、目とまりたまふ。（源氏物語）

訳 成長してゆく様子を（見てみたい〈知りたい〉）人だなあと、（源氏はその女の子に）注目なさる。

⑨ 参りたる人ごとに山へ登りしは何事かありけん、**ゆかしかり**しかど、（徒然草）

訳 お参りしている人が皆山へ登って行ったのは何事があったのだろうか、（自分も）（見てみたかっ〈行ってみたかっ・知りたかっ〉）たけれど、

⑩ 「片時」とのたまふに**あやしく**なり侍りぬ。（竹取物語）

訳 （かぐや姫を養って二十年になるのを、天人が）「わずかの間」とおっしゃるので、（本当にかぐや姫のことをおっしゃっているのか）（疑わしく）なりました。

問題は本冊 76~77 ページ

32 かわいそうな語

傍線部の太字の部分を現代語訳しなさい。

① 熊谷《くまがへ》あまりに**いとほしく**て、いづくに刀を立つべしともおぼえず、（平家物語）

訳 熊谷直実《なおざね》は、（まだ十七歳の平敦盛《あつもり》の首を取るのが）あまりに（かわいそう）［ふびん・気の毒］で、どこに刀を突き刺したらよいかわからなくて、

② 思はむ子を法師になしたらむこそ**心苦しけれ**。（枕草子）

訳 いとしく思うような子供を僧にしてしまったとしたら、実に（気の毒だ）［かわいそうだ・つらい］。

③ 「いと**心苦しく**物思ふなるはまことか」と仰せたまふ。（竹取物語）

訳 「たいそう（切なく）［つらく］思い悩んでいるというのは本当か」と（帝は）おっしゃる。

④ 簀子《すのこ》は**かたはらいたけれ**ば、南の廂《ひさし》に入れたてまつる。（源氏物語）

訳 縁側（にいていただくの）は（気の毒な）［心苦しい］ので、（光源氏を）南の廂の間《ま》にお通し申し上げる。

⑤ **かたはらいたき**もの、客人《まらうど》などに会ひてもの言ふに、奥の方にうちとけごとなど言ふを、えは制せで聞く

問題は本冊 78~79 ページ

33 不吉で気味が悪い語

傍線部の太字の部分を現代語訳しなさい。

① 色異なる御しつらひも**いまいましき**やうなれば、東面《ひむがしおもて》は屏風《びやうぶ》を立てて、（源氏物語）

訳 （母宮の）喪中の黒っぽい調度類も（落葉《おちば》の宮《みや》と夕霧《ゆうぎり》の新婚の場には）（縁起が悪い）［不吉な］ようなので、（寝殿の）東側には屏風を立てて隠し、

② 「月の顔見るは、**忌む**こと」と制しけれども、（竹取物語）

訳 「月の表面を見ることは、（不吉なこととして避ける）ことだ」と（言って）止めたけれど、

③ **ゆゆしき**身にはべれば、かくておはしますも**いまいましう**、かたじけなくなむ。（源氏物語）

訳 （私は夫にも娘にも先立たれた）（不吉な）［縁起が悪い］身でございますので、（若宮が）こうして（私のもとに）おいでになるのも（はばかられ）［不吉で］、もったいないことでございます。

④ 船に乗りてありく人ばかり、あさましう**ゆゆしき**ものこそなけれ。（枕草子）

訳 船に乗ってこぎまわる人ほど、あきれるほど（恐ろしい）ものはない。

心地《ここち》。（枕草子）

訳（ みっともない 〔見苦しい・はずかしい・きまりが悪い〕）もの、お客などと会って話をしている時に、奥の方で打ち解けた話などするのを、止めることもできずに聞いている気持ち。

⑥ 翁《おきな》を**いとほしく**、**かなし**と思《おぼ》しつることも失せぬ。（竹取物語）

訳（羽衣を着ると）翁を（ 気の毒で 〔かわいそうだ・ふびんだ〕）、（ ふびんだ 〔かわいそうだ・気の毒だ〕）とお思いになっていた気持ちも消えてしまった。

⑦ 女いと**かなしく**て後《しり》に立ちて追ひゆけど、え追ひつかで、（伊勢物語）

訳 女は（男に去られて）たいそう（ 悲しく ）て、後ろについて追ったけれど、追いつくことができなくて、

⑧ すげなう仰せられて、帰させたまはんこそ**ふびんなれ**。（平家物語）

訳 そっけなくおっしゃって、（仏御前《ほとけごぜん》を）お帰しになるのはまことに（ かわいそうだ 〔気の毒だ〕）。

⑨ さこそ世を捨つる御身《おんみ》といひながら、御**いたはしう**こそ。（平家物語）

訳（建礼門院《けんれいもんいん》が）いくら世を捨てて出家したお身の上とはいっても、お（ 気の毒な 〔かわいそうな〕）ことと思われる。

⑩ わが身は次にして、人を**いたはしく**思ふ間《あひだ》に、（方丈記）

訳 自分の身は二の次にして、連れ合いを（ 大切にしたい 〔大事にしたい〕）と思うので、

---

⑤ 昔物語などにこそかかることは聞けど、いと珍《めづら》かに**むくつけけれ**ど、（源氏物語）

訳 昔の物語などではこういうこと（＝人が物の怪に取り殺されること）は聞くものだがと、めったに例のないことで（ 気味が悪い 〔不気味だ・恐ろしい〕）けれど、

⑥ 人の名につきたる、いと**うとまし**。（枕草子）

訳 人の名に（蠅《はえ》などという字が）ついているのは、たいそう（ 嫌な感じだ ）。

⑦ 手をたたきたまへば、山彦《やまびこ》の答ふる声、いと**うとまし**。（源氏物語）

訳（従者を呼ぼうとして、源氏が）手をたたきなさると、山彦が（部屋に）反響する音が、たいそう（ 気味が悪い 〔不気味だ〕）。

⑧ 麻柱《あななひ》に**おどろおどろしく**二十人の人の上りてはべれば、散《あ》れて寄りまうで来ず。（竹取物語）

訳（巣を取ろうとして）足場に（ 仰々しく 〔大げさに〕）二十人もの人が上っておりますので、（つばめは）遠ざかって寄って来ない。

⑨ いと**おどろおどろしく**かきたれ雨の降る夜、（大鏡）

訳 ひどく（ 気味が悪く 〔騒がしく〕）激しく雨の降る夜、

⑩ 出《い》でにけるすなはち、はひ入りて、**おどろおどろしう**泣く。（蜻蛉日記）

訳（夫が）出て行ってしまってすぐに、（息子の道綱《みちつな》が私の部屋に）入ってきて、（ 大声をあげて 〔けたたましく〕）泣く。

34 驚きの語

傍線部の太字の部分を現代語訳しなさい。

① 物におそはるる心地《ここち》して、**おどろき**たまへれば、火も消えにけり。（源氏物語）

訳（寝ていた源氏の君は）物の怪におそわれたような気持ちがして、（目をさまし［起き・目がさめ］）なさったところ、灯火も消えてしまっていた。

② 秋来《き》ぬと目にはさやかに見えねども風の音にぞ**おどろか**れぬる（古今集）

訳 秋が来たと目にははっきりと見えないけれど、風の音によって（秋の訪れに）（はっと気がつか）されたことだ。

③ 添ひ臥《ふ》して、「やや」と**おどろかし**たまへど、（源氏物語）

訳（源氏は夕顔に）寄り添うように横になって、「これこれ」とお（起こし）になるけれども、

④ うちしはぶきて、**おどろかい**たてまつりたまふ。（源氏物語）

訳 咳払《せきばら》いして、（大臣のお通りであると）（気づかせ［注意を促し］）申し上げなさる。

⑤ 思はずに**あさましく**て、「こはいかに。かかるやうやはある」とばかり言ひて、（十訓抄）

重要な古文単語　名詞②

11 ざえ【才】
①学問。②学識。教養。③才能。④芸。

例 博士の**ざえ**あるはいとめでたしといふもおろかなり。（枕草子）

訳 博士で**学識**のある人はたいそうすばらしいのは言うまでもない。

12 せうそこ【消息】
①手紙。たより。②訪問すること。

例 日ごろ経るまで、**せうそこ**もつかはさず、（源氏物語）

訳 何日も経つまで、（女に）**手紙**もやらず、

13 そらごと【空言】
①うそ。いつわり。

例 とにもかくにも**そらごと**多き世なり。（徒然草）

訳 いずれにしても**うそ**の多い世の中である。

14 たより【便り】
①より所。②縁故。③手紙。④機会。⑤便宜。手段。

例 女、親なく、**たより**なくなるままに、（伊勢物語）

訳 女は、親が亡くなり、**より所**がなくなるにつれて、

15 て【手】
①筆跡。文字。②傷。負傷。③調べ。④手段。⑤方向。

訳 思いがけず（驚くばかり／意外・あきれたこと）で、「これはどうしたことか。こんなことがあるだろうか」とだけ言って、

⑥ 世をむさぼる心のみ深く、もののあはれも知らずなりゆくなんあさましき。（徒然草）

訳 この世の利益に執着する心ばかりが深くなって、物事の情趣もわからなくなってゆくのは（嘆かわしい／情けない）。

⑦ ゆくりなく風吹きて、漕《こ》げども漕げども後《しり》へ退《しぞ》きに退きて、（土佐日記）

訳（突然／不意に・思いがけなく）風が吹いて、漕いでも漕いでも後ろへさがり続けるばかりで、

⑧ いさよふ月にゆくりなくあくがれむことを、女は思ひやすらひ、（源氏物語）

訳 沈みそうでなかなか沈まない月に（誘われるようにして）（思いがけず／突然・軽はずみに）浮かれた気分で出歩くようなことを、女はためらい、

⑨ 鶴《たづ》は、いとこちたきさまなれど、鳴く声雲居《くもゐ》まで聞こゆる、いとめでたし。（枕草子）

訳 鶴は、たいそう（仰々しい／大げさな）姿であるが、鳴く声が天上まで聞こえるというのは、実にすばらしい。

⑩ 唐土《もろこし》にことことしき名つきたる鳥の、選《え》りてこれにのみゐるらむ、いみじう心異なり。（枕草子）

訳 中国で（鳳凰《ほうおう》という）（仰々しい／大げさな）名前のついた鳥が、特に選んでこれ（＝桐《きり》の木）だけとまるとかいうのは、たいそう格別である。

例 手よく書き、歌よくよみて、（枕草子）

訳 文字を上手に書き、歌も上手によんで、

16 にほひ【匂ひ】

①美しく映える色。色つや。②美しさ。③栄華。

例 をかしきにほひこそ、こころもとなうつきためれ。（枕草子）

訳 （花びらの端に）美しい色つやがほのかについているように見える。

17 ひがこと【僻事】

①悪事。②間違い。誤り。

例 盗人をいましめ、ひがことをのみ罪《つみ》せんよりは、（徒然草）

訳 盗人を縛り、悪事だけを罰するよりも、

18 ふみ【文・書】

①書物。②漢詩文。③手紙。④学問（漢学）。

例 かかることは文にも見えず、伝へたる教へもなし。（徒然草）

訳 このようなことは書物にも見えないし、伝えている教えもない。

19 ふるさと【古里】

①旧都。②なじみの土地。③故郷。④実家。自宅。

例 ふるさととなりにし奈良の都にも、（古今集）

訳 旧都となって（荒れ果てて）しまった奈良の都にも、

20 ほだし【絆】

①手かせ。足かせ。②自由を束縛するもの。

例 ほだし多かる人の、よろづにへつらひ、（徒然草）

訳 （親や妻子など）束縛するものが多い人が、すべてにへつらい、

65 ☐ **狩衣【かりぎぬ】**貴族の平常服。もともとは鷹《たか》狩り用の衣服で、袖の肩の部分を縫い合わせず、袖口を紐によってくくれるので活動的になる。下には指貫をはく。

66 ☐ **直垂【ひたたれ】**もともとは庶民の服だったが、鎌倉時代以降、武家の平常服となった。折烏帽子をつける。地質は自由で、袖括《そでくくり》があり、胸紐《むなひも》・菊綴《きくとじ》が付いている。鎧《よろい》の下に着るものは鎧直垂という。

67 ☐ **水干【すいかん】**庶民の服装。短めの小袴をはき、揉《もみ》烏帽子あるいは萎《なえ》烏帽子をかぶる。

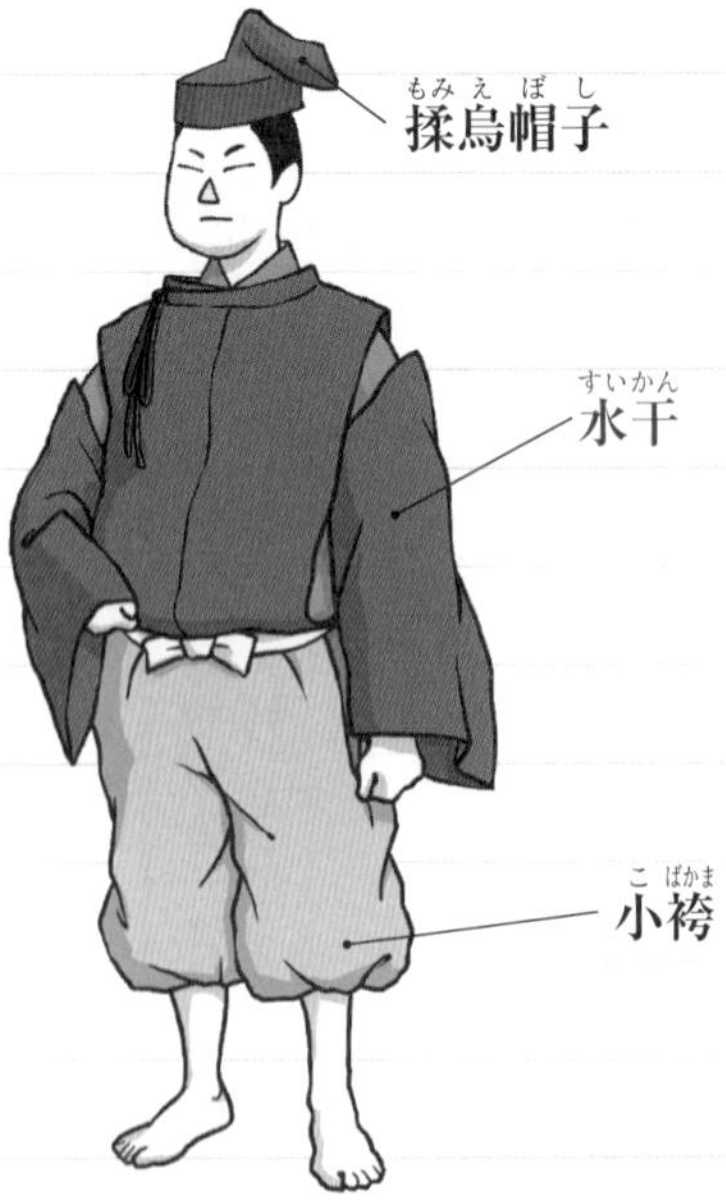

古典常識の読み方 5　男性の服装

次の59〜67の語の読み方を現代仮名遣いで書きなさい。

▶問題は本冊 82・83 ページ

59 ☐ **束帯《そくたい》【そくたい】**平安時代の貴族の正装。朝廷の儀式や参内《さんだい》のときに着用する。袴《はかま》を指貫《さしぬき》にし、下襲《したがさね》をつけず、笏《しゃく》ではなく檜扇《ひおうぎ》を持つ準正装は「衣冠《いかん》」という。

60 ☐ **直衣【のうし】**上流貴族の平常服。形は袍に似ているが、やや短い。位階に関係なく好みの色目を選んで着用できた。下は指貫(足首を紐《ひも》で絞れる)を着用する。改まったときは冠、くつろいだときは烏帽子をつけた。

61 ☐ **冠【かんむり】**衣冠《いかん》束帯姿のときに頭にかぶるもの。結った髻《もとどり》(まげ)を巾子《こじ》の中に入れ、笄《こうがい》(ピンのようなもの)で貫いて留め、巾子の後ろに纓《えい》をつける。

62 ☐ **袍【ほう】**衣冠束帯姿のときの上着。官位によって色が決められていた。

63 ☐ **下襲【したがさね】**束帯姿のときに、袍の下に着る服で、後ろの長い部分を「裾《きょ》」といい、引きずって歩く。

64 ☐ **立烏帽子【たてえぼし】**直衣や狩衣姿のときに頭にかぶるもの。立てたままで、折らない烏帽子。「折烏帽子《おりえぼし》」に対していう。

35 まじめな語

傍線部の太字の部分を現代語訳しなさい。

① いと**まめに**実用《じちよう》にて、**あだなる**心なかりけり。（伊勢物語）

訳 たいそう（まじめで 誠実で）実直で、（浮わついた 不誠実な）心がなかった。

② 小舎人童《こどねりわらは》を走らせて、すなはち車にて、**まめなる**ものさまざまに持て来たり。（大和物語）

訳 小舎人童を走らせて、すぐに牛車《ぎっしゃ》で、（生活に必要な 生活に役立つ・実用的な）ものをいろいろ持ってきた。

③ 「思ふ人の人にほめらるるは、いみじううれしき」など、**まめまめしう**のたまふもをかし。（枕草子）

訳 「（自分が好きだと）思う人が他人にほめられるのは、とてもうれしい」などと、（いかにもまじめに 本気で）おっしゃるのも面白い。

④ 何をか奉らむ。**まめまめしき**ものはまさなかりなむ。（更級日記）

訳 何を（お土産に）差し上げよう。（実用的な）ものはきっと好ましくないだろう（と言って、『源氏物語』の全巻をくださった）。

36 しっかりした性格の語

傍線部の太字の部分を現代語訳しなさい。

① 「退きて咎《とが》なし」とこそ、昔の**さかしき**人も言ひ置きけれ。（源氏物語）

訳 「（何事も）ひかえめにしていれば間違いはない」と、昔の（賢明な すぐれた）人も言い残した。

② 中に心**さかしき**者、念じて射むとすれども、（竹取物語）

訳 （天人たちの霊力に戦意を喪失した武士たちの）中で心の（しっかりしている 気丈な）者が、我慢して（天人を）射ようとするが、

③ **さかしき**もの、今様《いまやう》の三歳児。（枕草子）

訳 （こざかしい 生意気な）もの、いまどきの三歳児。

④ **さかしだち**、真名《まな》書き散らして侍るほども、（紫式部日記）

訳 （清少納言は）（利口ぶって こざかしく・生意気に）、漢字を書き散らしておりますが、その）程度も、

⑤ 世に知らず、聡《さと》う**かしこく**おはすれば、（源氏物語）

訳 （源氏は）世に類がないほど、聡明で（賢くて 才知に富んで）いらっしゃるので、

⑥ 北山になむ、なにがし寺といふ所に、**かしこき**行ひ人はべる。（源氏物語）

⑤ またの日も、いと**まめやかに**とぶらひきこえたまふ。（源氏物語）

訳 翌日も、たいそう（誠実に ／ 真剣に）お見舞い申し上げなさる。

⑥ 雪いたう降りて、**まめやかに**積もりにけり。（源氏物語）

訳 雪がひどく降って、（本格的に）積もってしまった。

⑦ 人がらも**すくよかに**なむものしたまひける。（源氏物語）

訳 （二の宮は）人柄も（生まじめで ／ 実直で・しっかりして）いらっしゃった。

⑧ 女君、怪しうなやましげにのみもてないたまひて、**すくよかなる**折もなくしをれたまへるを、（源氏物語）

訳 女君は、ふしぎなほど気分が悪そうにばかりおふるまいになって、（しっかりしている ／ 気丈な・元気な）ときもなく沈んでいらっしゃったが、

⑨ 東人《あづまびと》は、…情けおくれ、ひとへに**すくよかなる**ものなれば、（徒然草）

訳 東国の人間は、…人情味に乏しく、まったく（無骨な ／ 無愛想な）ものであるから、

⑩ ありたきことは、**まことしき**文の道。（徒然草）

訳 身につけたいことは、（正式な ／ 本格的な）学問の道。

⑪ **げにげにしく**よき人かなとぞ覚ゆる。（徒然草）

訳 （誠実味があって ／ 生まじめで・実直で）よい人だなあと思われる。

訳 北山にある、なんとか寺という所に、（すぐれた ／ 立派な）修行者がおります。

⑦ 取り立てて**はかばかしき**後見《うしろみ》しなければ、事ある時は、なほより所なく心細げなり。（源氏物語）

訳 （桐壺《きりつぼ》の更衣《こうい》は）格別に（しっかりした ／ 頼もしい）後ろ盾《だて》がないので、予想外の事が起こった時には、やはり頼るあてもなく心細い様子である。

⑧ 空の気色《けしき》、**はかばかしく**も見えず。えも言はず茂りわたりて、いと恐ろしげなり。（更級日記）

訳 空の様子は、（梢《こずえ》にさえぎられて）（はっきりと）も見えない。何とも言えないほど一面に木が茂っていて、たいそう不気味である。

⑨ 十一になりたまへど、程《ほど》より大きに**大人しう**清らにて、（源氏物語）

訳 （東宮《とうぐう》は）十一歳におなりになるが、年齢のわりには大きく（大人びていて ／ 思慮分別があって・しっかりしていて）美しくて、

⑩ 帝は、御年よりはこよなう**大人大人しう**ねびさせたまひて、（源氏物語）

訳 帝は、お年よりはこの上なく（大人びて ／ いかにも大人らしく）ご成長になって、

⑪ 若ければ、文《ふみ》も**をさをさしから**ず、ことばも言ひ知らず、（伊勢物語）

訳 （女は）若いので、手紙（の書き方）も（しっかりしてい）ないし、（恋の）言葉も知らず、

問題は本冊 88~89 ページ

37 やわらかな性格の語

傍線部の太字の部分を現代語訳しなさい。

① 梨《なし》の花、よにすさまじきものにして近うもてなさず。…**愛敬**おくれたる人の顔などを見ては、たとひに言ふも、（枕草子）

訳 梨の花は、実に面白味のないものとして身近にとり扱わない。…（愛らしさ・魅力）の劣った人の顔などを見ては、（梨の花のようだと）たとえに言うのも、

② **こころにくき**限りの女房四五人《よたりいつたり》さぶらはせたまひて、御物語せさせたまふなりけり。（源氏物語）

訳（奥ゆかしい・上品で美しい）女房だけ四、五人をおそばにひかえさせなさって、お話をしていらっしゃるのであった。

③ **こころにくき**もの、ものへだてて聞くに、女房とは覚えぬ手のしのびやかにをかしげに聞こえたるに、（枕草子）

訳（心ひかれる・奥ゆかしい）もの、物をへだてて聞いていると、女房とは思われない演奏がひっそりと趣深く聞こえたときに、

④ 春雨ににほへる色も飽《あ》かなくに香《か》さへ**なつかし**山吹の花（古今集）

問題は本冊 90~91 ページ

38 ひねくれた性格の語

傍線部の太字の部分を現代語訳しなさい。

① 東宮《とうぐう》の女御《にょうご》のいと**さがなく**て、桐壺《きりつぼ》の更衣《かうい》のあらはにはかなくもてなされにし例《ためし》もゆゆしう、（源氏物語）

訳 東宮の女御（＝弘徽殿《こきでん》の女御）が実に（意地悪）で、桐壺の更衣が露骨に物の数でもなく扱われた例も忌まわしいことで、

② 三の宮こそいと**さがなく**おはすれ。（源氏物語）

訳 三の宮はたいそう（やんちゃで・聞き分けがなくて・いたずらで）いらっしゃる。

③ 虞舜《ぐしゅん》は**かたくなる**父をうやまふと見えたり。（平家物語）

訳 虞舜（＝中国古代の聖天子）は（へんくつな・頑固な・愚かな）父をも敬っ（て孝行し）たと（書物に）書いてある。

④ ことに**かたくなる**人ぞ、「この枝かの枝散りにけり。今は見どころなし」などは言ふめる。（徒然草）

訳 とくに（愚かで教養がない・趣を解さない）人に限って、「この枝もあの枝も（もう花は）散ってしまった。今はもう見る価値はない」などと言うようだ。

⑤ 君の、かうまめやかにのたまふに、聞き入れざらむも**ひがひがしかる**べし。（源氏物語）

訳 春雨にぬれてつややかになった色も見飽きないのに、香りまでも（　心ひかれる　）この山吹の花よ。
好ましい・慕わしい

⑤ **なつかしう**らうたげなりしを思《おぼ》し出《い》づるに、（源氏物語）

訳（帝は、亡き桐壺《きりつぼ》の更衣《こうい》が）（　魅力的で　）愛らしかったことをお思い出しになると、
かわいくて

⑥ 御心ばへいと**なつかしう**、**おいらかに**おはしまして、世の人いみじう恋ひ申すめり。（大鏡）

訳（三条院は）お気立てがたいそう（　親しみがもて　）、（　おっとりして　）いらっしゃって、世間の人はたいそうお慕い申し上げるようだ。
魅力的で
穏やかで

⑦ いと**おいらかに**つれなうもてなしたまへるさまの、いと心苦しければ、（源氏物語）

訳（浮気を知っていながら）たいへん（　そっけなく　）平然とふるまっていらっしゃった（妻の）様子が、ひどく気の毒であるので、
おっとりして

⑧ 三輪山《みわやま》をしかも隠すか雲だにも**心あら**なも隠さふべしや（万葉集）

訳（雲よ）三輪山をそんなにも隠すのか、せめて雲だけでも（　情けがあっ　）てほしい。そんなに隠してよいものか。

思いやりがあっ

⑨ **心あら**む人に見せばや津《つ》の国の難波《なには》わたりの春のけしきを（後拾遺集）

訳（　情趣を解する　）ような人に見せたいものだ。この摂《せっ》津《つ》の国の難波のあたりの春の景色を。

風流心のある

訳 君（＝光源氏）が、このように真剣におっしゃるのに、聞き入れないのも（　ひねくれている　）であろう。
素直でない・非常識

⑥「この雪いかが見る」と一筆のたまはせぬほどの、**ひがひがしから**ん人の仰《おほ》せらるること、聞き入るべきかは。（徒然草）

訳「（今朝の）この雪をどのように見るか」と（手紙で）一言もおっしゃらないほどの、（　情趣を解さない　）人のおっしゃることを、聞き入れることができようか。

ひねくれている

⑦ **あながちに**御前《おまへ》去らずもてなさせたまひしほどに、（源氏物語）

訳（帝は桐壺の更衣をご寵愛《ちょうあい》のあまり）（　強引に　）そばから離さず扱っていらっしゃったうちに、
無理やり・いちずに

⑧ **あながちなる**心の内を、あはれと見たまひて、（狭衣物語）

訳（恋い慕う）（　ひたむきな　）（私の）心の中を、気の毒だとごらんになって、
いちずな

⑨ 口惜《くちを》しく、この幼き者は**こはく**はべる者にて、対面すまじき。（竹取物語）

訳 残念なことに、この幼い者（＝かぐや姫）は（　強情で　）ございます者で、（帝に）お会いしそうもない。
頑固で

⑩ この文《ふみ》の言葉、いとうたて**こはく**、憎げなるさまを、（源氏物語）

訳（明石《あかし》の入道の）この手紙の言葉が、ひどく（　堅苦しく　）、感じが悪いようすであるのを、
無骨で・ぎこちなく

問題は本冊 92~93 ページ

39 愚かな性格の語

傍線部の太字の部分を現代語訳しなさい。

① いとど**をこに**かたくなしき入道《にふだう》の心ばへも、あらはれぬべかめり。（源氏物語）

訳 たいそう（愚かで）頑固な入道の性格も、きっとむき出しになっていることだろう。

② 「よく尋ね入りてをうち出《い》でよ。人たがへしては**をこならむ**。」（源氏物語）

訳 「（むこうに行ったら）よく確かめた上で話してみよ。人違いをしたりしては（ばかげている）だろう。」

間がぬけている

③ 世俗の虚言《そらごと》をねんごろに信じたるも**をこがましく**、（徒然草）

訳 世間のうそを正直に信じているのも（ばかげていて）、

④ 老い衰へて世に出《い》でまじらひしは**をこがましく**見えしかば、（更級日記）

訳 年をとって衰えた姿で世間に出て（人と）交際することは（みっともなく）見えたので、

出すぎて・厚かましく

⑤ 我《わ》御許《おもと》の**つたなく**て、この盗人をば逃がしつるぞ。（今昔物語集）

訳 おまえが（愚かだ）から、この盗人を逃がして

至らない・ばかだ

重要な古文単語 動詞①

1 あく【飽く】▼四段

①満足する。②あきあき（うんざり）する。

例 あはれ、いかで芋粥《いもがゆ》に**飽か**ん。（宇治拾遺物語）

訳 ああ、なんとかして芋粥に（十分に）**満足し**たいものだ。

2 ありく【歩く】▼四段

①歩きまわる。出歩く。②［補］…（し）てまわる。

例 いとをかしげにて**ありく**を見るに、（源氏物語）

訳 （子ねこが）たいそうかわいらしく**歩きまわる**のを見ると、

3 いつく【傅く】▼四段

①大切に育てる。

例 内に奉らむなど、かしこう**いつき**はべりしを、（源氏物語）

訳 （姫を）宮中に差し上げようと、大変**大切に育て**ておりましたが、

4 いらふ【答ふ】▼下二段

①返事する。応答する。答える。

例 いま一声呼ばれて**いらへ**ん。（宇治拾遺物語）

訳 もう一度呼ばれてから**返事し**よう。

5 おきつ【掟つ】▼下二段

①決心する。取り決める。②指図する。命令する。

しまったのだぞ。

⑥ 手など**つたなから**ず走り書き、（まずく・見苦しく）（徒然草）

訳 字なども（下手で）なくすらすらと書き、

⑦ 先の世の契《ちぎ》り**つたなく**てこそ、かく口《くち》惜《を》しき山がつとなりはべりけめ。（源氏物語）

訳 前世からの宿命が（運が悪く）て、このように残念な田舎者になってしまったのでしょう。

⑧ 袈《け》裟《さ》などにも布の**ふつつかなる**を着たり。（やぼったい・みっともない）（今昔物語集）

訳 袈裟なども（不格好な）布のものを着ている。

⑨ 御声、昔よりも、…少し**ふつつかに**、ものものしき気添ひて聞こゆ。（源氏物語）

訳 （源氏の）お声は、昔よりも、…少し（しっかりしていて）、重々しい感じが加わって聞こえる。（太くて・どっしりしていて）

⑩ 世の**しれもの**かな。かくあやふき枝の上にて、安き心ありて眠《ねぶ》るらんよ。（徒然草）

訳 世にもまれな（愚か者）だなあ。（ばか者）こんな危なっかしい枝の上で、どうして安心して眠っているのだろう。

⑪ 帯**しどけなく**うち乱れたまへる御さまにて、（源氏物語）

訳 （源氏は）帯も（無造作に）（くつろいで）着くずされたご様子で、

⑫ いみじく**しどけなく**、かたくなしく、直《なほ》衣《し》・狩《かり》衣《ぎぬ》などゆがめたりとも、（枕草子）

訳 たいそう（だらしなく）（しまりがなく）、みっともなく、直衣や狩衣などを形をくずして着ていても、

例 人を**おきて**て、高き木にのぼせて梢《こずゑ》を切らせしに、（徒然草）

訳 人に**指図して**、高い木に上らせて梢を切らせたときに、

6 おぼゆ【覚ゆ】 ▼下二段 ①思われる。感じる。②思い出される。③似ている。

例 少し**覚え**たるところあれば、子なめりと見たまふ。（源氏物語）

訳 少し**似ている**ところがあるので、子供であるようだとご覧になる。

7 かしづく【傅く】 ▼四段 ①大切に育てる。②大切に世話をする。

例 親たち、**かしづき**たまふこと限りなし。（堤中納言物語）

訳 両親が、**大切に育て**なさることはひととおりでない。

8 かづく【被く】 ▼四段・下二段 ①頭からかぶる（かぶせる）。②（ほうび等を）頂く。与える。

例 御衣ぬぎて、**かづけたまふ**。（竹取物語）

訳 おめしものをぬいで、**ほうびとしてお与えになる**。

9 ぐす【具す】 ▼サ変 ①備わる。備える。②共に行く。つれて行く。従える。

例 弁慶、老翁《らうをう》を一人**ぐし**て参りたり。（平家物語）

訳 弁慶は、老人を一人**つれ**て（義経のもとに）参上した。

10 ことわる【理る】 ▼四段 ①判断する。判定する。②説明する。説き明かす。

例 天地**ことわりたまへ**。（源氏物語）

訳 天地の神々よ（是非を）**判断なさってください**。

73 ☐ **衵《あこめ》・汗衫《かざみ》【あこめ・かざみ】** 衵は女性や童女が肌近く着た、袿の丈や袖《そで》を短くした衣服。汗衫は内裏に奉公する童女が用いた上着。衵は汗衫の下に着るが、上着として着ることもあった。

74 ☐ **壺装束《つぼさうぞく》【つぼしょうぞく】** 女性が物詣《ものもう》でや旅に徒歩で外出するときの服装。袿をたくしあげて着た。市女笠をかぶり、場合によっては、身体全体を包むように帔《むし》(ベール)を垂らすこともある。

75 ☐ **白拍子《しらびやうし》【しらびょうし】** 遊女が男装して舞うときの姿。「白拍子」は平安末期に起こった歌謡。また、それを舞う遊女をいう。『平家物語』の祇王《ぎおう》・祇女《ぎにょ》や仏御《ほとけご》前《ぜん》が有名である。

古典常識の読み方 6 女性の服装

次の68～75の語の読み方を現代仮名遣いで書きなさい。

▶問題は本冊94・95ページ

68 ☐ **十《じふ》二《に》単《ひとへ》【じゅうにひとえ】**平安時代の女官・女房の正装。単《ひとえ》、袿《うちき》などを何枚も重ね、裳《も》をつけ、一番上に唐衣《からぎぬ》を着る。必ずしも十二枚重ねるわけではなく、逆にもっと多いこともある。全部で16kgくらいの重さになる。

69 ☐ **小袿【こうちぎ】**貴族の女性の準正装および平常服。何枚も重ねた袿の上に着る、やや丈の短い袿で、裳・唐衣を着ないときに上にうち掛けて着た。

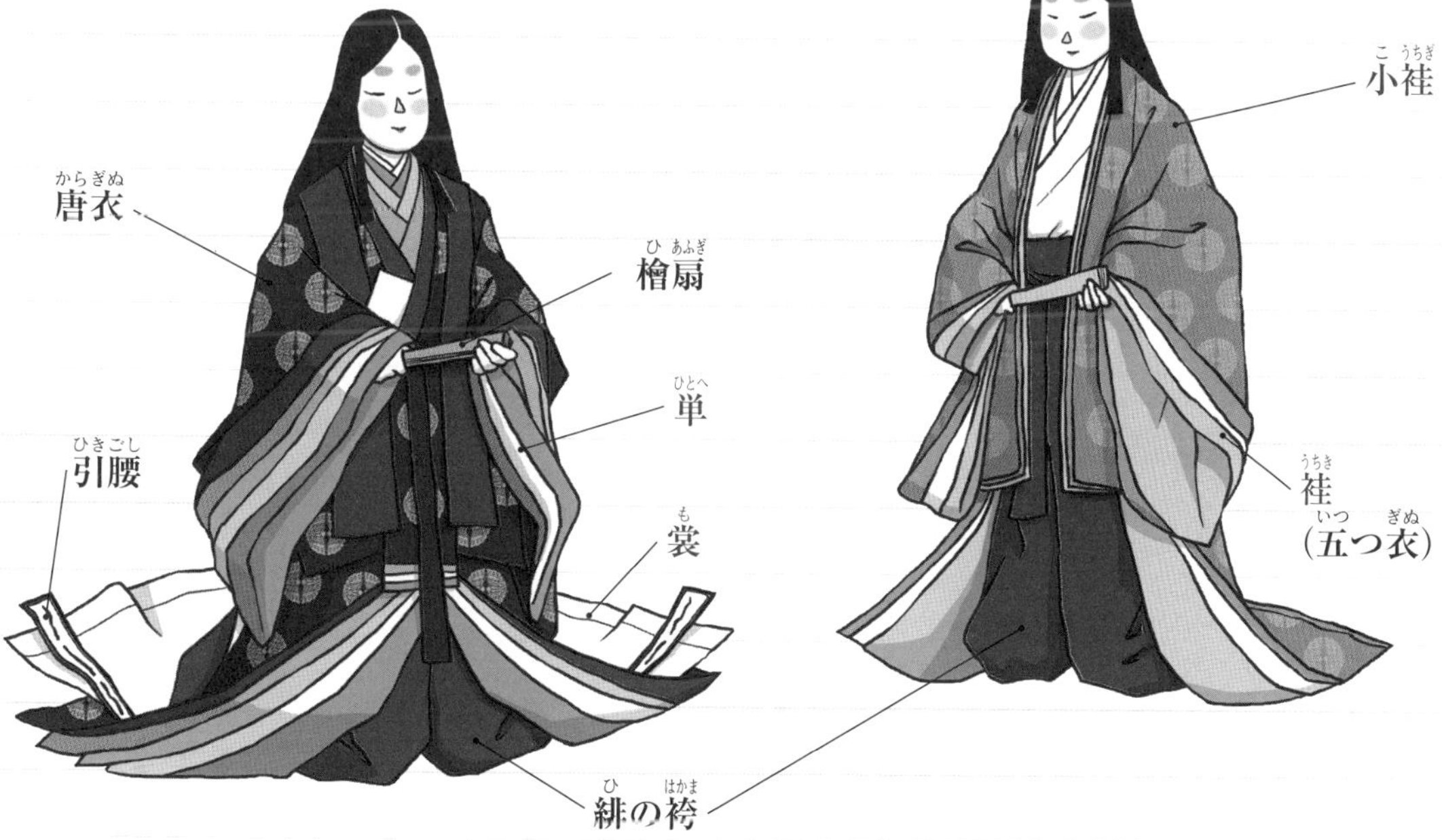

70 ☐ **単【ひとえ】**装束の下に肌着として用いた、裏地のない衣。

71 ☐ **裳【も】**女性が正装するとき、袴《はかま》の上に、腰から下の後方につけてまとった裾《すそ》の長い飾り。

72 ☐ **袿【うちき】**単《ひとえ》と表着の間に着た「内着」の衣。のちには枚数は五枚に定まり、「五《いつ》つ衣《ぎぬ》」とも呼ばれた。

問題は本冊 96~97 ページ

40 時にかかわる語①

傍線部の太字の部分を現代語訳しなさい。

① **年ごろ**思ひつること果たしはべりぬ。（徒然草）

訳（　長年の間　）〔ここ数年・数年来〕願ってきたこと（＝石清水八幡宮《いわしみずはちまんぐう》に参詣すること）を果たしました。

② **年ごろ**よく比べつる人々なむ別れがたく思ひて、（土佐日記）

訳（四年の土佐滞在中）（　ここ数年　）〔数年来〕親しくつきあってきた人々が別れづらく思って、

③ **月ごろ**、しるきことありて、なやみわたるがおこたりぬるもうれし。（枕草子）

訳（　ここ数か月　）、（病状が）ひどくなることがあって、患《わずら》い続けてきたのが快方に向かったのもうれしい。

④ **日ごろ**経て、宮に帰りたまうけり。（伊勢物語）

訳（親王《みこ》は）（　何日か　）たって、御殿にお帰りになった。

⑤ **日ごろ**は何とも覚えぬ鎧《よろひ》が、今日は重うなつたるぞや。（平家物語）

訳（　ふだん　）〔平生・いつも〕は何とも感じない鎧が、今日は重くなったようだなあ。

問題は本冊 98~99 ページ

41 時にかかわる語②

傍線部の太字の部分を現代語訳しなさい。

① **いつしか**梅咲かなむ。（更級日記）

訳（　早く　）梅が咲いてほしい。

② **いつしか**その日にならなむ。（枕草子）

訳（　早く　）その（＝祭りの）日になってほしい。

③ うぐひすばかりぞ**いつしか**音したるを、あはれと聞く。（蜻蛉日記）

訳 うぐいすだけが（　いつの間にか　）〔早くも・すでに〕鳴いているのを、しみじみと聞く。

④ 船**とく**漕《こ》げ、日のよきに。（土佐日記）

訳 船を（　速く　）漕げ、天気がよいから。

⑤ 息は**とく**絶え果てにけり。（源氏物語）

訳 息は（　すでに　）〔とっくに〕すっかり絶えてしまった。

⑥ **とみなる**召使の来合ひたりつればなむ。（蜻蛉日記）

訳（　急な　）〔突然の・にわかの〕（用事を伝える）召使が来合わせたので。

⑦ 母君も**とみに**えものものたまはず。（源氏物語）

訳 母君も（悲しみのあまり）（　すぐには　）お話をなさることもできない。

⑥ **こしかた ゆくすゑ**の事ども思ひ続けたまふに、（平家物語）

訳（過去）と（未来）のことなどを（あれこれと）考え続けなさるにつけて、

⑦ うちかへり見たまへるに、**こしかた**の山はかすみはるかにて、（源氏物語）

訳 ふりかえってご覧になると、（通ってきた方向〔通り過ぎてきた方向〕）の山は霞が遠くまでかかっていて、

⑧ **ひねもす**に波風たたず。（土佐日記）

訳（一日中）波風はたたない。

⑨ つれづれなるままに、**日ぐらし**硯《すずり》に向かひて、（徒然草）

訳 手もちぶさたなのにまかせて、（一日中〔朝から晩まで〕）硯に向かって、

⑩ **夜もすがら**雨ぞいみじく降る。（更級日記）

訳（一晩中）雨がひどく降る。

⑪ 冬は**つとめて**。（枕草子）

訳 冬は（早朝）（が趣《おもむき》深い）。

⑫ **夕されば**小倉《をぐら》の山に鳴く鹿は今夜《こよい》は鳴かず寝《い》ねにけらしも（万葉集）

訳（夕方になる）といつも小倉の山で鳴く鹿は今夜は鳴かない。もう寝てしまったらしいなあ。

⑬ さらに**夜さり**、この寮《つかさ》にまうで来《こ》。（竹取物語）

訳 あらためて（夜になる時分〔今夜〕）、この役所にやってまいれ。

---

⑧ 薬も食はず、**やがて**起きも上がらで病み伏せり。（竹取物語）

訳（竹取の翁《おきな》は）薬も飲まず、（そのまま）起き上がりもしないで病み伏せってしまった。

⑨ 名を聞くより**やがて**面影は推《お》しはからるる心地《ここち》するを、（徒然草）

訳 名を聞くやいなや（すぐに〔すぐさま・ただちに〕）（その人の）顔つきが推量される気がするのに、

⑩ 春はあけぼの。**やうやう**白くなりゆく山ぎは少し明かりて、紫だちたる雲の細くたなびきたる。（枕草子）

訳 春は夜明け（がよい）。（だんだんと〔しだいに〕）白くなってゆく山際の空が少し明るくなって、紫がかった雲が細くたなびいている（のは趣深い）。

⑪ 象《ざう》に乗りて、**やうやう**おはして、（宇治拾遺物語）

訳（普賢菩薩《ふげんぼさつ》が）象《ぞう》に乗って、（ゆっくりと〔そろそろと・しずしずと〕）おいでになって、

⑫ 大人になりたまひて後は、**ありし**やうに御簾《みす》の内にも入れたまはず。（源氏物語）

訳（源氏が元服して）大人におなりになって後は、（帝は）（以前の〔昔の〕）ように（源氏を、藤壺《ふじつぼ》の女御《にょうご》の部屋の）御簾の中にもお入れにならない。

⑬ 御前《おまへ》に参りて、**ありつる**やう啓すれば、（枕草子）

訳（中宮様の）御前に参上して、（先ほどの〔先刻の・さっきの〕）様子を申し上げると、

問題は本冊 100~101 ページ

42 程度に関する語①

傍線部の太字の部分を現代語訳しなさい。

① いづれの御時《おほんとき》にか、女御《にょうご》・更衣《かうい》**あまた**さぶらひたまひける中に、（源氏物語）

訳 どの帝の御代《みよ》であったか、女御や更衣が（ 大勢〔たくさん〕 ）お仕え申し上げていらっしゃった中に、

② **ここら**のおほやけ人に見せて、恥を見せむ。（竹取物語）

訳 （ 多く〔大勢・たくさん〕 ）の役人に見せて、恥をかかせてやろう。

③ **そこら**の年ごろ、**そこら**の金《こがね》たまひて、身を変へたるがごとなりにたり。（竹取物語）

訳 （ 多く ）の年月の間、（ たくさん〔多く〕 ）の黄金をくださって（＝いただいて）、（竹取の翁《おきな》は）生まれ変わったように（裕福に）なった。

④ 何そこの子の**ここだ**かなしき。（万葉集）

訳 どうしてこの子のことが（ こんなにも〔ひどく・たいへん〕 ）いとしいのだろう。

⑤ **そこばく**の蜂《はち》、盗人ごとにみな付いて、みな刺し殺してけり。（今昔物語集）

訳 （ たくさん〔多く〕 ）の蜂が、盗人の一人一人に皆くっつ

問題は本冊 102~103 ページ

43 程度に関する語②

傍線部の太字の部分を現代語訳しなさい。

① いかに殿《との》ばら、殊勝のことは御覧じとがめずや。**むげなり**。（徒然草）

訳 ちょっと皆さん、このすばらしいことをご覧になってお気づきにならないのか。（ あんまりだ〔まったくひどい〕 ）。

② よろづにへつらひ、望み深きを見て、**むげに**思ひくたすは僻事《ひがこと》なり。（徒然草）

訳 （係累《けいるい》の多い人が）何事にも人にへつらい、欲が深いのを見て、（ むやみに〔やたらに〕 ）軽蔑するのはまちがいである。

③ 法師の**むげに**能なきは、檀那《だんな》すさまじく思ふべし。（徒然草）

訳 法師が（法事に呼ばれた時に）（ まったく〔全然〕 ）芸がないのは、施主《せしゅ》が興ざめに思うにちがいない。

④ かぐや姫いと**いたく**泣きたまふ。（竹取物語）

訳 かぐや姫はたいそう（ ひどく〔甚だしく〕 ）お泣きになる。

⑤ よき細工は少し鈍き刀を使ふといふ。妙観《めうくわん》が刀は**いたく**立たず。（徒然草）

訳 すぐれた細工師は少し切れ味の鈍い刀を使うという。（名人の）妙観の刀は（ それほど〔あまり〕 ）切れない。

いて、全員を刺し殺してしまった。［たいへん・とても］

⑥ かきつばた、**いと**おもしろく咲きたり。（伊勢物語）

訳 かきつばたが（ たいそう ）きれいに咲いていた。

⑦ 雪の**いと**高うはあらで、薄らかに降りたるなどは、**いと**こそをかしけれ。（枕草子）

訳 雪が（ それほど ）高くはなくて、うっすらと降った様子などは、（ たいへん ）趣《おもむき》がある。［たいそう・とても］

⑧ ところどころ語るを聞くに、**いとど**ゆかしさまされど、（更級日記）

訳（姉たちが、物語の）ところどころを語るのを聞くと、（ ますます ）読みたい気持ちがつのるけれど、［いっそう・いよいよ］

⑨ **いとどしき**御思ひのほど限りなし。（源氏物語）

訳（ ますます甚だしい ）ご寵愛《ちょうあい》の様子はこの上ない。

⑩ **いみじう**うつくしき児《ちご》の苺《いちご》など食ひたる。（枕草子）

訳（ たいへん ）かわいらしい幼児がいちごなどを食べている（のはとても品がある）。［たいそう・とても］

⑪ 世は定めなきこそ**いみじけれ**。（徒然草）

訳 この世は無常であるからこそ（ すばらしい ）。［よい］

⑫ あな**いみじ**。犬を蔵人《くらうど》二人して打ちたまふ。死ぬべし。（枕草子）

訳 ああ（ ひどい ）。犬を蔵人が二人でお打ちになっている。（あれでは）死んでしまうでしょう。

---

⑥ 泣くさま**おぼろけならず**。（宇治拾遺物語）

訳 泣く様子は（ 普通では ）ない。［並では］

⑦ **おぼろけ**の願《ぐわん》によりてにやあらむ、風も吹かず、よき日出《い》で来て、漕《こ》ぎ行く。（土佐日記）

訳（ 並ひととおりでない ）祈願のかいがあってのことだろうか、風も吹かず、すばらしい太陽も出て来て、（船を）漕いで行く。［格別な］

⑧ この法師のみにもあらず、世間の人**なべて**このことあり。（徒然草）

訳 この法師だけではなく、世間の人は（ すべて ）このようなことがある。［総じて・一般に］

⑨ いと若うをかしげなる声の、**なべて**の人とは聞こえぬ、（源氏物語）

訳 たいそう若く魅力的な声で、（ 普通 ）の人とは思われない（声が）、［並・ひととおり］

⑩ やむごとなき御思ひ**なべてならず**。（源氏物語）

訳（帝の）ありがたいご寵愛《ちょうあい》は（ 並々でない ）。［格別である］

⑪ いづれを**よし** **あし**と知るにかは。（枕草子）

訳 どちらを（ よい ）（ わるい ）と判断するのであろうか（いやわかりはしない）。

⑫ **よから**ねど、**むげに**書かぬこそ**わろけれ**。（源氏物語）

訳（字が）（ うまく ）なくても、（ まったく ）書かないのは（ よくない ）。［全然］

問題は本冊 104~105 ページ

44 意味の大切な副詞

傍線部の太字の部分を現代語訳しなさい。

① **おのづから**人の上《うへ》などうち言ひそしりたるに、幼き子どもの聞き取りて、その人のあるに言ひ出《い》でたる。（枕草子）

訳（たまたま）ある人の話などをしてけなしていたのを、幼い子供が聞き覚えて、その人がいる所で言い出した（のはきまりがわるい）。

② **おのづから**後まで忘れぬ御事ならば、（平家物語）

訳（もしも）後々まで（私のことを）忘れないお考えならば、

万が一

③ **かたみに**打ちて、男をさへぞ打つめる。（枕草子）

訳（女同士が、小さな杖で）（互いに）（尻を）打ち合って、男（の尻）までも打つようだ。

かわるがわる

④ **げに**いとあはれなりなど聞きながら、涙のつと出で来《こ》ぬ、いとはしたなし。（枕草子）

訳（人の悲しい話を）（いかにも）たいそう気の毒だなどと聞きながら、（そのくせ）涙がさっと出てこないのは、とてもきまりがわるい。

なるほど・本当に・実に

⑤ **げに**え堪ふまじく泣いたまふ。（源氏物語）

問題は本冊 106~107 ページ

45 陳述（呼応）の副詞①

傍線部の太字の部分を現代語訳しなさい。

① たれもいまだ都慣れぬほどにて、**え見つけず**。（更級日記）

訳 誰もまだ都での生活に慣れていないころで、（『源氏物語』を）（見つけることができない）。

見つけられない

② **え追ひつかで**、清水のある所に臥しにけり。（伊勢物語）

訳（追いつくことができなくて）、清水のある所に倒れ臥してしまった。

追いつけなくて

③ **えさらぬ**ことのみいとど重なりて、（徒然草）

訳（避けられない）用事ばかりがますます重なって、

④ 知らぬ人の中にうち臥して、**つゆまどろまれず**。（更級日記）

訳 知らない人の中で寝て、（少しも　眠ることができない）。

まったく・いっこうに

⑤ **さらにまだ見ぬ**骨のさまなり。（枕草子）

訳（まったく　まだ見たこともない）（扇の）骨の様子だ。

⑥ 暑きこと、**よに知らぬ**ほどなり。（枕草子）

訳 暑いことといったら、（まったく　経験がない）ほどだ。

⑦ 世の中に**絶えて桜のなかり**せば春の心はのどけからまし（伊勢物語）

訳（　まったく　）我慢できそうになくお泣きになる。
本当に・いかにも

⑥ 帰り入りて探《さぐ》りたまへば、女君《をんなぎみ》は**さながら**臥《ふ》して、（源氏物語）

訳（源氏が、部屋に）戻って来て（寝床を）手探りなさると、女君は（　もとのまま　）横になっていて、
そのまま

⑦ 七珍万宝《しっちんまんぽう》**さながら**灰燼《くわいじん》となりにき。（方丈記）

訳（大火事で）多くの金銀財宝が（　すべて　）灰になってしまった。
ことごとく・すっかり

⑧ 人に交はれば、言葉よその聞きに従ひて、**さながら**心にあらず。（徒然草）

訳 人と交際すると、（自分の）言葉が他人の思惑に左右されて、（　まったく　）（自分の）本心でなくなる。

⑨ 廊《らう》の戸の開きたるに、**やをら**寄りてのぞきけり。（源氏物語）

訳 廊下の戸が開いていたので、（　そっと　）近寄ってのぞいた。
静かに・おもむろに

⑩ 荒れたる庭の露しげきに、**わざと**ならぬにほひ、しめやかにうちかをりて、（徒然草）

訳 荒れた庭で露が一面におりている所に、（　わざわざ　）焚《た》いたとも思われない香のかおりが、しんみりと薫《かお》って、
意図的に・ことさら

⑪ 人のもとに**わざと**清げに書きてやりつる文の返り事、（枕草子）

訳 ある人の所に（　格別に　）きちんと書いて送った手紙の返事を、
とりわけ・ことさら・わざわざ

訳 この世の中に（　まったく　桜がなかっ　）たならば、人々の春の心はもっとのどかであろうに。
全然

⑧ **おほかた回《めぐ》らざり**ければ、とかく直しけれども、（徒然草）

訳（水車は）（　いっこうに　回らなかっ　）たので、いろいろと直してみたけれど。
まったく・全然・ちっとも

⑨ **よも起きさせたまはじ**。（枕草子）

訳（　まさか　お起きにならないだろう　）。
よもや・決して

⑩ かの国の人来《き》なば、猛《たけ》き心つかふ人も、**よもあらじ**。（竹取物語）

訳 あの月の国の人が来てしまったら、勇猛な心を奮う人も、（　決して　いないだろう　）。
よもや

⑪ 冬枯れの気色《けしき》こそ、秋には**をさをさ劣るまじけれ**。（徒然草）

訳 冬枯れの景色は、秋には（　ほとんど　劣らないだろう　）。

⑫ ここにはかしこまりて、自らも**をさをさ参らず**、（源氏物語）

訳（明石の入道は）ここ（＝源氏のいる部屋）には遠慮して、自分でも（　めったに　参上せず　）、
ほとんど・あまり

⑬ **いとやむごとなき際《きは》にはあらぬ**が、すぐれて時めきたまふありけり。（源氏物語）

訳（　それほど　高貴な身分ではない　）方で、たいそう帝の寵愛《ちょうあい》を受けていらっしゃる方があった。

たいして・あまり

問題は本冊 108~109 ページ

46 陳述（呼応）の副詞②

傍線部の太字の部分を現代語訳しなさい。

① 声高《こわだか》に**なのたまひそ**。（竹取物語）

訳 大声で（おっしゃるな / おっしゃいますな・おっしゃってはいけません）。

② 能登殿《のとどの》、いたう罪**なつくりたまひそ**。（平家物語）

訳 能登殿、そんなに（殺生をして）罪を（つくりなさいますな / おつくりになってはいけません）。

③ **な起こしたてまつりそ**。幼き人は寝入りたまひにけり。（宇治拾遺物語）

訳 （お起こし申し上げるな / お起こし申し上げてはいけない）。幼い人は寝入ってしまわれた（ようだから）。

④ **ゆめこの雪落とすな**と使ひに言ひてなむ奉りける。（大和物語）

訳 （決して この雪を落とすな）と使いの者に命じて（雪のつもった松の枝に歌をそえて）差し上げたのであった。

⑤ この山に我ありといふことを、**ゆめゆめ人に語るべからず**。（宇治拾遺物語）

訳 この山に私がいるということを、（決して 人に語ってはならない / 断じて）。

重要な古文単語 動詞②

11 さうぞく【装束く】▼四段 ①衣装をつける。着飾る。②用意する。支度する。

例 裳《も》・唐衣《からぎぬ》など、ことごとしく**さうぞき**たるもあり。（枕草子）

訳 裳・唐衣などを、仰々《ぎょうぎょう》しく**着飾っ**ている者もいる。

12 さはる【障る】▼四段 ①妨げられる。邪魔になる。②さしさわる。都合が悪くなる。

例 月影ばかりぞ、八重葎《やへむぐら》にも**さはら**ずさし入りたる。（源氏物語）

訳 月の光だけは、生い茂る草にも**妨げられ**ずさしこんでいる。

13 しのぶ【忍ぶ】▼上二段 ①人目につかないようにする。②耐える。がまんする。

例 **しのぶれ**ど、涙こぼれ初《そ》めぬれば、（源氏物語）

訳 **がまんし**ても、涙があふれはじめてしまうので、

14 しる【治る・領る】▼四段 ①治める。領有する。

例 しだのなにがしとかや**しる**所なれば、（徒然草）

訳 しだの何とかという者が**領有している**所なので、

15 つつむ【慎む】▼四段 ①気がねする。遠慮する。②気おくれする。気がひける。

⑥ この御社《みやしろ》の獅子《しし》の立てられやう、**さだめて習ひあることにはべらん。**（徒然草）

訳（背中を向けて立っている）このお社の獅子の立てられ方は、（きっと　由緒があることでしょう）。（習ひ＝由緒）

⑦ この児《ちご》、**さだめておどろかさんずらん**と待ち居たるに、（宇治拾遺物語）

訳（寝たふりをしていた）この稚児《ちご》は、（誰かが）（きっと　起こそうとするだろう）と（思って）待っていたところ、

⑧ **いかで過ぐすらん**と、いと心苦し。（徒然草）

訳（どうして　過ごしているのだろう）と、とても気の毒だ。
どうやって

⑨ **いかで月を見ではあらむ**。（竹取物語）

訳（どうして　月を見ないでいられようか）。

⑩ 「**いかで見ばや**」と思ひつつ、（更級日記）

訳「（『源氏物語』を）（なんとかして　読みたいものだ）」と思いながら、
ぜひとも　見てみたいものだ

⑪ **いかでとく都へもがな**。（土佐日記）

訳（なんとかして　早く都に帰りたいものだ）。
ぜひとも

⑫ **いかでこのかぐや姫を得てしがな、見てしがな**。（竹取物語）

訳（なんとかして　このかぐや姫を手に入れたいものだ、見てみたいものだ）。
どうにかして・ぜひとも

例 このふるさとの女の前にてだに**つつみ**はべるものを、（紫式部日記）

訳 自分の実家の侍女たちの前でさえ**遠慮し**ておりますのに、

16 ときめく【時めく】▼四段

①時流に乗って栄える。②寵愛《ちょうあい》を受ける。目をかけられる。

例 すぐれて**時めき**たまふありけり。（源氏物語）

訳 際だって（帝の）**寵愛を受け**ていらっしゃる方があった。

17 ねんず【念ず】▼サ変

①祈る。祈願する。②がまんする。耐える。

例 ねぶたきを**念じ**てさぶらふに、（枕草子）

訳 眠いのを**がまんし**ておそばにひかえていると、

18 まもる【守る】▼四段

①じっと見つめる。うかがう。②大切に世話をする。③警戒する。

例 あからめもせず**まもり**て、（徒然草）

訳 わき目もふらず（桜の花を）**じっと見つめ**て、

19 ものす【物す】▼サ変

①ある。いる。行く。来る。②様々な動詞のかわりに用いる。

例 中将はいづこより**ものし**つるぞ。（源氏物語）

訳 中将はどこから**来た**のか。

20 …わたる【…渡る】▼四段

①一面に…する。②ずっと…する。

例 **なやみわたる**がおこたりぬるもうれし。（枕草子）

訳 **ずっと病気だった**のが治ったのもうれしい。

B 時刻・方位

83 ☑ 乾《いぬゐ》【いぬい】　　80 ☑ 艮《うしとら》【うしとら】

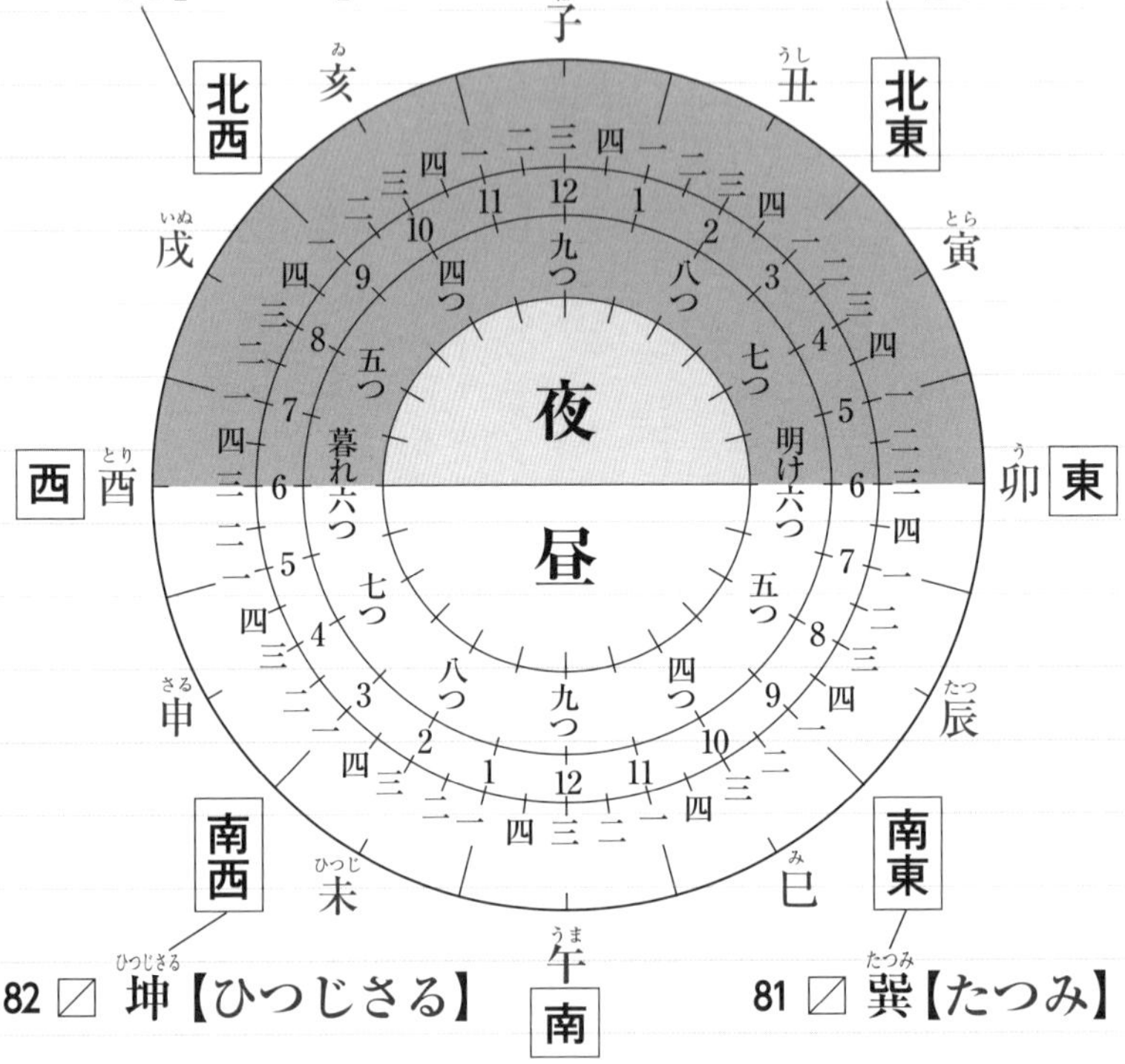

82 ☑ 坤《ひつじさる》【ひつじさる】　　81 ☑ 巽《たつみ》【たつみ】

84 ☑ 子【 ね 】　85 ☑ 丑【うし】　86 ☑ 寅【とら】　87 ☑ 卯【 う 】
88 ☑ 辰【たつ】　89 ☑ 巳【 み 】　90 ☑ 午【うま】　91 ☑ 未【ひつじ】
92 ☑ 申【さる】　93 ☑ 酉【とり】　94 ☑ 戌【いぬ】　95 ☑ 亥【 い 】

時刻　午前0時(前後1時間ずつの計2時間)を「子《ね》」の刻とし、24時間を十二支で12等分して時刻を数える。実際には季節によるずれがあるのだが、受験では「子の刻(時)」=「午前0時」でよい。また、この一時《いっとき》(2時間)を30分ずつに4等分して、「一つ、二つ、三つ、四つ」と数える。たとえば、「丑三《うしみ》つ」といえば、真夜中の2時のことになる。

方位　北が「子」の方角、南が「午《うま》」の方角のようになるが、方位については、北東の艮《うしとら》、南東の巽《たつみ》、南西の坤《ひつじさる》、北西の乾《いぬい》の読みの出題が多い。艮(北東)は鬼門《きもん》(不吉な方角)とされる。

古典常識の読み方 7　月名・時刻・方位

次の76～95の語の読み方を現代仮名遣いで書きなさい。　▶問題は本冊 110・111 ページ

A 月名（月の入りの形）

夕月夜《ゆふづくよ》

上弦《じやうげん》の月

1 朔《さく》（新月《しんげつ》）
月と太陽が同方向にあるため、地球から月は見えない。

3 三日月《みかづき》
細い弓形の月。太陽を追うように地平線に沈む。

7 七日月《なのかづき》
朔から7日目ごろの、右半分が光って見える月。

11 十日余《とをかあま》りの月《つき》
朔から11日目ごろの月。上弦の月よりやや膨らんで見える。

13 十三夜月《じふさんやのつき》・小望月《こもちづき》
朔から13日目ごろの月。満月より1時間半あまり早く昇る。

15 望月《もちづき》（満月《まんげつ》）
朔から15日目ごろの月。日の入りのころ昇りはじめ、日の出のころ沈む。

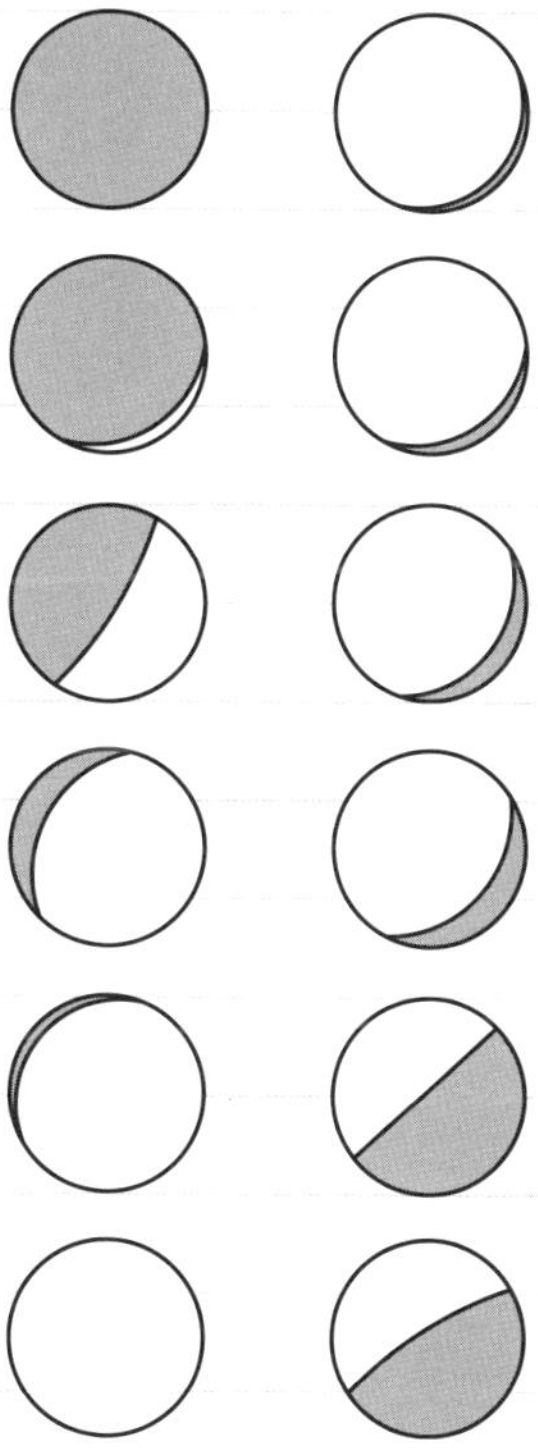

16 十六夜月《いざよひのつき》
朔から16日目ごろの月。満月の出より50分ほど遅れ、ためらうように姿を現す意から。

17 立待月《たちまちづき》
朔から17日目ごろの月。満月の出より1時間半あまり遅れて出る月を立って待つ意から。

18 居待月《ゐまちづき》
前日より遅い月の出を立って待つのは疲れるので座って待つという意から。

19 寝待月《ねまちづき》・臥待月《ふしまちづき》
前日よりさらに50分ほど遅れて出てくる月を寝て待つという意から。

22 二十日余《はつかあま》りの月《つき》
朔から22日目ごろの、左半分が光って見える月。

23 二十三夜月《にじふさんやつき》
前日より50分ほど遅れて出る。月の入りは昼間なので見えない。

下弦《かげん》の月

有明月《ありあけのつき》

76 ☐ **弓張月**《ゆみはりづき》【ゆみはりづき】弦を張った弓の形に似ているところから、半月をいう。月の上旬の7・8日ごろの半月は上弦《じょうげん》の月、下旬の22・23日ごろの半月は下弦《かげん》の月と呼ぶ。

77 ☐ **夕月夜**【ゆうづくよ】月の出の早い、月の上旬の月をいう。月の出が早いと、夕方すでに月が高く昇っているため。夕方の月、また、月の出ている夕方をいうこともある。

78 ☐ **有明月**【ありあけのつき】月の出の遅い、月の下旬の月をいう。月の出が遅いと月の入りも遅く、朝になってもまだ白い月が出ているため。夜が明けても空にまだ残っている月そのものをいうこともある。

79 ☐ **望月**【もちづき】陰暦では必ず15日が満月。「もち」とも。

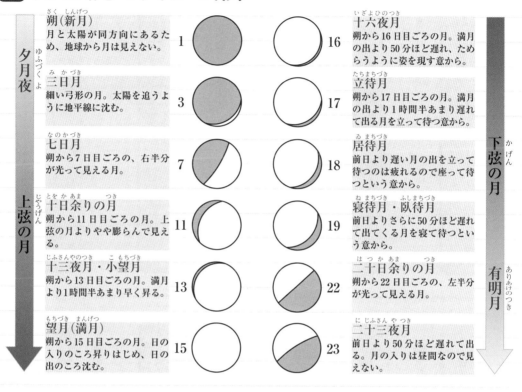

重要な古文単語　形容詞

1 あやなし ▼ク活
①筋が通らない。道理に合わない。②理由がない。③むなしい。
例 紅《くれなゐ》の花ぞ**あやなく**うとまるる。（源氏物語）
訳 赤い花は**理由もなく**うとんじられる。

2 かたし【難し】▼ク活
①難しい。②めったにない。
例 末《すゑ》まで仲よき人**かたし**。（枕草子）
訳 最後まで仲のよい人は**めったにない**。

3 くまなし【隈無し】▼ク活
①陰がない。暗い所がない。②ゆきとどいている。
例 花は盛りに、月は**くまなき**をのみ見るものかは。（徒然草）
訳 花は満開の時、月は**陰のない**（満月の）時だけを見るものであろうか。

4 さうなし【左右無し】▼ク活
①決着がつかない。②無造作だ。③あれこれ考えるまでもない。
例 **さうなく**て止《や》まむ、いと悪かるべし。（枕草子）
訳 **決着がつかないまま**終わるのは、たいへんよくないだろう。

5 しるし【著し】▼ク活
①はっきりしている。明白だ。②予想どおりだ。はっきりわかる。

重要な古文単語　形容動詞

1 あからさまなり
①ほんのちょっとだ。②ほんの少しも（…ない）。
例 **あからさまに**抱《いだ》きて遊ばしうつくしむほどに、（枕草子）
訳 （赤ん坊を）**ほんのちょっと**抱いて遊ばせあやすうちに、

2 あらはなり
①まる見えだ。②明白だ。はっきりしている。
例 こなたは**あらはに**やはべらむ。（源氏物語）
訳 こちらは（外から）**まる見えで**はありませんか。

3 いたづらなり
①むだだ。役に立たない。②むなしい。③することがない。
例 つひに回らで、**いたづらに**立てりけり。（徒然草）
訳 （水車は）結局回らないで、**むだに**立っていた。

4 かたほなり
①不完全だ。不十分だ。②未熟だ。劣っている。
例 いまだ堅固**かたほなる**より上手の中に交じりて、（徒然草）
訳 まだまったく**未熟な**うちから上手な人の中にまじって、

5 さらなり
①言うまでもない。もちろんだ。

例 **しるき**御さまなれば、（源氏物語）
訳 （身分が高いことは）**はっきりしている**ご様子なので、

6 つきづきし ▼シク活

①似つかわしい。ふさわしい。

例 火など急ぎおこして炭もてわたるもいと**つきづきし**。（枕草子）
訳 急いでおこした炭火を持って渡るのも実に（冬の朝に）**似つかわしい**。

7 はかなし【果無し】▼ク活

①頼りない。あっけない。②むなしい。③取るに足りない。

例 御息所《みやすどころ》**はかなき**心地《ここち》にわづらひて、（源氏物語）
訳 桐壺《きりつぼ》の更衣《こうい》は**ちょっとした**病気を患《わずら》って、

8 はづかし【恥づかし】▼シク活

①気後れする。きまりが悪い。②すぐれている。立派だ。

例 **はづかしき**人の、歌の本末《もとすゑ》問ひたるに、（枕草子）
訳 **すぐれた**方が、歌の上の句や下の句を尋ねたときに、

9 よしなし【由無し】▼ク活

①理由がない。②手段がない。③つまらない。④かいがない。

例 男、血の涙を流せども、とどむる**よしなし**。（伊勢物語）
訳 男は、血の涙を流すけれども、（女を）とどめる**手段がない**。

10 わりなし ▼ク活

①道理に合わない。②苦しい。③どうしようもない。④ひどく。

例 腹を病みて、いと**わりなけれ**ば、（源氏物語）
訳 おなかをこわして、たいそう**苦しい**ので、

例 夏は夜、月のころは**さらなり**。（枕草子）
訳 夏は夜（がよい）、月の出ているころは**言うまでもない**。

6 すずろなり

①何ということもない。わけもない。②むやみやたらに。③思いがけない。

例 大方は知りたりとも、**すずろに**言ひ散らすは、（徒然草）
訳 大体は知っていても、**むやみやたらに**言いふらすのは、

7 せちなり

①痛切だ。切実だ。並々でない。②無理やりだ。

例 嘆き**せちなる**ときも、声をあげて泣くことなし。（方丈記）
訳 嘆きが**痛切な**時も、声をあげて泣くこともない。

8 ねんごろなり

①熱心だ。丁寧だ。入念だ。②親密だ。親しい。むつまじい。

例 重ねて**ねんごろに**修《しゅ》せんことを期《ご》す。（徒然草）
訳 もう一度**入念に**身につけようと心づもりをする。

9 はつかなり

①ほのかだ。かすかだ。ほんの少しだ。

例 御手の**はつかに**見ゆるが、（枕草子）
訳 （中宮様の）御手が（袖口《そでぐち》から）**ほんの少し**見えるのが、

10 みそかなり

①こっそりと。ひそかだ。内緒だ。

例 **みそかに**花山寺におはしまして、（大鏡）
訳 **ひそかに**花山寺においでになって、

付録 1 用言の活用表

❶ 動詞活用表

種類	例語	語幹	未然形	連用形	終止形	連体形	已然形	命令形
四段活用	書く	書	―か	―き	―く	―く	―け	―け
上一段活用	見る	(見)	み	み	みる	みる	みれ	みよ
上二段活用	起く	起	―き	―き	―く	―くる	―くれ	―きよ
下一段活用	蹴る	(蹴)	け	け	ける	ける	けれ	けよ
下二段活用	見ゆ	見	―え	―え	―ゆ	―ゆる	―ゆれ	―えよ
カ行変格活用	来	(来)	こ	き	く	くる	くれ	こ こよ
サ行変格活用	す	(す)	せ	し	す	する	すれ	せよ
ナ行変格活用	死ぬ	死	―な	―に	―ぬ	―ぬる	―ぬれ	―ね
ラ行変格活用	あり	あ	―ら	―り	―り	―る	―れ	―れ

❷ 形容詞活用表

種類	例語	語幹	未然形	連用形	終止形	連体形	已然形	命令形
ク活用	よし	よ	(—く) —から	—く —かり	—し	—き —かる	—けれ	—かれ
シク活用	うれし	うれ	(—しく) —しから	—しく —しかり	—し	—しき —しかる	—しけれ	—しかれ

❸ 形容動詞活用表

種類	例語	語幹	未然形	連用形	終止形	連体形	已然形	命令形
ナリ活用	豊かなり	豊か	—なら	—なり —に	—なり	—なる	—なれ	—なれ
タリ活用	堂々たり	堂々	—たら	—たり —と	—たり	—たる	—たれ	—たれ

付録 2 助動詞一覧表

接続	基本形	未然形	連用形	終止形	連体形	已然形	命令形	意味	活用の型
未然形	る	れ	れ	る	るる	るれ	れよ	自発・受身・尊敬・可能	下二段型
	らる	られ	られ	らる	らるる	らるれ	られよ		
	す	せ	せ	す	する	すれ	せよ	使役・尊敬	下二段型
	さす	させ	させ	さす	さする	さすれ	させよ		
	しむ	しめ	しめ	しむ	しむる	しむれ	しめよ		
	む	○	○	む	む	め	○	推量・意志・適当・勧誘・仮定・婉曲	四段型
	むず	○	○	むず	むずる	むずれ	○		サ変型
	ず	(な) ざら	(に) ず ざり	ず	ぬ ざる	ね ざれ	ざれ	打消	(四段型) 特殊型 (ラ変型)
	じ	○	○	じ	(じ)	(じ)	○	打消推量・打消意志	特殊型
	まし	(ませ) ましか	○	まし	まし	ましか	○	反実仮想・ためらい	特殊型
	まほし	まほしから	まほしく まほしかり	まほし	まほしき まほしかる	まほしけれ	○	希望	形容詞型
連用形	き	(せ)	○	き	し	しか	○	過去	特殊型
	けり	(けら)	○	けり	ける	けれ	○	過去・詠嘆	ラ変型
	つ	て	て	つ	つる	つれ	てよ	完了・強意・並列	下二段
	ぬ	な	に	ぬ	ぬる	ぬれ	ね		ナ変型
	たり	たら	たり	たり	たる	たれ	たれ	存続・完了	ラ変型
	けむ	○	○	けむ	けむ	けめ	○	過去推量・原因理由推量・婉曲・伝聞	四段型

連用形	たし	たから	たく たかり	たし	たき たかる	たけれ	○	希望	形容詞型
終止形（ラ変型活用には連体形）	べし	べから	べく べかり	べし	べき べかる	べけれ	○	推量・意志・当然・命令・適当・勧誘・可能・予定	形容詞型
	まじ	まじから	まじく まじかり	まじ	まじき まじかる	まじけれ	○	打消推量・打消意志・打消当然・不可能・禁止	形容詞型
	らむ	○	○	らむ	らむ	らめ	○	視界外現在推量・原因理由推量・婉曲・伝聞	四段型
	らし	○	○	らし	らし （らしき）	らし	○	確かな根拠にもとづく推定	特殊型
	めり	○	めり	めり	める	めれ	○	推定・婉曲	ラ変型
	なり	○	なり	なり	なる	なれ	○	推定・伝聞	ラ変型
連体形・体言・助詞	なり	なら	なり に	なり	なる	なれ	なれ	断定・存在	形容動詞型
	たり	たら	たり と	たり	たる	たれ	たれ	断定	
	ごとし	○	ごとく	ごとし	ごとき	○	○	比況・同等・例示	形容詞型
サ変の未然形・四段の已然形（命令形）	り	ら	り	り	る	れ	れ	存続・完了	ラ変型

付録3 主要助詞一覧表

種類	語	意味・用法	接続
格助詞	が	主格(ガ・ハ) 連体格(ノ) 同格(デ) 準体言(ノモノ) 比喩(ノヨウナ。…ノヨウニ)	体言、連体形
	の		体言、副詞、形容詞・形容動詞の語幹
	に	時間、場所、動作の目的・対象・原因、比較の基準、受身・使役の対象、変化の結果、強調、敬意の対象	体言、連体形
	を	動作の対象、動作の起点、経過する場所	体言、連体形
	へ	動作の方向、帰着点	体言
	と	動作の共同者、並列、引用、比喩、変化の結果、比較の基準	体言、文、連体形
	より	経過する場所、比較の基準、動作の起点、方法・手段、即時	体言、連体形
	から	動作の起点、経過する場所、方法・手段、原因・理由、即座	体言、連体形
	にて	場所、時、年齢、方法・手段、原因・理由	体言、連体形
	して	方法・手段、使役の対象、動作の共同者	体言
	とて	引用、原因・理由、動作の目的、物の名	体言、文、連体形
接続助詞	ば	順接仮定条件(モシ…ナラバ。…タラ)	未然形
		順接確定条件……原因・理由(ノデ・カラ)、恒常的条件(トイツモ)、偶然的条件(ト)	已然形
	と・とも	逆接仮定条件(テモ)	動詞型の終止形、形容詞型の連用形
	ど・ども	逆接確定条件(ケレドモ。ノニ。ガ)、逆接仮定条件(テモ)	已然形
	ものの・ものから・ものを	逆接確定条件(ケレドモ。ノニ。ガ)	連体形
	が	逆接確定条件(ケレドモ。ノニ。ガ)、単純な接続(ト)	連体形
	に	逆接確定条件(ケレドモ。ノニ。ガ)、単純な接続(ト)、順接確定条件(原因・理由)	連体形
	を		連体形
	て	単純な接続(テ)	連用形
	して		形・形動・助動詞「ず」の連用形
	で	打消(…ナイデ。…ナクテ。…ズニ)	未然形
	つつ	動作の反復・継続、同時(二つの動作の並行)	動詞型の連用形
	ながら	同時(二つの動作の並行)、状態の継続(ノママ)、逆接確定条件(ガ。ケレドモ。モノノ)	おもに動詞型の連用形

種類	助詞	意味	接続
係助詞	は	強調、詠嘆	種々の語、文末
	も	並列、添加、強調、詠嘆	種々の語
	ぞ	強意	種々の語、文末
	なむ		種々の語
	や	疑問、反語	種々の語、文末の活用語の終止形
	か		種々の語、文末の活用語の連体形
	こそ	強意（ぞ・なむよりも強い）	種々の語
副助詞	だに	最小限の限定（セメテ…ダケデモ）、程度の軽いものをあげて重いものを類推させる。（…サエ）	体言、連体形
	すら	極端なものをあげて一般的なものを類推させる。（…デサエ）	体言、連体形
	さへ	添加（ソノウエ…マデモ）	体言、連体形
	のみ	限定（ダケ）、強調（タダモウ…バカリ）	種々の語
	ばかり	程度（ホド。クライ）、限定（ダケ）	種々の語、体言、連体形
	など	例示、婉曲、引用	種々の語
	まで	範囲・限度（マデ）、程度（ホド。クライ）	体言、連体形
	し	強意（間投助詞とする考えもある）	種々の語
終助詞	な	禁止	動詞型の終止形（ラ変型は連体形）
	そ	禁止（「な…そ」の形で）	動詞の連用形（カ変、サ変は未然形）
	なむ	他にあつらえ望む願望（…テホシイ。…テクレナイカナア）	動詞型の未然形
	ばや	自己の願望（タイ）	動詞型の未然形
	もがな・がな・もが・もがも	詠嘆的願望（ガアレバナア。ガホシイモノダ）	体言、種々の語
	にしか・にしがな・てしか・てしがな	実現できそうにない願望（タイモノダ）	動詞の連用形
	か・かな・かも	詠嘆	体言、連体形
	な	詠嘆	文末
	かし	念を押す（ネ。ヨ）	文末
間投助詞	や	詠嘆、呼びかけ、語調を整える	文節の切れ目の種々の語
	を	強意、詠嘆	
	よ	詠嘆、呼びかけ	

総索引

■見出し語と古典常識の読み方掲載語を**太字**で表記した。
■細字は解説で取り上げた語を表す。

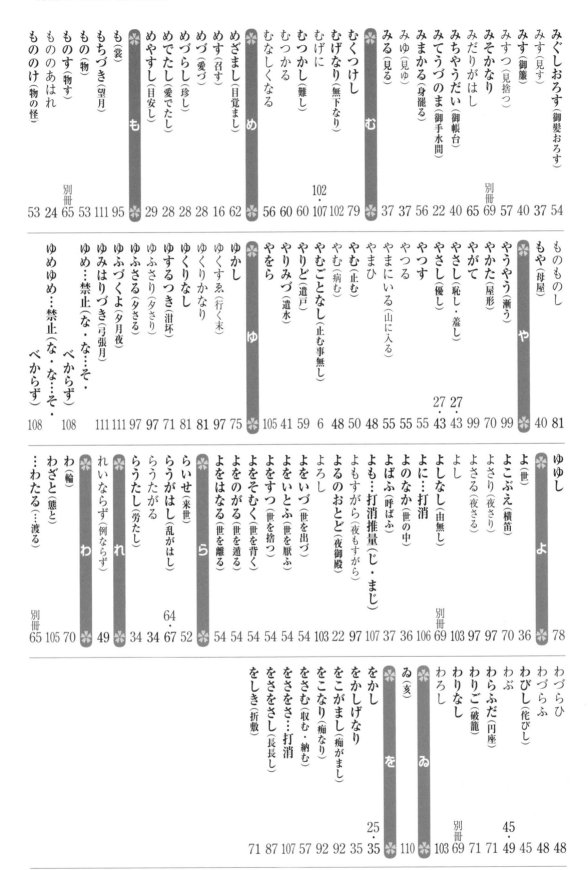